臺灣歷史與文化 研究輯刊

十九編

第 6 冊

走向「同盟」：臺美接近中的分歧與衝突
（1949～1958）（下）

馮 琳 著

花木蘭文化事業有限公司

國家圖書館出版品預行編目資料

走向「同盟」：臺美接近中的分歧與衝突（1949～1958）（下）
／馮琳 著 -- 初版 -- 新北市：花木蘭文化事業有限公司，
2021〔民 110〕
目 4+200 面；19×26 公分
（臺灣歷史與文化研究輯刊 十九編；第 6 冊）
ISBN 978-986-518-454-4（精裝）
1. 臺美關係 2. 臺灣史
733.08   110000670

ISBN-978-986-518-454-4

9 789865 184544

臺灣歷史與文化研究輯刊
十九編　第六冊
ISBN：978-986-518-454-4

走向「同盟」：臺美接近中的分歧與衝突
（1949～1958）（下）

作　　者　馮琳
總 編 輯　杜潔祥
副總編輯　楊嘉樂
編　　輯　許郁翎、張雅淋　美術編輯　陳逸婷
出　　版　花木蘭文化事業有限公司
發 行 人　高小娟
聯絡地址　235　新北市中和區中安街七二號十三樓
　　　　　電話：02-2923-1455 ／傳真：02-2923-1452
網　　址　http://www.huamulan.tw 信箱 service@huamulans.com
印　　刷　普羅文化出版廣告事業
初　　版　2021 年 3 月
全書字數　409688 字
定　　價　十九編 23 冊（精裝）台幣 60,000 元

走向「同盟」：臺美接近中的分歧與衝突
（1949～1958）（下）

馮琳　著

目

次

第九章　臺美「共同防禦條約」再探討

　　1954 年臺美「共同防禦條約」的簽訂是臺美關係中一個標誌性事件，相關研究很多，[註1] 資料也甚為豐富。關於「共同防禦條約」的醞釀過程及其結果的討論已較為成熟，學界已普遍認識到錯綜複雜局勢之下，美國既想使臺灣成為一個反共基地又不想因臺灣的「反攻」而陷入戰爭，臺灣既想將自身安全捆綁於美國又不想受制於美而放棄「反攻」念想。以往較多研究片面

〔註 1〕大陸地區的研究如：郝天豪、劉相平：《退讓與堅守：蔣介石在臺美「共同防禦條約」商簽中的策略選擇》（《臺灣研究集刊》，第 38～47 頁），蘇格：《臺美「共同防禦條約」的醞釀過程》（《美國研究》1990 年第 3 期，第 47～72 頁）。臺灣地區的研究如：林正義：《〈中美共同防禦條約〉及其對蔣介石總統反攻大陸政策的限制》（《國史館館刊》第四十七期（2016 年 3 月），第 119～166 頁），張淑雅：《中美共同防禦條約的簽訂：一九五○年代中美結盟過程之探討》（《歐美研究》24：2 期（1994 年 6 月），第 51～99 頁），張淑雅：《無礙反攻？〈中美共同防禦條約〉簽訂後的說服與宣傳》（《國史館館刊》第四十八期（2016 年 6 月），第 103～174 頁），段瑞聰：《從日本角度看〈中美共同防禦條約〉》（《國史館館刊》第四十九期（2016 年 9 月），第 99～135 頁）等。現有研究各從某個角度切入研究「臺美共同防禦條約」及其影響，所用資料的側重也各有不同。顧維鈞是直接與美方交涉者，他的檔案中存有大量資料，對此迄今並無充分利用。筆者擬從幾個為學界忽視的角度，探討臺美雙方對條約若干具體問題的考慮和互動，以便更清晰展現這一關鍵時期的臺美關係。在大量佔有一手檔案基礎上，一些被淹沒於歷史塵埃中的重要史實浮上水面：譬如臺灣當局基於平等原則要求對駐沖繩美軍的行動擁有協商權，這一點是與人們通常所認為基於單方面依賴關係形成的不對等的臺美關係相悖的表現；又如臺美共同防禦條約法理上對臺灣主權的認定作用及對「臺灣地位未定論」的否定一點，實為以往研究所忽略卻相當重要之事實。

突出臺灣方面在締約一事上的被動，郝天豪、劉相平的《退讓與堅守：蔣介石在臺美「共同防禦條約」商簽中的策略選擇》指出蔣介石在商簽條約中「主動爭取和退讓」、「隱忍不發」與「堅守底線」的多個面相，視角更為全面。然而，該文主要根據《蔣介石日記》及部分「國史館」等臺灣機構所藏檔案而寫，關於「力爭」、「隱忍」或「堅守」的體現並不清晰。同時，學界除對臺美「共同防禦條約」約束臺灣「反攻」一點有較多探討外，若干重要面相不曾得到研究者的關注。事實上，該約在被美國國會批准之前曾遇不小阻力，反對者包括前國務卿艾奇遜。反對理由的核心在於該約對臺澎主權屬於中國的認定作用，於是又有三項瞭解的產生。1949 年到 1950 年代中期，在大變動局勢中，美國對臺灣主權屢次擅作解釋，此時又是重要而被學界忽略的一次。

一、明知其弊而為之：約束「反攻」的負作用

　　蔣介石率國民黨集團退臺後以「反攻大陸」作為號召，鼓舞士氣、聚攏人心。美國雖有部分人士在不同背景和場合下表達過支持「反攻」的態度，但總體而言美國官方對這個問題是十分慎重的，鑒於可能將美國拖入戰爭的風險，美國大體上是在拉緊韁繩，控制與壓制著臺灣當局挑釁性的軍事行動。繼 1949 年與西歐、北美各國簽署北大西洋公約、建立戰略同盟後，美國開始在遠東和澳洲構築防禦體系，1951 年 8 月到 1953 年 10 月先後與菲律賓、澳大利亞及新西蘭、日本、韓國簽訂安全條約或防禦條約。國民黨在國共戰爭中失敗後，軍力不足以防守臺灣，在中國大陸「解放臺灣」的輿論攻勢下，臺灣人心不安。臺灣海峽雖有美國的第七艦隊巡遊，但畢竟是會隨時開走的。臺灣當局擔心美國當局的人事變更或其他什麼因素導致美國對臺政策的大變化，擔心美國隨時可能背棄臺灣、承認中國大陸政權，因而急於謀求較為穩固的屏障來確保自身安全。臺灣方面曾與澳、新、韓、菲等國接洽，希望加入已有的美澳新同盟或推動組建新的同盟，均不順利。美澳新同盟只願維持現狀，不擬邀請臺灣當局參加。〔註2〕蔣介石試圖商請菲律賓總統出面倡導，由韓、菲、泰及臺灣地區為發起成員建立反共同盟，菲方不甚積極，美國也不願幕後主導。〔註3〕由於韓、菲曾遭受日本侵略，有反日情緒，構建一個包括

〔註2〕臺灣方面稱為美澳紐同盟。「外交部」電「駐美大使館」（1954 年 2 月 6 日收），「顧維鈞檔案」，檔號：Koo_0152_B212a_0113。

〔註3〕葉公超電顧維鈞（1954 年 2 月 17 日發），「顧維鈞檔案」，檔號：Koo_0152_B212a_0112。

韓國、菲律賓、日本、臺灣地區在內的反共同盟也是有困難的。〔註4〕同樣，由美國參與其中的、韓、日、臺「防共聯盟」亦難以建立。〔註5〕

　　1953年9月，美國參議院多數黨領袖諾蘭訪臺時，蔣介石即已提議臺美訂約。〔註6〕11月美國副總統尼克松（Richard M. Nixon）訪臺時，臺灣方面非正式提出，臺美間應仿照美菲、美澳新、美韓各安全條約之例，盡速締結一項雙邊安全條約〔註7〕。隨後，臺灣「外交部」參照各項條約內容擬具了一份條約草案，於12月18日經由美國駐臺「大使館」轉送美國務院參考。臺灣方面擬具的草案送美國國務院後，美方沒有很快地響應此事。12月底美國參謀首長聯席會議主席雷德福與國務院負責遠東事務的助理國務卿饒伯森訪臺時，蔣介石與「外交部長」葉公超又提到訂約之事，雷氏表示會予以襄助。1954年2月，「美大使館」非正式通知謂已接獲國務院電告，美政府已開始初步研究臺美安全條約草案，得此回覆後，臺灣外交部門在前期與各方接洽的基礎上認為外交重心應集中到臺美條約上來，「以全力促其早日觀成，而暫緩推動太平洋反共組織之發起」，避免工作產生無效果的分散。〔註8〕如此，與美國訂約、從而加入以美國為中心、由美國主導的防禦體系成為臺灣當局最重要的外交目標。

　　現有研究普遍認為臺美「共同防禦條約」約束了臺灣方面「反攻大陸」，這一點是臺灣方面未曾預料到的負作用？還是意料之中之事？若在意料之中，交涉過程中有沒有採取相應的策略以期規避？

　　通過史料，我們發現，臺灣方面在交涉初期其實已經預測到美國可能會

〔註4〕葉公超電顧維鈞（1954年5月27日發），「顧維鈞檔案」，檔號：Koo_0152_B212a_0089。

〔註5〕葉公超電顧維鈞（1954年5月15日發），「顧維鈞檔案」，檔號：Koo_0152_B212a_0091。

〔註6〕《蔣介石日記》手稿，1953年9月7日。

〔註7〕美澳新、美菲及美日條約均稱安全條約，美韓條約稱防禦條約，性質上安全條約與防禦條約無實質區別。臺灣方面考慮到一般民眾心理，參照各約擬具草案時採用的是安全條約的說法。在交涉過程中，兩種叫法都有，直到簽約前一天台灣外交部門還在為「條約名稱究為防禦條約抑安全條約」之事進行請示，最後採用的是「防禦條約」的譯法。（沈昌煥電「駐美大使館」轉葉公超（1954年12月28日發），「顧維鈞檔案」，檔號：Koo_0152_B212b_0113；沈昌煥電葉公超（1954年12月1日發），「顧維鈞檔案」，檔號：Koo_0152_B212b_0098。）

〔註8〕葉公超電顧維鈞（1954年2月17日發），「顧維鈞檔案」，檔號：Koo_0152_B212a_0112。

通過條約約束臺灣「反攻大陸」。1954 年 5 月 13 日，「駐美大使」顧維鈞給葉公超發去一封電文指出，「棠案〔註9〕即使剋日成立，於一般心理上固不無裨益，然實際於我保衛臺澎及爭取軍經援助難期驟獲進步，而於我軍事上主要舉動自由反攻加一契約上之拘束，權衡得失，似乎利弊參半」。鑒於此種預測，顧維鈞請「外交部」明確棠案是否為當局之「堅定政策」，以便決定自己的外交路線：若是「堅定政策」，當全力推進；若不是，就「輕描提詢以視其反響」。〔註10〕這種認識不止顧維鈞一人有之，葉公超亦持有同樣顧慮。〔註11〕就連美方人員都提醒說：美對臺每年已給大量軍援經援，棠案之成立是否對臺灣完全有利？〔註12〕

　　既然對條約效用有所懷疑，對帶來約束「反攻」行動負作用的可能性有所顧忌，為何臺灣方面還要努力實現簽約目的？正如葉公超指出「主要目的在將雙方現行互助防衛關係置於立法基礎之上，並備參加擴大區域安全組織之地步，就作用言，政治實重於軍事」。〔註13〕在前面提到的背景下，臺「外交部」認為應將美國對臺灣防衛的責任法條化，並以此為基礎形成美日臺、美韓臺、美菲臺聯盟，進而形成美、日、韓、菲、臺聯盟這樣一個遠東區域安全體系。為實現這一目的，即便該條約可能帶來負面影響，也應全力推動。這樣，在接下來的時間裏，以顧維鈞、葉公超為主要代表的臺灣外交人員開始為如何實現簽約、如果使條約最大程度地有利於當局進行「明知其弊而為之」的艱難交涉。

　　既然臺灣方面在交涉之初已「知其弊」，在整個交涉過程中便為「避其弊」而殫精竭慮。外交人員在最初起草約稿時，已在注意迴避可作此種解釋之文字。葉公超認為倘能照臺灣方面草擬的約稿商定，則「我反攻大陸不屬條約

〔註 9〕1954 年 3 月中旬，臺「外交部」為便於保密起見，決定以 CLARA 或棠案為臺美安全條約密名。（葉公超電顧維鈞（1954 年 3 月 15 日發），「顧維鈞檔案」，檔號：Koo_0152_B212a_0100。）

〔註10〕顧維鈞電葉公超（1954 年 5 月 13 日發），「顧維鈞檔案」，檔號：Koo_0152_B212a_0092。

〔註11〕葉公超電顧維鈞（1954 年 5 月 15 日發），「顧維鈞檔案」，檔號：Koo_0152_B212a_0091。

〔註12〕顧維鈞電葉公超（1954 年 4 月 29 日發），「顧維鈞檔案」，檔號：Koo_0152_B212a_0093。

〔註13〕葉公超電顧維鈞（1954 年 5 月 15 日發），「顧維鈞檔案」，檔號：Koo_0152_B212a_0091。

範圍而不致更受拘束」，故盼積極推動早日達成。〔註14〕

　　為早日締約，臺灣方面顧及到美方心理，約稿第四條適用地域範圍雖規定為臺灣當局控制下之領土，卻未將「外島」明文列入。〔註15〕在臺灣當局看來，這已是讓步。然，當時美國並不積極與臺灣締約。美國認為國共戰爭狀態未止，若與臺灣訂約，適用範圍等問題自多困難。大陸遼闊，日本曾欲行侵略，用兵八年「仍不得逞，前車可鑒」，美國不願捲入對大陸的戰爭。為應對越南局勢，美國希望與菲泰英澳等國形成集體防衛。雖然英國暫時不願加入，美國擬先進行，建立基礎，以待英改變想法。〔註16〕5月下旬，葉公超與蔣介石就臺美條約事連日詳談，蔣又提出新的要求。他認為，臺灣當局當時控制下的三十多個大陸沿海島嶼中，最主要的是上下大陳、馬祖、金門三地區，希望美「至少將此三地區各島之防衛包括於第七艦隊責任範圍之內」，若美同意此點，臺灣方面可承諾「目前不以各該島為反攻基礎」。〔註17〕這自然更增加了美方顧慮。若不將「外島」包括在內，似有鼓勵中國大陸攻取之意；若將其包括在內，美議院因懼怕被迫捲入大戰而產生的反對之聲會更加激烈。因此，到第一次臺海危機即將發生之時，美方仍認為臺美訂約問題不是當前「活躍問題」。〔註18〕

　　1954年9月，第一次臺海危機發生，美國為平息臺海衝突，有意使新西蘭出面向聯合國安理會提出臺灣海峽停火案，並為此與英、新兩國秘密磋商。臺海衝突本為中國內政，美國將其提交聯合國並非正道，但在當時而言，在美國看來卻是唯一選擇。此舉勢必給國際社會造成「兩個中國」印象，美國料想依臺灣當局立場斷不會接受，於是在10月中旬派專員赴臺游說臺灣方面接受美方的安排。臺灣方面反對在聯合國提出臺灣海峽停火提案，但也留有餘地，那就是：若臺美先簽訂安全條約，停火案之議才可考慮。在臺海地區軍事衝突壓力下，為通過停火案化解危機，美國將與臺灣訂約之事提上日程。

〔註14〕葉公超電顧維鈞（1954年5月15日發），「顧維鈞檔案」，檔號：Koo_0152_
　　　　B212a_0091。
〔註15〕葉公超電顧維鈞（1954年4月28日發），「顧維鈞檔案」，檔號：Koo_0152_
　　　　B212a_0094。
〔註16〕顧維鈞致葉公超並請轉呈電文（1954年5月19日發），「顧維鈞檔案」，檔
　　　　號：Koo_0152_B212a_0090。
〔註17〕葉公超電顧維鈞（1954年5月27日發），「顧維鈞檔案」，檔號：Koo_0152_
　　　　B212a_0089。
〔註18〕顧維鈞電葉公超（1954年8月26日發），「顧維鈞檔案」，檔號：Koo_0152_
　　　　B212a_0095。

11月，臺美關於安全條約的議定進入緊鑼密鼓的交涉階段。

在條約商簽過程中，顧、葉等人擔心之事果然發生。發生的原因固與美國擔心被臺灣當局拖下水的心理有關，同時也與臺灣方面在安全條約問題上的態度和表現有關。1951年，在商簽對日和約時臺美雙方曾就適用範圍問題進行反覆磋商，最後採用了臺灣方面的提法，即現在或「將來在其控制下之全部領土」。〔註19〕臺灣當局認為臺美安全條約也採用類似說法應無問題。〔註20〕然而，這種想法過於簡單化了。臺灣當局與日本簽訂具有結束戰爭狀態意義的和約，對美國並無直接的法律效力，只需避免容易招致輿論攻擊的字眼即可。比如，斷不能明言適用於中國大陸，因為這樣會招致輿論攻擊與阻力。臺灣方面提出具有暗示「反攻」含義的說法已是退了一步，在此處具有暗示意義的說法對美國沒有直接影響，亦沒有拖美下水的效力。然而，臺美安全條約則當別論。若仿照日臺和約的說法，對臺灣當局現在以及「將來可能控制下之領土」的攻擊都被視為對締約雙方的攻擊，這顯然是有被捲入同中國大陸直接戰爭風險的。因此，美國自然提出僅以臺澎為範圍的要求。臺灣當局不甘心限於臺澎，又提必須在協防臺澎之下附加「協防臺澎有關問題」等類字樣。〔註21〕經力爭，美國雖然同意附加上「以後經共同協議所決定之其他領土」的字樣，〔註22〕但既然是「共同協議」就與臺灣最初提出的說法大為不同，也為美國進一步為限制「反攻」而提出相應的要求埋下伏筆。

正是在美國同意臺灣方面關於在「臺澎」之後附加表述要求的同時，華盛頓流出消息稱，臺美「共同防禦條約」需附一項關於臺灣當局不可向大陸發動「挑釁性之攻擊」的諒解。11月8日，有社論以《條約乎？鎖鍊乎？》為題，評論此項傳聞，指出果如所傳，則這一條約，不啻就是美國給予臺灣以「一種無理的束縛」。〔註23〕而這一束縛源自美國對捲入大戰的擔心，亦源

〔註19〕日臺和平條約（最後文本），中國社科院近代史所譯《顧維鈞回憶錄》第9分冊，附錄十六，中華書局，1989，第732～740頁。

〔註20〕葉公超電顧維鈞（1954年5月27日發），「顧維鈞檔案」，檔號：Koo_0152_B212a_0089。

〔註21〕蔣介石電葉公超（1954年11月5日發），「顧維鈞檔案」，檔號：Koo_0152_B212a_0076。

〔註22〕葉公超電蔣介石（1954年11月7日發），「顧維鈞檔案」，檔號：Koo_0152_B212a_0064。

〔註23〕社論《條約乎？鎖鍊乎？》，報紙名不詳，第一版，「顧維鈞檔案」，檔號：Koo_0152_B212b_0129_001。

自臺灣方面雖明知有可能造成此種束縛卻在交涉之初就過早流露出的「反攻」意圖。臺灣方面對防約適用範圍的表述及力爭，在美國將臺美安全條約提上日程之前進行的次數不多的交涉中，顯得頗為突兀。美國警覺之下，將限制臺灣「反攻」作為一項既定的交涉目標。在此情況下，雖然顧、葉等人力圖避免防約對臺灣的「鎖鏈」作用，卻也是無力回天。

二、反對片面規定，力求平等原則：要求沖繩美軍行動之協商權

在 1950 年代臺美實力懸殊情況下，美國從開始就基於優勢地位來對待臺美訂約之事。具體表現在條約處理方式、各相關文件及聲明稿的措辭、條約文字的拿捏等方面均體現或隱含了不對等的含義。國民黨曾是中國的執政黨，在距此並不久遠的抗戰時期曾以大國身份領導反法西斯鬥爭，敗退臺灣後雖面臨情勢迴異處境，但大國心態並未消泯。更重要的是，此時臺灣民心不安，若條約體現出明顯的片面性質，不利於鼓舞士氣，則有違訂約之初衷。因此，在交涉之初，臺灣外交人員就十分注意盡力糾正和避免任何環節出現的片面性。

在正式啟動臺美「共同防禦條約」的談判後，雙方擬發布聲明稿，表示訂約談判業已開始。11 月初，美方提出的聲明稿稱：

> 中華民國與美利堅合眾國茲已開始商議簽訂一項互助安全條約，該約目的在保衛臺灣及澎湖以抵禦對威脅其安全之武裝攻擊，並就任何此項威脅或攻擊舉行會商。就美國而言，該約將代替自一九五零年以來為此等地區之保衛所實行之措施，溯自韓戰開始，第七艦隊曾奉令常川保衛此等島嶼。該約內容除關於實施地區之規定外，將仿照美國與菲律賓、澳大利亞、紐西蘭及大韓民國所訂立條約之一般方式。該約將在以上所舉各條約暨美日條約以及在馬尼拉所訂立之東南亞公約等所已形成之鎖鏈上更鑄一環。凡此諸約將構成西太平洋區域抵禦侵略之共同防禦驅幹，現與中華民國議訂中之條約將一如上述各約純屬防衛性質，並無以任何國家或人民為其敵對之對象，而在重申兩締約國尊崇聯合國宗旨及原則之一貫立場。該約闡明美國對於臺澎所受之任何威脅或攻擊予以抵抗之決心，自將有助於遠東情勢之穩定，並對該地區之和平有所貢獻。〔註24〕

〔註24〕葉公超電「外交部」轉蔣介石、俞鴻鈞（1954 年 11 月 3 日發），「顧維鈞檔案」，檔號：Koo_0152_B212a_0079。臺灣方面稱新西蘭為紐西蘭。所謂「締約國」應為「締約方」，下文關於條約或換文的文字引用部分亦同。

　　美方所提聲明稿是基於國民黨退臺後的歷史事實，似乎並無問題，然而，若僅以此類簡單事實的表述示人，恐不能達到臺灣當局所期望的提振人心的作用。臺灣方面雖對臺美訂約問題甚是期望，卻未採取草率被動、一味遷就的態度應對此事，他們認為美方所提聲明稿「多係片面之辭」，表示要修改另提。〔註25〕後來聲明稿進行了較大幅度的修改，不但顯示出臺美共同反共的意義，且加入「經雙方之協議將包括締約國所轄其他領土」這樣富有彈性的表述。〔註26〕1954年12月2日簽約當日的凌晨臺美聯合發表聲明，表述如下：

　　　　中華民國與美利堅合眾國茲已結束其締結共同安全條約之談判。此項條約將仿照美利堅合眾國在西太平洋所締結其他各項安全條約之一般形式。

　　　　此項條約將承認締約國對於臺灣與澎湖以及美國所轄西太平洋島嶼之安全具有共同之利害關係，規定經雙方之協議將包括締約國所轄其他領土，並以應付威脅此等條約區域安全之武裝攻擊為對象。對於任何此相威脅或攻擊，規定經常會商。

　　　　此項條約將於美國與其他太平洋區域國家業已締結之各集體防禦條約所建立之集體安全系統，更鑄造一環。凡此諸項辦法，構成保衛西太平洋自由人民抵抗共產侵略之主要軀幹。

　　　　中華民國與美利堅合眾國此項條約，將一如其他各條約屬於防守性質。該條約將重申締約國對於聯合國憲章之宗旨與原則之尊崇。〔註27〕

　　在反對片面性問題上，最為關鍵的分歧點是關於軍事部署需共同決議一點。儘管蔣介石已迭次向美方保證將來對大陸採取大規模軍事行動將事先與美磋商，儘管臺美外交人員就此問題談話時亦曾有正式文字記錄，美國仍不放心。在商定條約及其附屬文件內容時，美方不但要對「使用武力」進行規定，還要對「軍事部署」進行規定，以免因臺灣方面擅自調兵而拖累美國。

〔註25〕葉公超電「外交部」轉蔣介石、俞鴻鈞（1954年11月3日發），「顧維鈞檔案」，檔號：Koo_0152_B212a_0079。
〔註26〕「外交部」電「駐美大使館」，「顧維鈞檔案」，檔號：Koo_0152_B212b_0057。
〔註27〕聯合聲明稿，「顧維鈞檔案」，檔號：Koo_0152_B212b_0094。

　　為有效約束臺灣當局，使得臺美安全條約能夠被國會通過，11月6日，美方提出在條約之外形成「議定書」對第六條所規定所謂臺灣當局在現在及將來所控制區域具有「固有之自衛權利」進行解釋與限制，規定臺灣當局在現在及將來所控制區域之軍事部署及自此區域使用武力將影響另一締約方，「除顯係行使固有之自衛權利之緊急性行動外，將為共同協議之事項」。〔註28〕關於使用武力的規定雖然主要是針對臺灣當局為「反攻」而進行的重大行動而言，但在文字上倒是具有相互意義，表面上體現了平等。然而，關於軍事部署，美方只單方面規定臺灣當局在現在及將來控制區域的軍事部署，並未規定對條約適用區域美軍部署也需要「共同協議」，顯然沒有體現平等原則，是無理的片面規定。其實當時臺灣方面並無單獨「反攻」的能力，美方之所以還是要將此要求明確列入外交條文，是為了給反對大戰的美國國會和民眾一個交待。顧維鈞考慮再三，將美方所提文字改為甲、乙兩修正案，以甲案為優先。甲修正案為：

　　　　鑒於兩締約國在　年　月　日所簽訂之中華民國與美利堅合眾國共同防禦條約下所負之義務以及任一締約國自該條約第六條所稱之任一區域使用武力將致影響另一締約國，茲同意此項使用武力除顯係行駛固有之自衛權利之緊急性行動外，將為共同協議之事項。

　　　　中華民國有效控制該條約第六條所述之領土及其他領土對其現在與將來所控制之一切領土具有固有之自衛權利。

乙修正案為：

　　　　中華民國有效控制　年　月　日所簽訂之中華民國與美利堅合眾國共同防禦條約第六條所述之領土及其他領土對其現在與將來所控制之一切領土具有固有之自衛權利。

　　　　鑒於任一締約國自上述兩區域之任一區域使用武力將致影響另一締約國，茲同意此項使用武力除顯係行駛固有之自衛權利之緊急性行動外，將為共同協議之事項。〔註29〕

〔註28〕顧維鈞電沈昌煥（1954年11月6日發），「顧維鈞檔案」，檔號：Koo_0152_B212a_0067。

〔註29〕顧維鈞致蔣介石、俞鴻鈞函（1954年11月9日發），「顧維鈞檔案」，檔號：Koo_0152_B212a_0040。

美方關於軍事部署權的要求意味著一般性軍事調防亦需徵得美國同意，無需說對大陸大規模軍事行動了。蔣介石聞訊，憤慨不已，「此種苛刻之無理要求，無法忍受」，「被侮如此，能不自強求存乎？」〔註30〕當天，蔣介石給顧維鈞發去電報，聲明自己不反對美國對國民黨武裝部隊的使用擁有否決權，但對條約適用範圍內的美國武裝部隊有必要使用同樣說法，這是民眾對維護主權平等的要求。〔註31〕

臺灣方面認為軍事部署需要與美國協商一事對臺牽涉面太廣，是不合理的片面規定，因此提出對案，要求「聯合控制駐紮在西太平洋島嶼上的美軍」。12日，在關於臺美「共同防禦條約」的第五次會談中，助卿饒伯森指出臺灣當局的對案是「不可接受的」，美國軍事當局永遠不會同意臺灣當局或任何其他外國政府對美國在其管轄範圍內的西太平洋島嶼上使用美國軍隊擁有否決權。顧維鈞指出，原則上像美國可以關注臺灣當局軍事行動一樣，沖繩美軍的行動臺灣當局亦有理由關注。「為建立真正的互惠，雙方應有共同義務就在整個條約界定的地區使用部隊進行協商」。隨後，他提到5日路透社發出的來自香港的一份獨立評論。這份評論指出，如果臺灣當局同意不對內地採取任何行動，將在政治上和軍事上產生「最嚴重的影響」。如果這樣做，臺灣當局及其在臺灣的人民只會成為「美國目的的工具」，臺灣當局不應該盲目接受美國的意願。由於臺美商議條約的消息不慎洩露，媒體獲知美國限制臺灣「反攻」的意圖，並對此大加抨擊，給臺灣當局也帶來了壓力。顧維鈞強調臺灣方面的戰爭物資實際上已經幾乎完全被美方控制，在實踐中離開美國支持而進行「反攻」是不可能的，因而根本沒有必要再明確列入軍事部署條款。臺灣當局無意否決沖繩和關島美軍的使用，只是反對美國單方面的規定。若美國無法同意以同樣規定適用於西太平洋美國控制島嶼的軍事部署，那麼就應刪除軍事部署的相關條文。〔註32〕

〔註30〕《蔣介石日記》1954年11月11日。

〔註31〕Memorandum of Conversation, by the Director of the Office of Chinese Affairs (McConaughy), November 12, 1954, *FRUS, 1952～1954, China and Japan (in two parts)*, Volume XIV, Part 1, Washington, D.C.: U.S. Government Printing Office, 1985, p.890.

〔註32〕Memorandum of Conversation, by the Director of the Office of Chinese Affairs (McConaughy), November 12, 1954, *FRUS, 1952～1954, China and Japan (in two parts)*, Volume XIV, Part 1, Washington, D.C.: U.S. Government Printing Office, 1985, pp.887～892.

顧維鈞在臺美「共同防禦條約」第五次會談時為軍事部署一事的辯駁可謂已盡全力，為使美方刪除片面說法不惜以大膽要求令美方不悅。雙方相持不下，第五次會談無果。隨後，蔣介石又專為軍事部署事親電相關人員，說明必須予以刪除的理由，並指示如美同意刪除軍事部署一點，可試提乙案。國民黨退臺後，以所謂「反共抗俄」作為基本政策，立身之本，蔣介石認為此點全賴「民心士氣之支持」，美方對此不加顧及，逼人太甚。〔註33〕

臺灣當局強烈反對之下，國務卿杜勒斯親自修改文字表述，將軍事部署一句改為「凡由兩締約國雙方共同努力與貢獻而產生之軍事份子，經共同核准不將撤離第六條所述之各領土」。〔註34〕因臺灣當局對於美國在西太平洋島嶼的軍事力量並無貢獻，自然不能參與對沖繩等島嶼美軍部署的指揮。此種說法，以文字技巧迴避了明顯的片面表述，也保證了美國對西太平洋駐軍的獨家決策權，但仔細推敲的話其含義仍是片面的。因此，臺灣方面仍然希望美國能夠充分顧及臺灣士氣，將該句刪除。但迭經交涉，還是被保留了下來。美國擔心臺灣當局將臺澎駐軍全部調駐「外島」，致使美國不得不派地面部隊防守臺灣，故執意堅持臺灣的軍事部署應與美方商量。〔註35〕

三、退而求次：要求「外島」補給、換文保密

從整個交涉過程可以看出，美國以簡單思維、強勢立場處理臺美條約之事，為達到自身目的，將臺灣當局心態置於次要或完全不重要的位置。與美國訂立安全條約是臺灣當局既定目標，為達此目標，臺灣外交人員只得盡力與美周旋，無法取得諒解和讓步時，唯有退而求其次。

針對11月6日美方提出以議定書對條約第六條進行解釋、限制臺灣方面軍事部署與使用武力的要求，臺灣方面認為此種議定書「無異剝奪我反攻大陸

〔註33〕沈昌煥電顧維鈞（1954年11月14日發），「顧維鈞檔案」，檔號：Koo_0152_B212a_0025。

〔註34〕顧維鈞電沈昌煥（1954年11月14日發），「顧維鈞檔案」，檔號：Koo_0152_B212a_0069。加入雙方意見，最後形成的文字是：「凡有兩締約國雙方共同努力與貢獻所產生之軍事單位，未經共同協定不將其調離第六條所述各領土，至足以實際減低此等領土可能保衛之程度」。（葉公超電沈昌煥並轉蔣介石、俞鴻鈞（1954年12月10日發），「顧維鈞檔案」，檔號：Koo_0152_B212b_0049。）

〔註35〕葉公超電沈昌煥（1954年11月17日發），「顧維鈞檔案」，檔號：Koo_0152_B212a_0015。

之權利」，絕不宜採用。「最高限度我可考慮將我諾言內容採用換文方式，而不附於條約本身，當可不須參院批准。」〔註36〕議定書是用於解釋、說明、補充或改變主意條約的法律文件。美方提出以議定書形式限制臺灣當局的軍事行動，臺灣代表拒絕接受此項提議。為不使談判中斷，顧維鈞提出最大限度可以以無需批准的換文方式。美方同意以換文方式行之。雖然換文原則上不必由美國參議院批准，但美方表示，必須以此項補充規定作為向參院說明之根據。

美國要在換文中限制臺灣方面軍事部署與使用武力，這使換文成為臺灣當局的包袱。如前所述，在使用武力方面，臺灣倒是已經在美國要求屢次做出保證，但軍事部署也要與美國商量一點是以往沒有的。在臺灣方面強硬反對下，美國只是在文字上對軍事部署的協商權進行了修改，但文字技巧掩蓋不了其片面性的實質。

為減少其害，蔣介石指示「外交部」向美提出保證臺灣當局防守「外島」所需供應的要求。臺灣方面另擬新的換文修正稿，末段加上對防守「外島」美允予供應上之全力支持一句，於 11 月 19 日送交美國務院中國事務局局長馬康衛，並謂若美方能作供應防守「外島」之需的保證，則會建議當局接受美方對軍事部署一事的意見。〔註37〕葉公超解釋說，條約及換文僅以臺澎為範圍已使人民感到失望，若再於換文中保留限制軍事單位調離之字樣，則無異表示美方不但不協防「外島」，還將限制臺灣方面於必要時派軍增援「外島」，故提出此項折衷辦法。依臺灣方面之意，解決辦法最上者，自然為刪除關於軍事部署的規定；退而求其次者，則為在軍事部署一語外加列美國對「外島」補給的承諾以資調劑，或者兩者均予刪除。即便是折衷方案，美方也不願接受。饒伯森指出如將補給「外島」字句列入必將為參院外委會所拒絕，輿論界及民間亦必生反對之聲，不願因此「枝節問題」而影響整個條約之通過。〔註38〕

「外島」補給事被國務院助卿拒絕後，臺灣當局還想通過在美國國會的友好關係來扭轉局面。參議員諾蘭表示願從旁協助，但指出「外島」兩字範圍廣泛，不能提請將一切「外島」包括在內，只可列舉大陳、金門等數個重要

〔註36〕顧維鈞電沈昌煥（1954 年 11 月 6 日發），「顧維鈞檔案」，檔號：Koo_0152_B212a_0067。

〔註37〕葉公超電沈昌煥（1954 年 11 月 19 日發），「顧維鈞檔案」，檔號：Koo_0152_B212a_0005。

〔註38〕葉公超電沈昌煥轉蔣介石、俞鴻鈞（1954 年 11 月 19 日發），「顧維鈞檔案」，檔號：Koo_0152_B212b_0138。

「外島」，其餘「外島」據軍界人士言殊無軍事價值，「失之亦不能謂為威脅臺澎之安全」。〔註39〕即便有友好人士對「外島」補給事持有限同情，將此事加入換文的想法是實現不了了。臺美準備訂約之事，在雙方尚未正式啟動談判時就已有傳言，交涉過程中亦有數次從不同渠道的洩密。美國希望盡快訂約，倘拖延過久，勢必引起外間推測，謂臺美「雖係盟友，彼此意見不易一致，此於雙方均多不利」。〔註40〕12月2日，臺美「共同防禦條約」簽訂，12月10日，臺美舉行換文，「外島」補給事並未列入。

　　臺灣方面沒有放棄對「外島」補給的要求。9月第一次臺海危機發生後，臺灣當局曾向美提出增加軍事援助的「謝計劃（Hsieh Plan）」。12月13日，在與美方就此計劃進行的會談中，葉公超奉蔣介石之命，向美方尋求對「外島」補給的明確態度，提出臺灣當局希望獲得美國對「外島」防禦後勤支持的保證。美方認為在臺灣事實上已經獲得「外島」補給的情況下，提出這一要求似乎沒有必要。葉公超指出，從法律上講，這方面存在一些問題。1951的美國軍援顧問團（MAAG）協議包含了「為福爾摩沙和澎湖的合法辯護」這一相當特殊的短語，沒人能夠對「合法」應該是什麼意思做出令人滿意的解釋。MAAG官員曾以「協議不允許」為由，攔截向「外島」運送軍用設備和物資。後來經與雷德福上將會談後，情況雖然改觀，但沒有從根本上解決這一問題。美方允予認真考慮。〔註41〕幾天後，美方答覆，對臺灣所請以書面保證予防禦「外島」之補給支持事，同意照辦。〔註42〕後來究竟有無形成書面保證，筆者暫時沒有資料。但無論如何，此項保證沒有出現在防禦條約所附換文之中，即便有此書面保證，其效力也已大打折扣。況且，從後面事實來看，美國對「外島」的定位並未有提升表現。〔註43〕

〔註39〕葉公超電沈昌煥轉呈蔣介石、俞鴻鈞（1954年11月24日發），「顧維鈞檔案」，檔號：Koo_0152_B212b_0118。

〔註40〕葉公超電沈昌煥轉蔣介石、俞鴻鈞（1954年11月19日發），「顧維鈞檔案」，檔號：Koo_0152_B212b_0138。

〔註41〕Memorandum of Conversation, by the Director of the Office of Chinese Affairs (McConaughy), December 13, 1954, *FRUS, 1952~1954, China and Japan (in two parts)*, Volume XIV, Part 1, Washington, D.C.: U.S. Government Printing Office, 1985, pp.1021~1022.

〔註42〕沈昌煥電葉公超（1954年12月18發），「顧維鈞檔案」，檔號：Koo_0152_B212b_0046。

〔註43〕1955年1月美國勸臺灣當局放棄大陳島，4月初美國明確國民黨佔領下的中國沿海島嶼並非「要塞」、只是「前哨」，必要時可以放棄。

　　雖然臺灣方面在換文之後獲得了美方對「外島」補給的諒解，但就與條約配套的換文而言，既沒有刪除關於軍事部署亦需共同協議的規定，也沒有加上美方對「外島」補給的保證，實際上是帶有屈辱與消極色彩的。臺灣方面只得退而求次，盡力減少換文的影響。

　　關於條約以外另有換文以及換文內容，臺灣方面始終力請美方保密，但臺美條約簽訂後，換文尚未舉行時，美方對換文草案內容似已「以條約實施部署之名」漸予透露。臺灣方面恐消息洩露後引起臺灣民眾強烈反對，難於因應，亟盼美方對換文一事能夠保密。〔註44〕顧維鈞也深以為慮，指出條約批准事美政府擬於 1955 年 1 月向新國會提出，依照習慣每年年初總統必致函參眾兩院對於立法或各該院應辦事務優先程序有所建議，且參議院討論條約時國務卿或其代表必須答問報告，屆時即使另召非公開會議恐仍不免洩漏。〔註45〕

　　按照程序臺灣當局訂約後也要經「立法院」通過。為免美國國會討論時萬一有反對意見會影響到臺灣「立法院」的意見，因此臺灣當局決定在美國國會審議條約之前，送交「立法院」。1955 年 1 月 5、6 兩日，臺「立法院」經討論，普遍認為美方如予發表或透露對臺灣民心有極大不利，一般人民不能瞭解換文之背景，當局無論如何解釋不能洗去「反攻」受到限制之印象，盼美方務予守密。〔註46〕但 8 日美國總統艾森豪威爾在咨文中提到換文的存在，雖然當時沒有公布其內容，但記者已開始多方探聽。且美國新聞處已明電將杜勒斯致艾森豪威爾的報告書及換文實質部分用明碼發致美國駐外各館。美「使館」已收到新聞，記者們便不難獲得，事實上已無法補救。〔註47〕

　　自始至終臺灣方面多次請求美方對換文的存在及其內容保守秘密，實際上到後來審議討論的階段是無論如何也無法隱瞞的。何況此項換文實際上是按照美方的意思形成的，其內容有利於美國現任政府贏得民眾及國會支持。事實上，因條約內容沒有明文體現對臺灣當局「反攻大陸」的約束，部分人

〔註44〕沈昌煥電顧維鈞（1954 年 12 月 6 發），「顧維鈞檔案」，檔號：Koo_0152_B212b_0054。

〔註45〕顧維鈞電沈昌煥（1954 年 12 月 8 發），「顧維鈞檔案」，檔號：Koo_0152_B212b_0053。

〔註46〕沈昌煥電葉公超（1955 年 1 月 8 發），「顧維鈞檔案」，檔號：Koo_0152_B212b_0034。

〔註47〕沈昌煥電葉公超（1955 年 1 月 8 發），「顧維鈞檔案」，檔號：Koo_0152_B212b_0035。

士公開批評說「該約為牽引美國捲入戰爭漩渦之陷阱」。〔註48〕1月8日換文的存在經總統咨文得以洩露，應該不是無意地「不慎」之舉。事已至此，臺灣當局只得接受現實。

　　3月3日，臺美互換批准書，而後應是向聯合國登記備案的程序。臺灣方面表示願予登記，但換文既非條約一部分亦非同時簽字，不得包括在內。為防止美國將換文一同送聯合國備案，臺灣方面屢次交涉，〔註49〕但美方表示，國務院法律部門認為僅送條約而不送換文，不能視作履行聯合國憲章規定，拒絕臺灣方面的請求。〔註50〕

　　因實力懸殊，在重要問題上，臺灣當局的訴求其實並不能起到多大作用。其退而求次的做法，有時多少能取得一些表面上與暫時性的效果，卻不能得到美國實質上的讓步。在防禦條約的商簽過程中，臺美之間的分歧點不止於上述方面。除一貫有之的態度立場差異，還有一些因應新發事件的分歧。如截扣船隻行動是否受條約限制等。1954年6月22日，蔣介石下令截捕蘇聯油輪甫斯號（Tuapse），這是國民黨第一次截獲蘇聯資助中共物資，〔註51〕此事引起蘇聯方面的情緒。在Tuapse案的交涉過程中，美國意識到因臺灣截扣船隻引起的緊張空氣，提出臺灣方面在公海上截留並搜索船舶的行動，亦應根據現行辦法與美協議。為引起臺灣重視，美方認為應在「使用武力」項下再作解釋，明文規定截船亦包括在內。臺灣方面拒絕另作解釋，更不願就此換文。聲稱截船時並未炮擊，且截留的是用以攻臺的物資，屬於「自衛性質」，臺灣方面巡邏範圍並不大，目前亦沒有能力擴大範圍，不會牽連到美國。表示願意「就截船事與美磋商，但此乃基於雙方友好關係而並非基於條約義務」。在臺灣方面保證不會因截船而影響到臺海安全、不會牽累美國情況下，考慮到僅以截留物資為限尚不足以引起中國大陸報復性行動，杜勒斯同意臺灣當

〔註48〕葉公超電沈昌煥轉蔣介石、俞鴻鈞（1955年1月13日發），「顧維鈞檔案」，檔號：Koo_0152_B212b_0030。

〔註49〕「外交部」電顧維鈞（1955年3月12日發），「顧維鈞檔案」，檔號：Koo_0152_B212b_0005；顧維鈞電葉公超（1955年3月14日發），「顧維鈞檔案」，檔號：Koo_0152_B212b_0004；葉公超電顧維鈞（1955年7月29日發），「顧維鈞檔案」，檔號：Koo_0152_B212b_0003。

〔註50〕顧維鈞電葉公超（1955年8月2日發），「顧維鈞檔案」，檔號：Koo_0152_B212b_0002。

〔註51〕《蔣介石日記》手稿，1954年6月22日。

局的請求，不為此事形成文字。〔註52〕

四、臺美「共同防禦條約」對臺澎主權認定的作用

1955年2月，在美國參議院外交委員會將臺美「共同防禦條約」送參議院討論時，曾提出三項瞭解：

（1）關於該約第六條所規定可適用於共同協議決定之其他領土一節，參院瞭解於實施時須先諮詢參院之同意；（2）參院瞭解本約並不影響或改變第六條所指領土之法律地位及主權；（3）參院瞭解本約第五條所規定之義務僅適用於外來武裝攻擊同時任何一方採取由中華民國所據領土出發之軍事行動須經雙方同意。〔註53〕

其中第二項瞭解提到「參院瞭解本約並不影響或改變第六條所指領土之法律地位及主權」。這句話有何背景？如何理解？

此項瞭解是為應對美國部分民主黨議員對臺美防約的質疑而產生。1955年1月12日《紐約時報》刊出一篇報導，該報導描述了民主黨議員向國會散發的一份有關臺美「共同防禦條約」的私人備忘錄。前國務院參事寇恒（Benjamin V. Cohen）曾將自己對臺美防約的意見初稿送請前國務卿艾奇遜、前國務院法律顧問費希爾（Adrian S. Fisher）、前駐菲律賓大使考恩（Myron M.Cowen）、前國務院政策計劃室主任尼采（Paul H. Nitze），可能還有前空軍部長芬雷特（Thomas K. Finletter）等人研讀，並提供意見。寇氏參酌這些意見完成的這份備忘錄認為，批准該條約將首次正式承認臺灣和澎湖為「中華民國」領土。其次，這種正式的承認將支持中國共產黨人的主張，即對臺灣、澎湖的武裝攻擊不會構成國際侵略，而只是中國的內戰，其他國家強行干預的權利和目的將受到嚴重懷疑。這份報導引起美國高層重視，艾森豪威爾的安全顧問卡特勒（Robert Cutler）認為此事頗為重要，特意在國家安全會議提到這份備忘錄。〔註54〕美民主黨全國委員會以說帖形式將對臺美防約的質疑密送參議院外交

〔註52〕葉公超電沈昌煥轉蔣介石、俞鴻鈞（1954年11月22發），「顧維鈞檔案」，檔號：Koo_0152_B212b_0127；葉公超電蔣介石、俞鴻鈞（1954年11月24發），「顧維鈞檔案」，檔號：Koo_0152_B212b_0124。

〔註53〕顧維鈞電「外交部」，（1955年2月8日發），「顧維鈞檔案」，檔號：Koo_0152_B212b_0013。

〔註54〕Memorandum of Discussion at the 231st Meeting of the National Security Council, Washington, January 13, 1955, *FRUS, 1955 ～ 1957, China*, Volume II, Washington, D.C.: U.S. Government Printing Office, 1986, pp20～21.

委員會，主張為自身利害計，美國應使臺澎與中國大陸分開，不宜認定為合法之一體。〔註55〕艾奇遜等人認為臺美防約將「永久鞏固臺灣地位因而放棄美國對遠東外交政策之彈性」，提醒參院審查該約時必須審慎行事。〔註56〕

對於卡特勒在國家安全會議所提備忘錄，杜勒斯認為國務院已經考慮到這兩點，所以選擇了準確的語言來迴避對臺灣主權的承諾。〔註57〕當時為緩解臺海危機，國務院正謀由新西蘭向聯合國提出臺灣海峽停火案。訂立臺美防約正是臺灣提出的接受美國安排的先決條件。經過大約一個月的緊密磋商，國務院認為條約及其換文達到了美國的主要目的：限制了「反攻」，且獲得了軍事部署協商權，此時的工作就是設法掃除障礙，使其通過。為此，杜勒斯先與參議院外交委員會主席喬治等議會主要人物進行了溝通，爭取到其支持。接下來，共和黨各領袖與民主黨參議員喬治等人以全力防止任何修正案或保留案之通過。為消除部分人的疑慮，且為有助於美國對臺灣主權地位的解釋，上面提到的三項瞭解得以產生。喬治且稱，此三項瞭解在形式上並非保留條件，然就該約之特殊情形言，是項瞭解在實質上等於保留條件。三項瞭解「具有保留及解釋之效力」，應加以尊重。〔註58〕

臺灣澎湖本為中國固有領土。經艱苦卓絕的抗日戰爭，中國人民打敗日本侵略者，贏得國際上的尊重。二戰後期的開羅會議、波茨坦會議對於臺灣於戰後歸還中國均有明確共識，美國亦為參會大國之一。但戰後部分美國人士為某種戰略需要提出「臺灣地位未定」、「臺灣託管」之類的主張。為防止臺灣落入中共之手，1950 年夏，美國官方對臺灣地位尚「無法確定」進行表述，1951 年又一手策劃結束對日戰爭狀態的和約，在其中將臺澎主權表述為「由日本放棄」。〔註59〕美國將臺澎地位懸置、使臺澎「中立化」的目的就是

〔註55〕顧維鈞電「外交部」，（1955 年 1 月 12 發），「顧維鈞檔案」，檔號：Koo_0152_B212b_0029。

〔註56〕葉公超電沈昌煥轉蔣介石、俞鴻鈞（1955 年 1 月 13 發），「顧維鈞檔案」，檔號：Koo_0152_B212b_0030。

〔註57〕Memorandum of Discussion at the 231st Meeting of the National Security Council, Washington, January 13, 1955, *FRUS, 1955 ~ 1957, China*, Volume II, Washington, D.C.: U.S. Government Printing Office, 1986, p.22.

〔註58〕顧維鈞電「外交部」，（1955 年 2 月 10 發），「顧維鈞檔案」，檔號：Koo_0152_B212b_0012。

〔註59〕Memorandum Prepared by the Dulles Mission, Feb.3, 1951, *FRUS, 1951, Asia and the Pacific (in two parts)*, Volume VI, Part 1, Washington, D.C.: U.S. Government Printing Office, 1977, p.850.

為干涉臺海事務尋找藉口。1953年共和黨上臺後，曾聲稱要將臺澎的「中立化」「解除」。但其實「解除中立化」後並沒有實質改變，美國仍然在約束臺灣大規模的軍事行動，且未改變「臺灣地位未定論」的說法。此時，美國同臺灣當局訂約，自有承認臺灣、澎湖等地為中國領土之意。無論條約及換文如何在文字上迴避對臺灣、澎湖主權的直接表述，臺澎屬於中國的法理意義都是迴避不了的。美國參議院外委會妄圖以三項瞭解進一步為美國任意解釋臺澎主權留下餘地。但臺澎主權歸屬問題以及某條約文件是否「涉及臺澎主權」的問題當由事實與法理決定，不能夠任由人解釋。

參議院外委會稱該約「不影響或改變第六條所指領土之法律地位及主權」，「不影響或改變」的法律地位及主權原本為何？若理解為：臺澎地位及主權一如此前，即美國所主張的臺澎地位仍然未決，並不屬於中國，那麼與自稱「代表中國」的臺灣當局訂約，且稱臺澎為其「領土」便是奇怪之事。況且，美國參議院外委會報告中又稱，自中國「接管」臺灣後美方「業已承認」其對臺澎的合法權力。〔註60〕那麼，是不是可以得出美國認為臺澎屬於中國之意？這自然不是美政府此時的用意，且是其刻意迴避的。參與寇恒所擬意見的艾奇遜、尼采等人曾是炮製「臺灣地位未定論」與「臺灣中立化」的主要人物，對臺灣主權與地位問題自是敏感，擔心因美臺訂立「共同防禦條約」而使美國不便介入臺海事務。主導訂約的杜勒斯不是沒有考慮到此點。杜勒斯曾任杜魯門時期的外交顧問，也曾參與「臺灣託管」等方案的討論，深諳美國處理臺澎地位之法。儘管與臺灣當局訂約在臺澎地位的認識上有難以自圓其說風險，但此時美國為更緊迫的局面需要應對，為使聯合國介入臺海衝突，他不得不推動美臺訂約，僅以文字技巧避免對臺澎主權的直接表述。美國參議院外委會所提說法其實是空洞的，其意只是為美政府任意解釋臺澎主權與地位添一說辭而已。

五、餘論

戰後，美國雖與太平洋地區若干國家簽訂防禦性條約，但並未與一個正在處於戰時狀態的國家或地區訂約。〔註61〕與臺灣當局的「共同防禦條約」

〔註60〕顧維鈞電「外交部」，（1955年2月10發），「顧維鈞檔案」，檔號：Koo_0152_B212b_0012。
〔註61〕美國與韓國的共同防禦條約是在朝鮮停戰協定達成之後才簽訂的。

是個例外。臺灣自提出訂約要求已有一年多，中間也曾託請多人，希望予以推動，杜勒斯並未提高此事的優先級。1954 年 10 月，為使臺灣當局接受美國所策動的臺灣海峽停火案，美方才啟動臺美訂約的程序。雖啟動了程序，美國並不打算在關鍵問題上讓步，而是抱著必使條約利於美國的心理。〔註 62〕在臺灣方面來說，殷切希望早日與美訂約的心理是存在的，但臺灣當局的外交人員也沒有打算為早日訂約而一味妥協。訂約之事主要由葉公超、顧維鈞兩人同美方交涉，兩人皆是具有豐富經驗的職業外交家。為達成盡可能對臺有利的條約，二人同美力爭、周旋，在若干問題上取得美方諒解與讓步。然而，在制約臺灣「反攻」等關鍵性問題上，仍是強勢的美方獲勝。臺灣方面取得有限的勝利與美方談判原則有關，美國要在自己滿意的基礎上對臺灣適度讓步，在不被捲入戰爭的情況下鼓勵臺灣所謂的「自衛權」，以使其達到「適當的平衡（proper balance）」。〔註 63〕正是在這個時候，美國國家安全會議形成關於遠東政策的文件 NSC 5429／3，表示美國要冒著戰爭風險，但不主動引起戰爭；維持非共產主義的臺灣地區政治、經濟和軍事的逐步改善，防止被顛覆；與臺灣當局簽訂「共同防禦條約」，庇護臺灣（不包括國民黨控制下的離岸島嶼），通過聯合國的行動維持離島現狀。〔註 64〕該文件訂下了此後訂約談判的基調，也就是說臺灣當局最關心的「反攻」與「外島」問題正是美國訂下的不能讓步的底線。

美國與韓國的安全條約兩日便達成，與菲律賓訂約亦極迅速。相較而言，臺美條約頗為波折。美國口頭上稱以平等姿態與臺訂約，「對於實力懸殊一點絕未提及」，〔註 65〕只為應付實際情勢。貌似平等簡單的處理方式卻沒有帶來

〔註 62〕1954 年 11 月，當被問及美國是否致力於臺美條約時，杜勒斯指出：「如果能夠在美國政府滿意的基礎上達成協議，原則上我們就致力於條約」。（Memorandum of Conversation, by the Counselor (MacArthur), November 5, 1954, *FRUS, 1952～1954. China and Japan (in two parts)*, Volume XIV, Part 1, Washington, D.C.: U.S. Government Printing Office, 1985, p.868.）

〔註 63〕Memorandum of Conversation, by the Counselor (MacArthur), November 5, 1954, *FRUS, 1952～1954. China and Japan (in two parts)*, Volume XIV, Part 1, Washington, D.C.: U.S. Government Printing Office, 1985, pp.868～869.

〔註 64〕Draft Statement of Policy, Prepared by the NSC Planning Board, November 19, 1954, *FRUS, 1952～1954. China and Japan (in two parts)*, Volume XIV, Part 1, Washington, D.C.: U.S. Government Printing Office, 1985, pp.911～919.

〔註 65〕葉公超電沈昌煥（1954 年 11 月 17 日發），「顧維鈞檔案」，檔號：Koo_0152_B212a_0015。

平順的效果，其因在於美國事實上的優勢地位與強勢立場。基於這樣的立場，美國以帶有明顯的片面性質的文字對關鍵條款進行解釋與限制，不但要將臺灣方面以往對使用武力的保證法律化，還加上軍事部署亦需商議這一無理要求，造成臺美之間在訂約過程中最尖銳的衝突。

在訂立「共同防禦條約」一事上，臺美雙方有建立「集體防衛」的共同利益，卻也有著本質上的利益衝突。臺灣方面要求訂約的一個重要的出發點是為鼓舞士氣，因而條約在彰顯有強大同盟共同反共之意的同時，要塑造當局的堅強高大，至少不應有「矮化」的體現。美國訂約的一個重要目的卻是要捆住臺灣當局的手腳，其目的與臺灣當局的出發點是衝突的。1950 年代，特別是國民黨退臺後的頭幾年，提振民心主要靠的是「反攻大陸」的藍圖和願景，這一點恰恰是美國要防範的。臺美本質上的利益衝突說到底是一個中國與「兩個中國」的衝突。臺灣方面的軍隊多從大陸過去，將士思歸，蔣介石以「反攻大陸」作為凝聚士氣之丹藥。然而，儘量減少臺海兩岸的維繫、維持「兩個中國的事實」才是美國想要達到的戰略目標。基於此，不但「外島」不能列入條約範圍，連提供「外島」補給的承諾美國也不肯加入換文。為能達成條約，臺灣方面退而求次，要求美國盡可能對換文保密，並儘量減小換文與條約關聯性的體現、儘量減少其法律效力的體現。臺灣方面的退讓有時會得到美方暫時性的諒解與同情，但最終在關鍵性問題上美國並未做出妥協。

太平洋戰爭後，隨著對遠東事務越來越多的介入，美國便不斷有對臺灣地位與主權的隨意解釋。十餘年中，美國官方對臺灣主權的看法也出現了數次變化，有時是大的跳躍，有時甚至是自相矛盾的逆轉。臺美「共同防禦條約」簽訂後，有人質疑它會帶來臺灣主權地位的改變。為此，美參議院外委會提出三項瞭解，聲明該約不影響或改變臺澎法律地位和主權。此語的含義其實是含糊的，外委會報告的解釋顯出與杜勒斯的意圖相悖之意，然而，它又匪夷所思地得到杜氏支持。就事實與法理而言，臺灣、澎湖自始至終是中國固有領土，臺美「共同防禦條約」體現了美國對臺澎主權屬於中國的認定，是對其炮製出的「臺灣地位未定論」的自我否定。此點大概是杜勒斯未曾想到的。儘管美國又拿出三項瞭解作為保留條件，為其任意解釋臺澎地位及主權留出退路，可是，臺澎地位和主權當由歷史事實與法理決定，豈容隨意解釋？

第十章　應對危機之「神喻行動」

　　1954 年 9 月 3 日，中國人民解放軍炮擊金門，第一次臺海危機發生。在對金門的密集炮擊之後，打擊重點轉為以大陳為中心的浙東島嶼。1955 年 1 月 20 日，作為大陳門戶的一江山島被解放軍奪回。28 日，新西蘭向聯合國安理會主席致函，提議召開會議討論中國沿海島嶼停火問題。〔註 1〕這一提案看似為新西蘭一國主張，實則卻是美國背後主使，並有英國參與協調。美國為使提案順利進行，更與停火案當事一方——臺灣當局進行了多次交涉。1950 年代，臺美在相當程度上是利益共同體。然而，關於停火案，臺美卻有種種分歧與糾葛。美國意欲何為？臺灣方面有何不滿與顧慮？美國手中有何籌碼讓臺灣當局難以堅定地反對？大陳撤退後臺美雙方態度又有何變化？本章試對這些問題探討一二。

一、美國的打算

　　臺海危機發生後，美國內部立即進行了關於對仍在國民黨手中的中國沿

〔註 1〕代表性的研究為臺灣地區張淑雅的《安理會停火案：美國應付第一次臺海危機策略之一》（《中央研究院近代史研究所集刊》第 22 期下）。該文內容頗詳，主要利用了美英外交檔案從美方對臺策略角度進行討論，缺乏臺灣方面檔案的運用，缺乏對臺灣當局心理和對策以及臺美互動的研究。其他相關研究如：J. H. Kalicki, The Pattern of Sino-American Crisis: Political-Military Confrontations in the1950s (London: Cambridge University Press, 1975), Chapter 6；余子道：《第一次臺海危機與臺美關係中的「外島」問題》（《軍事歷史研究》2006 年第 3 期）；蘇格：《臺美「共同防禦條約」的醞釀過程》（《美國研究》1990 年第 3 期）；檀江林：《蔣介石力阻美國將臺灣問題「國際化」》（《當代中國史研究》2004 年第 5 期）等，這些相關成果沒有對停火案進行較為完整的論述，僅涉及相關背景或某一方面的研究。

海島嶼對策的討論，結果莫衷一是。部分軍方人物的第一反應是主張美國干預，如參謀長聯席會議主席雷德福、海軍作戰部長卡尼（Robert Carney）、空軍參謀長特文寧（Nathan Farragut Twining），甚至國務卿杜勒斯也曾主張美國干預，以免該事件引起整個沿海局勢的連鎖反應，但代理國務卿 W.B.史密斯、陸軍參謀長李奇微等人持相反意見。〔註2〕李奇微等人認為，假如中共發動全面戰爭，要保住金門這些沿海島嶼就要動用大量軍隊，付出的代價與得到的好處並不相稱。〔註3〕李奇微的觀點是主張不干預觀點的代表，沿海島嶼在軍事上的重要性有限一點也被多數派認同，但多數派也強調，從心理影響而言，這些島嶼是有防守必要的。如果國民黨駐軍被殲、島嶼丟失，臺灣軍民士氣與心理及美國在亞洲政策的執行會有負面作用。〔註4〕同時，美國方面也看到，美國若動用軍隊參加金門防禦，局勢很可能會迅速發展成同中國大陸的全面戰爭，要使衝突局部化十分困難。〔註5〕如果不同中國大陸進行一次全面戰爭並在戰爭中獲勝，金門是不可能一直被國民黨所佔據。〔註6〕而總統艾森豪威爾確信，美國國會不會支持為守住「外島」而進行全面戰爭。〔註7〕

金門等沿海島嶼距離臺灣島較遠，對國民黨軍隊來說，並不具備單獨防禦的可能。同時，它們不像臺灣島及澎湖列島那樣，與大陸有一定間隔。由

〔註2〕The Acting Secretary of State to the Embassy in the Philippines, Sept. 3, 1954, *FRUS, 1952～1954. China and Japan (in two parts)*, Volume XIV, Part 1, Washington, D.C.: U.S. Government Printing Office, 1985, p558; The Secretary of State to the Department of State, Sept. 4, 1954, *FRUS, 1952～1954. China and Japan (in two parts)*, Volume XIV, Part 1, Washington, D.C.: U.S. Government Printing Office, 1985, p560.

〔註3〕Views of the Chief of Staff, United States Army (Ridgway), *FRUS, 1952～1954. China and Japan (in two parts)*, Volume XIV, Part 1, Washington, D.C.: U.S. Government Printing Office, 1985, p.605.

〔註4〕The Acting Secretary of Defense (Anderson) to the President, Sept. 3, 1954, *FRUS, 1952～1954. China and Japan (in two parts)*, Volume XIV, Part 1, Washington, D.C.: U.S. Government Printing Office, 1985, p.556.

〔註5〕Views of the Commander in Chief of the Far East (Hull), *FRUS, 1952～1954. China and Japan (in two parts)*, Volume XIV, Part 1, Washington, D.C.: U.S. Government Printing Office, 1985, p.610.

〔註6〕Memorandum Prepared by the Secretary of State, Sept.12, 1954, *FRUS, 1952～1954. China and Japan (in two parts)*, Volume XIV, Part 1, Washington, D.C.: U.S. Government Printing Office, 1985, p.611.

〔註7〕Memorandum of Conversation, by the Director of the Office of Chinese Affairs (McConauthy), Oct.13, 1954, *FRUS, 1952～1954. China and Japan (in two parts)*, Volume XIV, Part 1, Washington, D.C.: U.S. Government Printing Office, 1985, p.739.

於距離大陸很近，要成功對其進行防禦，就要使部隊在一定程度上深入到內陸。它們的軍事價值有限，不值得美國為其冒全面戰爭風險。可是，鑑於政治與心理上的因素，又不能輕易將其放棄。很快，美國高層在干預與不干預的糾結中，產生出另一種建議，即：建議美國以臺海局勢威脅到國際和平為由，將其交聯合國安全理事會處理。中華人民共和國對國民黨控制下的沿海島嶼採取軍事行動，本為中國內政，但美國方面認為，中國人民解放軍對金門等島嶼的行動是以武力奪取臺灣為目的，而美國對臺灣的防禦公開做出過承諾，因而，炮擊金門已不是內戰問題。〔註8〕

要將臺海局勢問題提交安理會，美國首先要考慮的英國的態度。英國是美國最主要的盟國之一，且為聯合國安理會常任理事國之一，但英國基於自身經濟利益等方面的考慮，已在政治上選擇了承認中華人民共和國的立場，有可能會在聯合國有關中國問題的討論中發表不符合美國期望的言論，因此，在對沿海島嶼對策的討論中，英國態度是美國關切之事。臺海危機發生後的幾天內，艾森豪威爾致電英首相丘吉爾，指出美國在道義上應該為自由世界的利益在臺海危機中採取某些行動，這一點很令自己為難，詢問英國有何意見。〔註9〕9月17日，杜勒斯借赴英國商討歐洲防務之機，與副首相兼外交大臣艾登（Robert Anthony Eden）當面談起美國欲使安理會介入臺海局勢的考慮。艾登表示出興趣，但隨後提出一些技術性和法律上的問題。〔註10〕經考慮，艾登提出由同為安理會理事國的亞太國家——新西蘭提出有關中國沿海島嶼衝突的提案。〔註11〕隨後，美、英、新三國就此問題進行了數次磋商，這一行動被冠名以「神喻行動」，以示機密。

10月中旬，美、英、新擬出新西蘭決議案草案全文：

〔註8〕Memorandum Prepared by the Secretary of State, Sept.12, 1954, *FRUS, 1952～1954. China and Japan (in two parts)*, Volume XIV, Part 1, Washington, D.C.: U.S. Government Printing Office, 1985, p.612.

〔註9〕The President to the Acting Secretary of State, Sept.8, 1954, *FRUS, 1952～1954. China and Japan (in two parts)*, Volume XIV, Part 1, Washington, D.C.: U.S. Government Printing Office, 1985, p.578.

〔註10〕Memorandum of Discussion at the 215th Meeting of the National Security Council, Sept.24, 1954, *FRUS, 1952～1954. China and Japan (in two parts)*, Volume XIV, Part 1, p659.

〔註11〕The Secretary of State to the Department of State, Sept.27, 1954, *FRUS, 1952～1954. China and Japan (in two parts)*, Volume XIV, Part 1, Washington, D.C.: U.S. Government Printing Office, 1985, p.664.

安全理事會，

鑒於中華人民共和國與中華民國之間，最近曾在中國大陸海岸外若干島嶼區域，尤其金門區域內，發生武裝衝突。

經認定此項衝突業已產生一項情勢，其繼續存在足以危及國際和平與安全之維持。

爰要求中華人民共和國及中華民國立即停止此項衝突；

建議採取和平方法，俾防止此項衝突之再起；

並宣布本問題繼續繫屬於本理事會。〔註12〕

這樣，儘管這一提案的提出方是新西蘭，但背後的主謀卻是美英兩國。此時，美、英雖仍是盟友，但在對中華人民共和國的政治立場上是存在分歧的。為取得英國支持，美國不想牽扯出更多的政治議題，比如臺海衝突的性質、何方應代表中國等等。因而，新西蘭決議案內容很簡單，就是要求兩岸在金門等沿海島嶼停火，並未涉及其他議題。美方的意圖僅是借助聯合國停止中國沿海島嶼的軍事衝突，以解美國干預與不干預之困。美國設想，若能借助安理會實現停火，則美國可避免戰爭風險使兩岸分離，臺澎繼續為美國所用，而若干沿海島嶼繼續為臺灣當局所佔有。若中華人民共和國不接受停火建議，則至少可使美國贏得輿論同情，使蘇聯和中共承擔戰爭責任。〔註13〕美國認為國會不會同意為「外島」而戰，臺灣當局丟失「外島」是遲早的事，那時美國在亞太地區會很沒面子。因此，就算這一事件提交聯合國後，得到的建議是將這些沿海島嶼歸還中華人民共和國，美國在此情況下退出「外島」，也比「夾著尾巴逃走要好」。〔註14〕

二、臺灣方面的不滿與顧慮

當時，當事之一方——「中華民國」在美國支持下仍佔據著聯合國安理

〔註12〕杜勒斯電蔣介石（1954 年 10 月 14 日），「外交——國際情勢與中國安危」，「蔣經國總統文物」，「國史館」藏，典藏號 005-010205-00035-009。

〔註13〕蔣介石與饒伯森談話紀錄（1954 年 10 月 13 日），「外交——蔣中正接見美方代表談話紀錄（十）」，「蔣經國總統文物」，「國史館」藏，典藏號：005-010205-00072-002。

〔註14〕Memorandum of Discussion at the 215th Meeting of the National Security Council, Sept.24, 1954, *FRUS, 1952～1954. China and Japan (in two parts)*, Volume XIV, Part 1, Washington, D.C.: U.S. Government Printing Office, 1985, p.660.

會常任理事國席位，為取得臺灣方面對該提案的理解和配合，美國對蔣介石等人進行了不少說服工作。1954 年 10 月 12 日，在與英、新達成基本共識情況下，美國負責遠東事務的助理國務卿饒伯森未先行通知，突然飛臺訪問。當日下午，饒伯森就要去拜見蔣介石，可見美急於借聯合國擺脫兩難困境之心。蔣約其次日面談。13 日當日，饒伯森在駐臺「大使」藍欽、國務院中國事務局局長馬康衛陪同下與蔣介石、張群、沈昌煥等人〔註 15〕進行了三次長談。此後到 1955 年 1 月 28 日新西蘭向安理會提出此案期間，臺美間關於停火案又有多次交涉。然而，臺灣方面對停火案始終不滿並顧慮重重。

不滿提案的簡單化

在解放軍對金門、大陳的猛烈打擊下，美國欲行干涉，又怕捲入戰爭；有心不管，又恐有損美國在遠東的威望。因而，急於尋求聯合國介入使自己解圍。為求盡快使停火案通過，美國欲以簡單提案方式減少阻力。所謂簡單，即不涉及任何政治問題，不界定衝突的性質，不判定誰為正義誰為非正義，將提案限定於停止「危害國際和平的衝突」這一目的。最大程度地簡單化處理停火案，是最有利於美國的。它不但可以使美求得與主要同盟——英國之間的最大公約數，可以減少同為安理會常任理事國——蘇聯的反對程度，更為重要的是可以阻止新中國解放臺灣，並阻止會使美國陷入戰爭泥淖的臺灣當局的反攻行為，使臺澎安全地置於美國翼下，為美國的遠東戰略服務。但，這一簡單化的處理方式令臺灣方面不滿。

1949 年 10 月，中華民國政權為中華人民共和國政府取代後，原政府要人來到臺灣，在美國保護下維持著「中華民國」政府構架，其代表繼續佔據著聯合國席位。1950 年 3 月，蔣介石復職為「總統」。蔣介石等人抱定「不兩立」心態，以自己為正統，仇視中共，不承認新中國。雖然炮擊金門為中國人民解放軍打擊美國干涉中國內政、打擊臺灣方面對大陸沿海的不斷襲擾、解放臺灣的正義行動，但臺灣當局卻希望美國運用影響力，在停火案中表明「中華民國政府為中國合法政府」，表明臺灣當局的「正義」與「被侵略」立場，並對中國大陸加以譴責。

在 1954 年 10 月 13 日，在與饒伯森等人的談話中，蔣介石明白地表達了

〔註 15〕張群時任「總統府秘書長」，沈昌煥為「外交部政務次長」。因事關重大，第二次與第三次談話加上了「副總統」陳誠、「行政院院長」俞鴻鈞。

對美國使議案簡單化的疑慮與不滿。指出，為何北朝鮮攻打南韓，聯合國認為是「侵略」；中共派兵援朝攻韓，聯合國也認為是「侵略」，而獨獨不將臺海衝突定為「侵略」？並提出若停火案在文字上能指出共產黨為「侵略者」，「則我不但不反對，且可予以支持」。如內容中實在不便提出，至少美國代表應在停火案提出後發言，表明該案之提出，係因中國大陸首先進行之「領土挑釁」，乃是「侵略之行為」，故美國對此案予以支持。美國若能作此聲明，則臺灣方面可接受美國建議，訓令駐聯合國代表團暫時不表示態度。〔註16〕

饒伯森訪臺後，「外交部長」葉公超「迭次堅請」美勸新西蘭根本打消停火案之提出，美雖未接受建議，但已告新彼仍與臺在接洽中。在停火案暫時擱置之時，「外交部」除繼續與美交涉，要求其在停火案中增加「侵略」性質的判定等內容〔註17〕外，決定了萬一停火案突然提出時應採取的對策：

> 甲、如紐案提出美方支持，而蘇俄反對，暗示將行否決權，則我方擬單就蘇聯攻擊我方各點予以駁斥，乙、如其發言亦有支持表示，則我方擬指出共產黨始終對我侵略之政策，及引動此次金門等衝突，應由其負全責。丙、如蘇聯發言專對美國攻擊，並不表示對紐案最後投票之態度，則我方擬暫不發言以觀理事會中辯論之發展情形再定如何應付。〔註18〕

直到1955年1月下旬，臺灣方面仍在與美數次交涉，要求案文應聲明臺灣當局「為安理會永久會員國」，中國大陸為「侵略者」，聯合國應設法制止。〔註19〕

在臺灣方面的考慮中，士氣民心是一個重要因素。國民黨退臺後，官兵士氣低落、民眾人心渙散是一嚴重問題。臺灣當局擔心停火案只簡單要求

〔註16〕蔣介石與饒伯森談話紀錄（1954年10月13日），「外交——蔣中正接見美方代表談話紀錄（十）」，「蔣經國總統文物」，「國史館」藏，典藏號：005-010205-00072-004。

〔註17〕「我對紐西蘭擬向聯合國安理會提案之交涉紀錄」，「外交部」，館藏號11-11-04-02-001，影像編號11-INO-01416，中研院近史所檔案館藏。

〔註18〕葉公超電蔣介石（1954年11月6日），「對美關係（一）」，「蔣中正總統文物」，「國史館」藏，典藏號：002-090103-00002-252。「共產黨」一詞為筆者所改，原文用的是污蔑性詞語。

〔註19〕葉公超、顧維鈞電蔣介石（1955年1月23日），「對美關係（一）」，「蔣中正總統文物」，「國史館」藏，典藏號：002-090103-00002-269；葉公超等電蔣介石（1955年1月28日），「對美關係（七）」，「蔣中正總統文物」，「國史館」藏，典藏號：002-090103-00008-015。

停火，並未有對「挑起衝突者」的制裁，會給士氣民心帶來致命性傷害。陳誠曾向饒伯森提出「是中共對金門發起的攻擊，倘也限制我方反擊，無法維持民心士氣。」〔註20〕蔣介石也認為「如聯合國一經討論停火問題，則我士氣民心認為外島與臺灣皆已等於失去一般，則外島即使能保存一時究有何益？」〔註21〕

至少在退臺初的幾年中，「反共復國」是臺灣當局用以鼓舞士氣、振奮民心的口號。臺灣當局認為若不對停火案表示反對，而默認其提出，則不啻於表示「放棄收復大陸之努力與意願」，如此，則「不僅無以繼續維繫士氣民心，且就吾人言，一切均將失去意義。」〔註22〕

會造成「兩個中國」印象

炮擊金門後不到一周，國務卿杜勒斯即親赴臺灣，與蔣介石面商阻止中國人民解放軍解放臺灣之事，並發表聲明對中華人民共和國加以恫嚇。〔註23〕但是美國政府之意卻也並不符合蔣介石的心願。退臺後，蔣介石一心反攻，1954年前後推出「開案」計劃，希望美國擴大對臺軍援，助其反攻。臺海局勢緊張後，蔣更有意借機實現「反共復國」迷夢。9月初，又一次試圖說服美國支持其反攻行動，對杜勒斯說明，「反攻大陸就是保障臺灣安全，亦可使美國避免為協防臺灣而參戰，以導致世界戰爭之危險」。〔註24〕而美國不為所動，仍奉行著既往政策：不希望解放軍攻擊沿海島嶼，也不希望國民黨反攻大陸。臺海危機發生後，美國一邊發表聲明，表示臺美會一致對共，希望對解放軍產生震懾；一邊又嚴防臺灣借機擴大事端，不但不支持臺灣提出的特別援助計劃，就連此前曾應允的某些軍援，也有推延擱置。〔註25〕美國藉口緩和沿

〔註20〕蔣介石與饒伯森談話紀錄（1954年10月13日），「外交——蔣中正接見美方代表談話紀錄（十）」，「蔣經國總統文物」，「國史館」藏，典藏號：005-010205-00072-003。

〔註21〕蔣介石與饒伯森談話紀錄（1954年10月13日），「外交——蔣中正接見美方代表談話紀錄（十）」，「蔣經國總統文物」，「國史館」藏，典藏號：005-010205-00072-004。

〔註22〕蔣介石電葉公超（1955年1月27日），「對美關係（七）」，「蔣中正總統文物」，「國史館」藏，典藏號：002-090103-00008-087。

〔註23〕《我們一定要解放臺灣》，《人民日報》1954年10月15日，第4版。

〔註24〕《蔣介石日記》手稿，1954年9月1日。

〔註25〕蔣在日記中表示「我金門情勢如此，而美則反而斷絕接濟，即前已答應之F-86機亦杳無消息，殊太不忍」。（《蔣介石日記》手稿，1954年9月21日）。

海島嶼局勢，干涉中國統一，實有製造「兩個中國」之意。同時，其他國家，特別是英國的某些評論家，也在不斷散佈所謂「臺灣交聯合國託管」、「臺灣中立化」、「臺灣獨立」、「兩個中國」等謬論。美英所為及輿論，是與此時秘密進行的新西蘭停火案互為配合的。臺灣當局對此亦有警覺。

10月16日，蔣介石吩咐張群聯繫直接負責對美交涉的「駐美大使」顧維鈞、「外交部長」葉公超，若停火案文字以臺海兩岸並稱「將成為兩個中國邪說之根據，其文體如不修正，亦必反對此案，不能默認也。」〔註26〕

20日，葉公超與「駐聯合國代表」蔣廷黻等人與美國饒伯森、雷德福等人就停火案舉行會談，提出「外島」戰爭將臺海兩岸相提並論，「一若共負其責」，實具有給予中華人民共和國政權事實承認之含義，足以鼓勵「兩個中國」之謬論，「以為牽引該政權進入聯合國之初步」。〔註27〕

12月，美方透露說，法總理皮埃爾·孟戴斯—弗朗斯（Pierre Mendès France）回法後，與英首相密商在聯合國提議承認「兩個中國」案，美方已予拒絕。〔註28〕這一消息並未打消蔣介石等人對美國主張「兩個中國」的疑慮。該月聯合國秘書長為美國關係赴華訪問一事，頗令臺灣當局不安。

12月，中華人民共和國總理兼外交部長周恩來與聯合國秘書長哈馬舍爾德（Dag Hammarskjold）有過一些接觸。接觸的動因是解決美國間諜阿諾德有關問題。當時，美國駐聯合國代表洛奇（Henry Cabot Lodge）在交給哈馬舍爾德的一份解釋性備忘錄中提到，美國間諜阿諾德等所乘坐的飛機是「在鴨綠江以南十五英里鄰近北朝鮮順川的地方受到襲擊並被擊落」。〔註29〕10日，哈馬舍爾德表示要來中國訪問，商討此事。17日，周恩來覆電，同意在北京接見哈氏，商談有關各項問題。〔註30〕此事引起蔣介石對美國的懷疑，加深了他對美國製造「兩個中國」的警惕。

1955年1月21日，由於美國拒絕協防大陳，蔣介石不得已接受美國關

〔註26〕《蔣介石日記》手稿，1954年10月16日。

〔註27〕葉公超電蔣介石、俞鴻鈞（1954年10月23日），「我與聯合國」，「蔣中正總統文物」，「國史館」藏，典藏號：002-090103-00001-262。

〔註28〕葉公超電蔣介石（1954年12月6日），「對美關係（六）」，「蔣中正總統文物」，「國史館」藏，典藏號：002-090103-00007-331。

〔註29〕《美國間諜阿諾德等被捕的經過》，《人民日報》1954年12月8日，第3版。

〔註30〕《周總理兼外長覆電同意接見哈馬舍爾德》，《人民日報》1954年12月18日，第1版。

於大陳撤退的建議。在對美放棄大陳主張再次表示不能認同之外，蔣提出，「我既接受美建議撤出大陳，已屬萬分痛心而不得已之事，我決不能再接受停火之建議。任何國家向聯合國提出停火建議，我必堅決反對之。」同時，蔣質疑美總統建議撤守大陳，是否由於哈氏與周恩來有秘密諒解，以此作為緩和美國與大陸緊張關係、解救 11 名美俘的條件？〔註31〕當日，葉公超、顧維鈞奉蔣之命，立即約見饒伯森，談話中葉公超明確表示，反對停火案的最大理由，「乃因此案有使兩個中國之說法死灰復燃之危險。自報章紛傳安理會將安排停火後，此類傳說已屬甚囂塵上。」故「蔣總統」電示，「告以對此事之疑慮，及對此案之反對」。〔註32〕饒伯森解釋說，「哈秘書長赴北平純為代表聯合國，美政府並未託其代達任何意見，據哈回美向杜勒斯報告也聲明，對任何問題並未商及解決辦法，亦無任何諒解，外間所傳純為報紙揣測。美政府並不抱兩個中國觀念，請勿懷疑」。〔註33〕

　　28 日，在新西蘭向安理會提出停火案當日，葉公超仍在同美交涉，促其阻止該案提出。稱為避免戰爭，已決定退出大陳，一時也不擬反攻，即欲反攻也會與美方事先洽商，停火案更無提出必要。如新西蘭不接受意見，臺灣方面必反對此案。請饒伯森轉達杜勒斯，使其訓令美駐聯合國代表「在討論此案時重申美贊成此案，不影響其一貫反對中共進入聯合國與兩個中國主張，並盼杜卿將我方態度轉告英國。」〔註34〕

　　除了上述兩大顧慮之外，臺灣當局還擔心停火案並不能對中華人民共和國起到制約作用，中共很可能不會理會這一提案，所以根本沒有提出必要。〔註35〕自然，美國對此也有預料，〔註36〕只是美國寄希望於輿論的轉

〔註31〕蔣介石電葉公超（1955 年 1 月 21 日），「對美關係（一）」，「蔣中正總統文物」，「國史館」藏，典藏號：002-090103-00002-275。

〔註32〕「我對紐西蘭擬向聯合國安理會提案之交涉紀錄」，「外交部」，館藏號 11-11-04-02-001，影像編號 11-INO-01416，中研院近史所檔案館藏。

〔註33〕葉公超、顧維鈞電蔣介石（1955 年 1 月 23 日），「對美關係（一）」，「蔣中正總統文物」，「國史館」藏，典藏號：002-090103-00002-269。

〔註34〕葉公超等電蔣介石（1955 年 1 月 28 日），「對美關係（七）」，「蔣中正總統文物」，「國史館」藏，典藏號：002-090103-00008-015。

〔註35〕蔣介石與饒伯森談話紀錄（1954 年 10 月 13 日），「外交——蔣中正接見美方代表談話紀錄（十）」，「蔣經國總統文物」，「國史館」藏，典藏號：005-010205-00072-002。

〔註36〕顧維鈞電蔣介石（1954 年 11 月 29 日），「對美關係（六）」，「蔣中正總統文物」，「國史館」藏，典藏號：002-090103-00007-330。

向，因而仍欲一試。〔註37〕

三、美國的籌碼

　　在 1954 年下半年至 1955 年初，臺美間的交涉並不是對等的。臺灣方面並不願放棄大陳，但最終還是從大陳撤退；也不願聯合國中出現所謂停火案的提案，但終在缺乏力度的拒絕中迎來了新西蘭的議案。究其原因，除實力不對等、臺灣仰仗美援外，此時美國還有一重要籌碼，那就是臺美共同防禦條約的締結。

　　丟失大陸後，鑒於現實情況，蔣介石急求美國庇護，而美國對臺政策常不能使其得到安全感。蔣時常抱怨美國對臺「無政策」，「隨時可變」。〔註38〕因而，在 1953～1954 年間，促成臺美締約可謂是臺灣當局最重要的外交目標之一。

　　1953 年 3 月 29 日，顧維鈞向杜勒斯正式提出關於締結一項軍事安全條約的建議。〔註39〕因美國擔心會被臺灣拖入戰爭，簽約談判遲遲得不到推動。1954 年 5 月以後，解放軍再次對沿海島嶼頻頻採取行動，佔領了大陳 20 公里以內的一些島嶼。在沿海島嶼局勢漸趨緊張，而臺美條約尚無實質進展情況下，蔣介石主動做出讓步。6 月 28 日，蔣與藍欽會面，請其向艾森豪威爾及杜勒斯轉達一份意見，在臺美軍事安全條約問題上臺灣方面準備擴展其諮詢義務，承諾在任何重大軍事行動之前徵求美國的同意。〔註40〕即便這樣，也並未能立即開啟臺美條約的正式談判。

　　9 月 9 日，臺海危機已經發生，在與杜勒斯的會面中，蔣介石開門見山指出，美對亞洲沒有堅定政策，不願像對其他國家一樣與臺灣訂約即為證明。如果臺美訂約，就能終止關於中國在聯合國席位的爭論，以及託管可能性的討論，引領美國形成堅定的東亞政策。杜勒斯則指出臺美訂約還有一些困難，

〔註37〕杜勒斯電蔣介石（1954 年 10 月 14 日），「外交——國際情勢與中國安危」，「蔣經國總統文物」，「國史館」藏，典藏號：005-010205-00035-009。

〔註38〕《蔣介石日記》手稿，1950 年 9 月 11 日，1953 年 11 月 5 日，1953 年總反省錄。蔣介石與饒伯森談話紀錄（1954 年 10 月 13 日），「外交——蔣中正接見美方代表談話紀錄（十）」，「蔣經國總統文物」，「國史館」藏，典藏號：005-010205-00072-002。

〔註39〕中國社會科學院近代史研究所譯《顧維鈞回憶錄》，第 11 分冊，中華書局，1990，第 181 頁。

〔註40〕The Ambassador in the Republic of China (Rankin) to the Secretary of State, Sept.9, 1954, *FRUS, 1952～1954. China and Japan (in two parts)*, Volume XIV, Part 1, Washington, D.C.: U.S. Government Printing Office, 1985, p.582.

美國不希望將臺灣當局凍結在目前狀態下，已經與美訂約的菲律賓人還羨慕臺灣有第七艦隊的實際保護，而不像他們在實施前還需要各種步驟。〔註41〕

10 月中旬，美國開始為新西蘭停火案之事與臺交涉，其間，臺美條約成為美國手中的籌碼。而臺灣方面則「將計就計」、為開始條約談判事向美施壓。

在 10 月 13 日，饒伯森等人與蔣介石諸人的第一次談話中，即明白亮出這一籌碼。提出，停火案提出時，美國會重申美國支持臺灣當局之堅定立場，並即宣布正與貴方商訂雙邊條約，以此抵消停火案產生的心理影響。〔註42〕

第二次談話中，張群再次詢問，是否通過新西蘭提案時，美方可同時與臺簽訂雙邊條約？而饒伯森答，艾森豪威爾與杜勒斯認為將「外島」包括在條約中，恐不能得到國會批准。以停火案維持「外島」在臺灣手中，是為巧妙辦法。停火案或於數日內提出，但並非即可投票決定。停火案之提出，可使臺美雙邊條約更易於獲得國會之支持。饒伯森應允向杜勒斯建議在議案提出時，美國即宣布在與臺灣商討雙邊條約；並且建議不論安理會討論該案結果如何，臺美間立即商訂雙邊條約。而臺灣需對停火案暫取保留態度，不表態反對。面對美國伸出的橄欖枝，蔣介石表示「余信美國必能勸阻紐西蘭，不理出此案，除非美國欲利用此案，作為訂立中美雙邊條約之理由，否則紐案之提出對我們兩國只有共同害處，毫無益處可言。」〔註43〕

第三次談話仍舊圍繞臺美條約進行討價還價，饒伯森針對蔣介石提出的應在停火案之前先行宣布臺美條約正在談判之事，回覆說先行宣布與同時宣布效力相同。蔣介石提出，這一點固然可以商酌，但簽訂此約之時間，實最為重要。「惟有在安理會對紐案有所決定以前簽訂此約，方能減少紐案之不良影響。」且「不論紐案提出與否，或如何決定，雙邊條約均需簽訂」。蔣質問美因何將臺美條約事拖延至今，饒伯森表示，雙邊條約沒有迅速決定，是因其措

〔註41〕Memorandum by the Ambassador in the Republic of China (Rankin) to the Secretary of State, July 8, 1954, *FRUS, 1952~1954. China and Japan (in two parts)*, Volume XIV, Part 1, Washington, D.C.: U.S. Government Printing Office, 1985, p.491.

〔註42〕蔣介石與饒伯森談話紀錄（1954 年 10 月 13 日），「外交——蔣中正接見美方代表談話紀錄（十）」，「蔣經國總統文物」，「國史館」藏，典藏號：005-010205-00072-002。

〔註43〕臺灣方面的資料稱新西蘭所提出的台海停火案為「紐案」，即「紐西蘭提案」。見蔣介石與饒伯森談話紀錄（1954 年 10 月 13 日），「外交——蔣中正接見美方代表談話紀錄（十）」，「蔣經國總統文物」，「國史館」藏，典藏號：005-010205-00072-003。

辭極費考慮之故。若將其適用範圍包括「外島」在內，則難得國會支持，但如明言不包括外島，則不啻通知中共前來攻擊。蔣介石答稱，若顧及國會困難及不使中共知美國意圖，約文內對於包括「外島」與否，似可不作明確規定。可在條約外另作諒解：第一如中共來攻「外島」，美方願予臺灣方面全力支持；第二臺灣方面在決定反攻大陸以前，同意與美方洽商。饒伯森表示第一點諒解會有困難，蔣則稱，沒要求現在承諾，請轉告艾森豪威爾與杜勒斯，如有誠意即應立刻開始談判，在美國的葉公超、顧維鈞可為談判全權代表。此時，蔣放出狠話，「如余之忠告，不為人所重視，美國不給吾人一條出路，必要強迫我選最後道路之時，余必將選擇其正義公理之一路」。饒伯森追問：「是否紐案提出以後而雙邊條約不簽，則中國將自行其是？易言之，閣下所謂給一條路走，是否即指雙邊條約而言？」蔣答：「自亦為可作如此看」。〔註44〕

　　蔣介石強硬表態後，藍欽、饒伯森等人立即將其意見反饋給美國政府要人。次日，副國務卿胡佛（Herbert Hoover, Jr.）致電藍欽，請其秘密轉達杜勒斯的答覆給蔣介石。答覆稱，由於國會的關鍵領導人不在華盛頓，至少三周內無法就臺美軍事安全條約事進行諮詢，需要待國會選舉結束之後進行。〔註45〕雖然仍未立即開始條約談判，但此次答覆已使臺灣當局看到曙光。

　　會後，蔣指示張群明告顧葉二人，如美不能先行宣布雙邊協定聲明，則對停火案應嚴加拒絕與正式反對。〔註46〕此後，葉公超、顧維鈞一直奉行這樣的原則同美交涉：首先勸美打消停火案，如果實在要提出，也應在臺美條約簽字以後才能提出。鑒於臺海局勢及臺灣方面施加的壓力，美國終於在11月2日，與臺灣當局展開了關於軍事安全條約的正式談判。並在一個月後，完成條約的簽字程序。

　　關於停火案的臺美交涉過程中，臺灣當局明白看到美國將臺美條約當作促使甚或壓迫臺灣方面接受該案的重要籌碼。臺當局一度「將計就計」，反過來向美施壓，促使美國立即開啟對臺條約的談判，加速推進臺美條約的簽訂

〔註44〕見蔣介石與饒伯森談話紀錄（1954年10月13日），「外交——蔣中正接見美方代表談話紀錄（十）」，「蔣經國總統文物」，「國史館」藏，典藏號：005-010205-00072-004。

〔註45〕The Acting Secretary of State to the Embassy in the Republic of China, Oct.14, 1954, *FRUS, 1952～1954. China and Japan (in two parts)*, Volume XIV, Part 1, Washington, D.C.: U.S. Government Printing Office, 1985, p.761.

〔註46〕《蔣介石日記》手稿，1954年10月16日。

進程。由於臺灣方面始終持反對態度，並希望條約先簽字、提案再提出，加上美方對停火案能否產生效力也有一些疑慮，而沿海島嶼局勢也還可以再行拖延，停火案擱置了三個多月才正式提出。

四、事件的結局

美國為運作停火案，欲使臺灣當局對議案暫取保留態度，在對臺交涉中曾運用臺美條約加以利誘。在臺美共同防禦條約簽訂之前，臺灣當局為盡快達成雙邊條約，則有利用美國所求反過來施壓於美的傾向。因此，有關停火案的交涉往往與臺美條約之事交織，臺灣當局常有反對停火案，但若臺美訂約，還可接受之意。但後來的發展令臺灣當局有苦難言。

1954 年 12 月 2 日，臺美共同防禦條約終獲簽訂，蔣介石等人焦慮的心理稍有緩解，但條約還需在美國國會獲得通過，才算塵埃落定。十幾天後，聯合國秘書長哈馬舍爾德與周恩來會面。此後月餘，蔣介石對此還耿耿於懷，認為哈馬舍爾德回美後完全為中共宣傳，阻礙臺美條約通過，欲邀請北平代表出席聯合國關於停火案的討論，為其聯合國代表權做準備等等。〔註47〕他懷疑，關於哈馬舍爾德的北平之行，美國對臺灣方面並未坦言相告。〔註48〕

1955 年 1 月 19 日，因艾森豪威爾等人最終表態，建議臺灣撤守大陳，美國予以掩護，臺灣當局起草了一份聲明，表明要重新部署駐紮於大陳等地的軍隊，棄守大陳。但為盡可能減少對臺灣民眾和官兵的心理影響，挽回些許面子，臺灣方面有意公布臺美即將結成軍事同盟之事。1 月 27 日，葉公超、顧維鈞將臺灣當局關於重行部署大陳駐軍之聲明大意面告饒伯森。28 日葉、顧面見杜勒斯，杜提出：中美共同防禦條約尚未通過，聲明中提及該約之處不宜予人以該約業已成為事實之印象。〔註49〕這樣，臺灣當局撤出大陳時，並未能借臺美條約挽迴心理與面子的損失。

聯合國秘書長為美國事訪華，頗令蔣介石不快，而後，因美國不協防而

〔註47〕《蔣介石日記》手稿，1955 年 1 月 19 日；蔣介石電葉公超（1955 年 1 月 27日），「對美關係（七）」，「蔣中正總統文物」，「國史館」藏，典藏號：002-090103-00008-087。

〔註48〕Telegram From the Ambassador in the Republic of China (Rankin) to the Department of State, Jan.23, 1955, *FRUS, 1955～1957, China*, Volume II, Washington, D.C.: U.S. Government Printing Office, 1986, p.113.

〔註49〕葉公超等電蔣介石（1955 年 1 月 28 日），「對美關係（七）」，「蔣中正總統文物」，「國史館」藏，典藏號：002-090103-00008-016。

被迫撤退大陳，蔣對停火案的反對變得更為強烈。1月22日，蔣介石邀請藍欽及美軍顧問團團長蔡斯前往住所面談，表達了對停火案的堅拒心意。〔註50〕藍欽認為蔣的態度比三個月前更為強烈。他極力說明，他的軍隊已準備在大陳堅守，不經頑強抵抗就放棄，會給兵民造成十分嚴重的影響。如果這之後就停火，即是意味著失敗，多年來樹立的戰鬥精神會付諸東流。如果停火建議在國會批准臺美條約之前，其影響會更糟。〔註51〕

然而，此時美國認為情勢已足夠嚴峻，不能再考慮臺灣的感受。1955年1月，在解放距離大陳10餘公里的一江山島前後，解放臺灣的口號在《人民日報》等官方媒體一再被提及。〔註52〕美國也判斷這些進攻是解放臺灣的前奏。而美國政府認為從阿留申群島，經日本群島、南朝鮮、琉球群島、臺灣、菲律賓、東南亞部分地區、澳大利亞，直到新西蘭，這條線對於美國非常重要，必須努力避免其落入敵手。〔註53〕1月20日，艾森豪威爾在國家安全委員會第232次會議上指出，除非打算「徹底放棄臺灣」，否則繼續拖延只會導致局勢急轉直下。並稱目前「危險的猶疑不決」更易導致與中共發生全面戰爭。〔註54〕基於目前局勢已對美國和整個太平洋地區的安全構成嚴重威脅的認識，24日，艾森豪威爾向國會致函，希望能通過一個決議案，授權總統為防衛臺澎根據需要調用武裝力量。〔註55〕

〔註50〕蔣介石與饒伯森談話紀錄（1954年10月13日），「外交——蔣中正接見美方代表談話紀錄（十八）」，「蔣經國總統文物」，「國史館」藏，典藏號：005-010205-00080-003。

〔註51〕Telegram From the Ambassador in the Republic of China (Rankin) to the Department of State, Jan.23, 1955, *FRUS, 1955～1957, China*, Volume II, Washington, D.C.: U.S. Government Printing Office, 1986, p.112.

〔註52〕《慶祝解放一江山島的勝利》，《人民日報》1955年1月19日；《華東軍區各部隊歡呼解放一江山島的勝利》，《人民日報》1955年1月20日。

〔註53〕Memorandum of Conversation, by the Assistant Secretary of State for International Organization Affairs (Key), Oct.18, 1954, *FRUS, 1952～1954. China and Japan (in two parts)*, Volume XIV, Part 1, Washington, D.C.: U.S. Government Printing Office, 1985, p.773; Memorandum of Conversation, by the Director of the Office of Chinese Affair (McConaughy), Nov. 2, 1954, *FRUS, 1952～1954, China and Japan (in two parts)*, Volume XIV, Part 1, Washington, D.C.: U.S. Government Printing Office, 1985, p845.

〔註54〕Memorandum of Discussion at the 232d Meeting of the National Security Council, Washington, Jan. 20, 1955, *FRUS, 1955～1957. China*, Volume II, p76.

〔註55〕陶文釗主編《美國對華政策文件集（1949～1972）》第二卷（上），世界知識出版社，2004，第429～432頁。

美國迅速做出決策：重啟停火案之議，並使之盡快實現。杜勒斯指出，美國應鼓勵、至少是默許聯合國採取行動實現中國沿海停火。儘管現在距離去年 9 月間美國與英國、新西蘭共同商討擬定停火提案已經長達幾個月，英國人的態度是否還如當初有待確定，儘管中共是否接受聯合國的決議一點也讓人懷疑，但無論如何，這一行動也許會對中共產生一定威懾作用。〔註 56〕在重新與英、新取得聯繫的同時，國務院也指示駐蘇聯大使館，使其嘗試說服蘇聯採取謹慎措施。〔註 57〕1 月 26～27 日，新西蘭、英國及美國工作組就結束中國沿海島嶼衝突問題提出報告，準備由新西蘭代表於 28 日以信件形式向安理會主席提交停火案動議。〔註 58〕

28 日，儘管臺灣當局仍在表達反對意見，但停火案還是如期提出了。隨後，蘇聯在安理會提出控訴美國的提案。30 日，蘇聯駐安理會副代表索波列夫要求安理會召開緊急會議，考慮美國在臺灣地區對中國的侵略行為。〔註 59〕蔣介石認為蘇聯此舉「無異為我解圍」。〔註 60〕31 日，安理會決議將新西蘭和蘇聯的提案都列入議程，並邀請中華人民共和國代表參加停火案的討論。當天，胡佛致電藍欽，請其向蔣介石轉達，強調不要對新西蘭提案發表挑釁性聲明，否則，若提議失敗，將要承擔此項責任。〔註 61〕

2 月 3 日，周恩來覆電，拒絕安理會的邀請，表示堅決反對停火案，指出「在沒有中華人民共和國的代表在聯合國安全理事會代表中國參加討論的情況下，安全理事會對有關中國問題的決定都是非法的，無效的」。〔註 62〕8 日，

〔註 56〕Memorandum of Discussion at the 232d Meeting of the National Security Council, Washington, Jan. 20, 1955, *FRUS, 1955～1957. China*, Volume II, Washington, D.C.: U.S. Government Printing Office, 1986, p.72.

〔註 57〕Telegram From the Secretary of State to the Embassy in the Soviet Union, Jan. 22, 1955, *FRUS, 1955～1957. China*, Volume II, Washington, D.C.: U.S. Government Printing Office, 1986, p.111.

〔註 58〕Report of New Zealand-United Kingdom-United State Working Party, Jan 26〔27〕, 1955, *FRUS, 1955～1957. China*, Volume II, Washington, D.C.: U.S. Government Printing Office, 1986, p.133.

〔註 59〕《安全理事會必須討論蘇聯的建議》，《人民日報》1955 年 2 月 1 日。

〔註 60〕《蔣介石日記》手稿，1 月反省錄。

〔註 61〕Telegram From the Acting Secretary of State to the Embassy in the Republic of China, Jan. 31, 1955, *FRUS, 1955～1957. China*, Volume II, Washington, D.C.: U.S. Government Printing Office, 1986, p.184.

〔註 62〕《周恩來給聯合國秘書長的覆電》(1955 年 2 月 3 日)，國務院臺灣事務辦公室研究局編《臺灣問題文獻資料選編》，人民出版社，1994，第 79 頁。

蔣介石在「總統府」發表演說，抨擊新西蘭停火案「不是挽救世界和平，而是斷送世界和平」。〔註63〕14 日，在安理會對停火案的討論中，所有代表都同意，在當前情況下，最明智的辦法是休會，以便進一步探討和磋商。〔註64〕其後杜勒斯雖仍不甘放棄停火提案，但英國態度已有轉變。4 月，周恩來在萬隆會議上發出聲明，表明中國政府為緩遠東緊張局勢、特別是和緩臺灣地區緊張局勢，準備同美國政府談判，臺海危機解除，停火案由此擱置。美國精心策劃的停火案並未達到其預期的任何目的便不了了之。

五、結語

國民黨丟失中國政權後，對美國的依賴驟然增加。美國對於國民黨，不僅僅是援助問題，更重要的身份認同與地位維持的問題。與美國簽訂共同防禦條約無疑是有利的，由此不但能將自身安全捆綁於美國戰艦之上，還能向國際昭示自己的「國家」地位。因此，退臺後不久，國民黨當局即將此事作為外交關係的一個重大任務。在動盪的遠東局勢中，美國政府有「走著看」的心理，不願輕易作此捆綁。但在 1954 年，此項捆綁有了新的意義，就是助美解決「出手」與「不出手」的難題。1954 年的臺海危機對美國來說是燙手山芋，「管」與「不管」皆有風險，而將聯合國推到前面是美政府所能想到的最佳選擇。共同防禦條約的利益捆綁成為美國手中的籌碼。得益於對這一籌碼的反利用，國民黨當局終於快速地實現了條約的簽字；受制於這一籌碼及雙方不對等關係的存在，國民黨當局雖反對停火案而又不能強硬表態，美國雖知道臺灣方面的態度而又有恃無恐。最終，在美國認為危機已至、刻不容緩之時，美政府迅速推出停火案，並未顧忌臺灣當局態度。而此前的擱置，與其說是美國考慮到臺灣方面的反對，不如說是時機未到。〔註65〕美國作為戰後資本主義陣營頭號強國，四處插手它國內政，其對臺灣的侵略已受到過蘇

〔註63〕《當前國際局勢》，秦孝儀：《先總統蔣公思想言論總集》，卷 26，臺北：中國國民黨中央委員會黨史委員會，1984，第 261 頁.

〔註64〕中國社會科學院近代史研究所譯《顧維鈞回憶錄》，第 12 分冊，中華書局，1993，第 211 頁。

〔註65〕張淑雅認為美與英、新兩國在停火案的目標上大相徑庭，而聯合國又介入中共監禁美戰俘案，情況複雜，故而停火案一度被擱置。（張淑雅的《安理會停火案：美國應付第一次臺海危機策略之一》（《中央研究院近代史研究所集刊》第 22 期下，第 61 頁。）筆者認為，這些固然是其中因素，但關鍵一點是時機問題。

聯在聯合國的控訴。故而美政府的行動會多採取「走著看」的態度。1955 年
1 月前後，配合一江山島的攻取，中共進行著解放臺灣的大力宣傳，美國認為
形勢已無法掌控，因而迅速通過「臺灣決議案」並促使新西蘭正式提出停火
案。可見，無論停火案的擱置或是推出，美國並不以臺灣方面的意志為轉移。

　　對於臺灣當局對停火案所顧慮的種種，美國並沒有進行調整或改變。臺
當局欲使停火案表明自己的「正義」立場，此點無疑會增加美國推動提案進
行的阻力；對於造成「兩個中國」印象一點，美國更不以為意，而在美方部分
人士看來造成「兩個中國」事實恰恰更符合自身利益。〔註 66〕蔣介石雖通過
對美國籌碼的反利用達成臺美訂約的目的，但心理上並未能通過捆綁釋下重
負。聯合國秘書長訪華，令其疑心重重；美國勸其放棄大陳的建議，更使其
痛苦萬分。歷經辛苦達成的共同防禦條約並未將沿海島嶼納入協防範圍，訂
約不久美國輿論又開始熱議「兩個中國」可能性，蔣介石注定要為沿海島嶼
問題同美國繼續鬥爭。

〔註 66〕參見馮琳《美國「兩個中國」的實踐與主張及臺灣當局的抗爭（1954～1955）》，
　　　　《社會科學研究》2017 第 3 期。

第十一章　棄或守：關於大陳島的　臺美分歧與抉擇

　　大陳諸島位於台州灣口外，介於舟山群島與南麂山列島之間，由上、下大陳島、洋旗島及一江山島等島嶼組成，面積 14.6 平方公里，西距椒江市區 29 海里，乃浙江東南海上之要塞。國民黨在國共內戰中敗北，大陳島成為浙中南國民黨殘部的主要踞點。大陳對於臺灣當局來說有重要意義，此點亦為美國所瞭解，但美國並未採取臺灣方面所期望的立場。1953 年 7 月，美國突然撤離駐在大陳的情報人員。1955 年 1 月，作為大陳島門戶的一江山島被解放軍攻佔。2 月 8 日至 11 日，臺灣當局在美國幫助下從大陳島撤退。自退臺後，臺灣當局在爭取協防「外島」問題上與美多次交涉，最致無果，被迫放棄大陳。〔註1〕

〔註 1〕相關研究有：余子道：《第一次臺海危機與臺美關係中的「外島」問題》(《軍事歷史研究》2006 年第 3 期)，金光耀：《顧維鈞與臺美關於沿海島嶼的交涉（1954.12～1955.2）》(《史學月刊》2005 年第 6 期)，鄭偉：《芻議一九五四年臺海危機背景下的美、臺大陳島博弈》(《黨史研究與教學》2014 年第 5 期)，Bennett C. Rushkoff, "Eisenhower, Dulles and the Quemoy-Matsu Crisis, 1954～1955" (*Political Science Quarterly*, Vol. 96, No. 3 (Autumn, 1981), pp. 465～480), Robert Accinelli, "Eisenhower, Congress, and the 1954～55 Offshore Island Crisis" (*Presidential Studies Quarterly*, Vol. 20, No. 2, Eisenhower Centennial Issue (Spring, 1990), pp. 329～348), O. Edmund Clubb, "Formosa and the Offshore Islands in American Policy, 1950～1955" (*Political Science Quarterly*, Vol. 74, No. 4 (Dec., 1959), pp. 517～531) 等。現有成果關於「外島」的討論較多，關於大陳的棄守問題並沒有充分研究，且所用資料還有較大發掘餘地。本章試以更充分的檔案資料為基礎，對大陳協防問題進行更為全面的探討。

一、「西方公司」無預商之撤退

　　敗退大陸後，國民黨試圖保住一些離大陸近而離臺灣島遠的「外島」，如廈門的金門、福州的馬祖、台州的大陳、廣州的伶仃等。這些島分為三部分：以南麂山、大陳為中心的北緯 29 至 27 度之間的島嶼，以馬祖、白犬為中心的北緯 27 至 25.3 度之間的島嶼，以金門為中心的北緯 25.3 至 24 度之間的島嶼。

　　因為地理位置等方面的關係，國民黨本身無力防守這些「外島」。為保住此類小島，以便於實施自己的「反共復國」計劃，臺灣當局不斷提醒美國，應對這些「外島」給予關注。1950 年 6 月 27 日，因朝鮮戰爭爆發，美國總統杜魯門發表聲明，稱已命令美國空海部隊對韓國政府部隊予以掩護和支持，並已命令第七艦隊阻止對臺灣的任何攻擊，以保證太平洋地區的安全。並宣稱臺灣未來地位的決定，須待太平洋恢復安全，對日和約締結或聯合國的考慮。〔註2〕7 月 7 日國務卿艾奇遜在電文中指出，臺灣方面請美國注意其仍保有一些「外島」之事，這些島嶼在不斷地受到來自大陸的攻擊，要求美國表達對此事的意見。在這封電文中，艾奇遜並未明確美國政府的態度，而是表示對此產生決策時會另行通知。〔註3〕7 月 17 日，國防部長約翰遜致艾奇遜信指出，這一問題從軍方角度看就是這些島嶼是否包括在 6 月 27 日總統聲明中所宣布的美國負有協防責任的範圍之內，以及當國民黨利用這些島嶼向中華人民共和國發動攻擊時美國應採取何種行動的問題。參謀長聯席會議（Joint Chiefs of Staff）研究了這個問題，認為美國軍隊不應對這些島嶼承擔協防義務，應通知國民黨政權這些區域不包括在 6 月 27 日的總統聲明設定的協防範圍之中。防守這些島嶼是國民黨政權的事，在臺灣或澎湖的軍事基地不能支持國民黨從這些島嶼向大陸發起的攻擊。但是，美國不應阻止國民黨防守這些島嶼，也不應阻止國民黨從臺灣發起對此類行動的配合。〔註4〕

〔註2〕Statement by the President on the Situation in Korea, June 27, 1950, Public Papers of The Presidents of the United States, United States Government Printing Office, Washington, 1965, p11.

〔註3〕The Secretary of State to the Embassy in China, July 7, 1950, FRUS, 1950, East Asia and the Pacific, Vol. VI, Washington, D.C.: U.S. Government Printing Office, 1976, p. 371.

〔註4〕The Secretary of Defense (Johnson) to the Secretary of State, July 17, 1950, FRUS, 1950, East Asia and the Pacific, Vol. VI, Washington, D.C.: U.S. Government Printing Office, 1976, pp. 379～380.

　　1950 年以前中國人民解放軍沒有可供渡海作戰的海空軍。1950 年 5 月，第一支海軍艦隊在上海組建，同時，在南京組成的第 4 混成旅是解放軍第一支可用於實戰的空軍部隊。但要確保渡海作戰的勝利，還有船隻與海軍裝備等問題需要解決。6 月，因朝鮮戰爭美國調整對臺灣海峽的政策，派出第七艦隊；英國則取消了向中華人民共和國出售巡洋艦的計劃。〔註 5〕中央軍委決定「陸軍繼續復員，加強海軍、空軍建設，推遲解放臺灣的時間」，〔註 6〕暫不攻奪國民黨佔據的島嶼，集中力量抗美援朝。

　　1951 年 11 月以後，朝鮮戰局漸趨穩定，而國民黨軍隊對東南沿海襲擾不斷。蔣軍糾集海匪襲擾沿海島嶼，成為解放軍華東軍區的大患。華東軍區經過調研，提議先行攻打上下大陳，再圖解放金門。1952 年 3 月，張愛萍被委以第三野戰軍暨華東軍區參謀長之職，增強了對國民黨佔據下「外島」的反擊和警告。4 月 11 日，美駐臺「大使銜代辦」藍欽〔註 7〕向國務院指出，目前，中國大陸對金門、馬祖、大陳的攻擊是自 1950 年中以來最為嚴重的，守住這些島嶼對於防衛臺灣、從軍事和商業方面挫敗中共的海上交通、搜集情報並支持抵抗大陸來說至關重要。這些島被臺灣當局的軍隊嚴密駐防，他們對自身的海上進攻能力尚有信心，但空中力量而言臺灣空軍已不敵大陸空軍。美國已宣布這些島嶼不在其協防範圍之列，勝敗全由國民黨承擔。然而，問題是美國在多大程度上鼓勵國民黨防衛這些島嶼？美援是否能以後勤或其他形式、直接或間接用於國民黨防守「外島」的行動？〔註 8〕作為回應，1952 年 5 月 6 日，參謀長聯席會議主席佈雷德利（Omar N. Bradley）致電國防部長洛維特，表示應指示藍欽遵循以下原則：軍事援助物資的數量應能供確保臺灣澎湖不受危及的臺灣軍隊使用；他要為同樣目的提供軍事建議；他應該清楚地懂得，沒有其他計劃外的軍援物資供臺灣軍隊守衛這些「外島」；他不能對國民黨當局在可支配範圍內合理的軍事

〔註 5〕《蕭勁光回憶錄》，當代中國出版社，2013，第 254〜255 頁。（蕭勁光，時任海軍司令員兼政治委員）。

〔註 6〕中共中央文獻研究室編《周恩來年譜 1949〜1976》上，中央文獻出版社，2007，第 52 頁。

〔註 7〕1950 年 7 月 28 日，藍欽任「駐華大使銜代辦」，1953 年 2 月 27 日，美參議院任命其為「駐華大使」，4 月 2 日到任。

〔註 8〕The Chargé in the Republic of China (Rankin) to the Department of State, Apr. 11, 1952, *FRUS, 1952〜1954, China and Japan (in two parts)*, Vol.XIV, Part 1, Washington, D.C.: U.S. Government Printing Office, 1985, pp. 42〜43.

部署強加反對。〔註9〕

　　6月11日，中央軍委批准華東軍區《關於對金門、上下大陳作戰方針的建議》，同意9、10月間攻佔大陳。15日，華東軍區頒發《對解放上下大陳島登陸作戰的指示》。但彭德懷等人認為，若此時進攻大陳，美軍亦可能會參與其中，進而使朝鮮戰爭局勢複雜化。為避免此種情況發生，大陳登陸計劃應待朝鮮停戰後進行。1953年4月26日朝鮮停戰談判恢復，6月初，各項議程均已達成協議，只待處理好技術工作後簽字。此時，因韓國總統李承晚仍在主張美軍應佔領整個半島、頑固地抵制停戰，停戰談判暫時陷入僵局。毛澤東、彭德懷決定推遲簽字，再殲李軍萬餘、以示懲戒。同時，決定開始進攻大陳島。6月24日，人民解放軍炮擊距離大陳14公里的積穀山島，使大陳處境緊張。

　　由於6月21日以來一些較小的島嶼已被解放軍佔領，大陳附近危機越發明顯，國務卿杜勒斯認為大陳等主要島嶼可能不久就會落入共產黨之手。〔註10〕7月上旬，美國在臺灣當局毫不知情的情況下，突然撤走大陳島的西方公司〔註11〕人員。〔註12〕該公司職員實為美情報局人員。新中國成立後，特別是朝鮮戰爭後，美國想竊取中國大陸的軍事情報，其情報局與臺灣方面達成協議，由美國提供偵察機並負責培訓，由臺灣軍方出人，組成「西方公司」。1952年，「西方公司」在大陳島主辦「東南訓練團」，訓練胡宗南領導的盤踞在浙江沿海島嶼的游擊部隊。該訓練團三個多月一期，每期訓練一個大隊，共整編了六個突擊大隊、一個炮兵大隊和一個專門從事情報爆破通訊等活動的特務大隊。經整編後的突擊大隊，由「西方公司」和「大陳防衛區司令部」共同領導，分駐大陳外圍的一江山、披山、漁山、南麂等島嶼，武器彈藥、通訊器材等由「西方公司」供給。「西方公司」訓練和掌握國民黨游擊部隊的目

〔註9〕Memorandum by the Joint Chiefs of Staff to the Secretary of Defense (Lovett), May 6, 1952, *FRUS, 1952～1954, China and Japan (in two parts)*, Vol.XIV, Part 1, Washington, D.C.: U.S. Government Printing Office, 1985, pp. 48～49.

〔註10〕Memorandum of Discussion at the 153d Meeting of the National Security Council, Washington, Jul. 9, 1953, *FRUS, 1952～1954, China and Japan (in two parts)*, Vol.XIV, Part 1, Washington, D.C.: U.S. Government Printing Office, 1985, p.227.

〔註11〕「西方公司」的全稱是「西方企業公司」（Western Enterprises Inc, WEI），成立於1951年2月，直屬於CIA內的「政策協調處」（Office of Policy Coordination, OPC）。臺灣方面的負責人是時任「國防會議」副秘書長的蔣經國，美國方面的負責人是美國海軍通信中心主任兼美國中央情報局（Central Intelligence Agency, CIA）的臺灣代表克萊恩（Richard Klein）。

〔註12〕《蔣介石日記》手稿，1953年7月11日上星期反省錄。

的，是在中國東南沿海形成情報包圍網，以便在新中國進行各種特務情報活動。〔註13〕1953 年夏，美國未事先通知臺灣方面，撤離駐於大陳的西方公司人員，這令臺灣當局感到「奇突與損害」，7 月 17 日，蔣介石向當時的美國駐臺「大使」藍欽提出要求，希望今後對撤退情報人員之類事件能有一預商過程，不應如此唐突。〔註14〕

此間，美軍顧問團曾草擬大陳報告書送呈蔣介石，麥唐納（John C. Macdonald）准將認為該區陸海軍指揮官人選不當。18 日，蔣介石與藍欽會談，除再次對西方公司人員未提前通知即行撤離表示不滿外，蔣強調「若無能夠確保之軍事力量及計劃，則雖更張人事，亦將無效」。他提出，臺北距大陳 250 浬，中共的海空基地定海，至大陳僅 121 浬，艦船 8 小時、飛機半小時即可到達，而溫州機場距大陳更近，僅 36 浬，大陳隨時可為解放軍所包圍。因此，希望美國對軍援臺澎之政策，能略加修改，使軍援範圍擴大到所有為臺灣軍隊所守衛之外圍島嶼；並聲明第七艦隊之巡邏範圍，包括大陳在內，或謂「大陳從未置於第七艦隊巡邏範圍以外」。蔣介石相信，只要美國如此表示，則解放軍就不敢進攻大陳。否則，若大陳為中共奪取，則「所費之人力物力將數倍於目前防守所需之力量」。藍欽對大陳不在第七艦隊巡邏範圍表示遺憾，稱「大使館」及顧問團年來再三呼籲將第七艦隊巡邏範圍擴展至外圍島嶼，但無具體結果。藍欽坦稱，美國總以為臺灣與「外島」之間，有所區別。美方認為臺灣今日之軍力，加上若干美國海空軍，可守住大陳，但中華人民共和國若決心不惜重大犧牲，進攻大陳，則美國也無法確保此地。〔註15〕

二、臺海危機的發生

1953 年 7 月 27 日朝鮮停戰協定簽訂，中共中央樂見東亞形勢的緩和，對打破美國的孤立與封鎖採取了一定的積極態度。一方面，解放軍擱置攻打金門的計劃，縮小沿海作戰規模。另一方面，中華人民共和國積極參與了 1954 年 4 月 26 日至 7 月 21 日有蘇、美、英、法等國參加的日內瓦會議，促成宣

〔註13〕《西方公司「冒險生意」的失敗——一江山島解放官兵訪問記》，《人民日報》
　　　　1955 年 2 月 6 日，第 2 版。
〔註14〕《蔣介石日記》手稿，1953 年 7 月 17 日。
〔註15〕蔣介石與藍欽談話紀錄（1953 年 7 月 18 日），「外交——蔣中正接見美方代
　　　　表談話紀錄（十七）」，「蔣經國總統文物」，「國史館」藏，典藏號：005-010205-
　　　　00079-011。

告印度支那停戰的最後宣言的達成，並主動向美國提出就交換雙方戰時被押人員進行直接談判。會議期間，中美雙方舉行了四次會談，開啟了在此後延續 15 年的中美會談。

　　但美國並未表現出與新中國改善關係的足夠誠意。日內瓦會議上，中國代表團為恢複印支和平，促成停火協議的達成，美國拒絕參與最後宣言。同時，臺美為實現「共同防禦」開始了積極交涉。對於臺美的表現，中央軍委表示擔憂，深恐臺灣問題固定化。為給臺美以打擊，7 月 23 日，毛澤東致電給正從日內瓦回國途中的周恩來，提出為擊破美蔣軍事與政治的聯合，須提出「解放臺灣」的口號。同日，《人民日報》發表《一定要解放臺灣》的社論，指出「臺灣是中國的領土，中國人民一定要解放臺灣」。〔註 16〕

　　為配合輿論，向國際社會特別是美國表明中國人民解放臺灣的決心、突出新中國對臺灣問題的重視，中央軍委也在進行著軍事上的部署，準備發起對國民黨軍佔領下沿海島嶼的大規模打擊。8 月，浙東前線指揮部成立，張愛萍出任司令員。因國民黨在金門駐有重兵，且攻奪金門還須有福建地區的機場和鐵路運輸作為配合。我軍決定先利用華東現有機場和海軍基地攻打浙東島嶼，以保證首戰告捷，利於士氣，並有利於海陸空三軍協同作戰經驗的積累。形勢緊張之下，美國命第七艦隊在大陳島附近巡遊。8 月 24 日，杜勒斯在記者會上宣稱，任何對國民黨控制下沿海島嶼的攻擊均可能引來美國的軍事介入，〔註 17〕妄圖以此震懾中國人民解放軍，使之不敢行動。美國的恐嚇未使中共中央改變主張，31 日，浙東前線指揮部寧波會議，確定一江山島為攻打大陳的突破口。9 月 3 日和 22 日，解放軍兩次炮擊金門，每次持續一個多小時。在炮擊中，兩名美軍中校被擊斃，引起美國朝野的騷動和恐慌。

　　在此情形之下，對國民黨掌握下沿海島嶼的政策問題被提上美國政府各部門議程，並引發了激烈爭論。〔註 18〕9 月 4 日，負責遠東事務的助理國務

〔註 16〕《一定要解放臺灣》，《人民日報》1954 年 7 月 23 日，第 1 版。

〔註 17〕Memorandum by the Assistant Secretary of State for Far Eastern Affairs (Robertson) to the Acting Secretary of State, Sept. 4, 1954, *FRUS, 1952～1954, China and Japan (in two parts)*, Vol.XIV, Part 1, Washington, D.C.: U.S. Government Printing Office, 1985, p.562.

〔註 18〕在美國國務院等部門共同參與的對策討論之前，美國軍方對保衛大陳態度頗為積極，王叔銘認為美方建議之動機「旨在藉我確保大陳以掩護其琉球基地，亦有可能試我三軍之戰力」。(《王叔銘日記》(1953 年 8 月 5 日)，「王叔銘檔案」，中研院近史所檔案館藏，館藏號：063-01-01-010。)

卿饒伯森向代理國務卿 W. B.史密斯提交了一份備忘錄，指出解放軍不顧美國震懾而向沿海島嶼採取進攻，證明美國介入的威脅不足以阻擋中共的行動，如果不想看到這些沿海島嶼被解放軍一個個拿去，如果想避免在這個地區政策的明顯失敗，美國就需要採取更為積極的行動。遠東司認為中共對任何一個主要沿海島嶼的攻擊都應受到美國積極而有限度的軍事回應。因此，建議國務院將軍事行動可行性的提議提交參謀長聯繫會議，如果認為可行，則由國家安全會議將其以高度優先級交予總統。〔註19〕同日，相關部門進行了特別國家情報評估，提出自朝鮮戰爭結束後，上海至廣州之間的解放軍已大為增加。雖然國共雙方在大陳附近行動模式與 1953 年相似，但規模已有擴大，並且中共已將 MIG-15〔註20〕運用於登陸行動的空中掩護。在宣傳方面，中華人民共和國自 6 月份就開始一場宣傳戰，其高層領導人宣稱要解放臺灣和沿海島嶼，並警告說：「誰膽敢干涉我們的內政，必將為此類侵略行為承擔全部的嚴重後果」。在過去的三周，中共解放臺灣主題在莫斯科的主要報紙上也有未加獨立評論的顯著報導。中共在華東華南地區兵力的補充和空軍力量的增強，使臺灣方面單獨承擔固守「外島」的任務變得異常艱巨，而美國若要直接介入，必將面臨巨大的輿論壓力。若任由國民黨軍在「外島」自生自滅，卻又是一件「丟面子」的事。〔註21〕美國政府陷入兩難之中。

為解決困境，美國擬將「臺灣問題」提交聯合國，使中國內政變成國際問題，壓迫中共在臺灣海峽停火，使兩岸維持現狀。美國試圖讓新西蘭向聯合國提出「臺灣問題」提案。同時，為確保亞太安全，美國加緊了建立東南亞共同防禦體系的進程。9 月 8 日，與英、法、澳、新、泰、菲、巴等 8 國在菲律賓馬尼拉簽訂《東南亞集體防務條約》。〔註22〕但美國沒有從聯合國或者英聯邦國家那裡得到支持。

〔註19〕Memorandum by the Assistant Secretary of State for Far Eastern Affairs (Robertson) to the Acting Secretary of State, Sept. 4, 1954, *FRUS, 1952～1954, China and Japan (in two parts)*, Vol.XIV, Part 1, Washington, D.C.: U.S. Government Printing Office, 1985, pp.561～563.

〔註20〕20 世紀 40 年代末，由蘇聯米高揚設計局研製的第一代噴氣式戰鬥機。在朝鮮戰爭中，MIG-15 被首次大規模投入空戰，顯示出優異的飛行和作戰性能。

〔註21〕Special National Intelligence Estimate, Sept. 4, 1954, *FRUS, 1952～1954, China and Japan (in two parts)*, Vol.XIV, Part 1, Washington, D.C.: U.S. Government Printing Office, 1985, pp.563～571.

〔註22〕1955 年 2 月條約生效，東南亞集體防務條約組織（South-East Asia Collective Defence Treaty Organization, SEATO）正式成立。

　　10 月 10 日，周恩來致電聯合國大會第九屆會議，提出「控美案」，控訴美國武裝侵略臺灣，表示「解放臺灣是中國的內政，決不容許他國干涉。」〔註23〕15 日，《人民日報》發表社論：「中國人民不能容忍臺灣成為美國的殖民地和侵略中國的軍事基地」。〔註24〕

　　11 月 1 日，解放軍空軍開始為最終攻克大陳島而轟炸一江山島。與 9 月間不惜聲勢地炮擊金門以吸引國際關注的行動不同，這一次的行動是為達到攻佔目的，中央軍委並不想引發中美衝突。因此，中央軍委採取措施、限制作戰規模，儘量降低媒體對奪取一江山島的注意；同時，關注臺美《共同防禦條約》談判進程，延緩奪取一江山島戰役發動的時間，爭取做足準備一舉成功，以免引起外交上的被動。14 日，解放軍擊沉國民黨海軍的主力艦「太平」號驅逐艦。

　　隨著中國人民解放軍軍事上的推進，美國不得不試圖在搖擺與模糊之中做出選擇。在臺海危機發生後美國政府各相關部門的討論中，「面子」問題是一個經常被提到的字眼。在 9 月初炮擊金門後次日進行的特別國家情報評估中，美國聯合參謀部情報副主任（Deputy Director for intelligence, The Joint Staff）〔註25〕就特別在最後提到沿海島嶼的「丟失」會在政治上和心理上在遠東產生重要影響，特別是因為它意味著使美國「丟臉」。反之，確保了「外島」則是使美國在東方「長臉」的事。〔註26〕9 月 11 日，參謀長聯席會議主席雷德福〔註27〕致國防部長威爾遜（Charles Erwin Wilson）備忘錄附上一份美國軍方的觀點，認為中共可以毫無限制地利用他們最好的南方港口上海對臺澎發起攻擊，而就目前的判斷而言，擁有金門對國民黨來說不足以防守臺灣，對中共來說也不足以攻取臺灣，但它對臺灣的防禦有很大關係。馬祖、大陳等島亦如是。丟失沿海島嶼的負面作用，不能僅僅從領土或有形的軍事資源方面看，還要看到對國民

〔註23〕《周恩來外長就控訴美國武裝侵略臺灣事致電九屆聯大》（1954 年 10 月 10 日），中華人民共和國外交部檔案館館藏檔案，檔案號：113-00192-01（1）。

〔註24〕《我們一定要解放臺灣》，《人民日報》1954 年 10 月 15 日。

〔註25〕聯合參謀部（The Joint Staff）是參謀長聯席會議（the Joint Chiefs of Staff）的附屬機構，在問題升級到參謀長聯席會議之前預覽或解決問題。其主任是參謀長聯席會議的三星級官員，負責就軍事事務向國防部長和總統提供建議。

〔註26〕Special National Intelligence Estimate, Sept. 4, 1954, *FRUS, 1952～1954, China and Japan (in two parts)*, Vol.XIV, Part 1, Washington, D.C.: U.S. Government Printing Office, 1985, p.571.

〔註27〕1953 年接替佈雷德利（Omar N. Bradley）擔任參謀長聯席會議主席，1955 年 8 月連任，1957 年 8 月退役。

黨軍隊士氣的影響，這反過來對防衛臺灣有至關重要的意義。〔註28〕

　　為將美國牽入沿海戰爭，國民黨一再試圖將金、馬等「外島」的命運與臺灣島乃至美國在遠東防禦鏈條的安危聯繫起來。他們表示，若金、馬撤軍，將使士氣大傷，臺灣也行將不保。〔註29〕他們的說法成功影響到美國某些高官。美國參謀長聯席會議的一些主要將領擔心失去「駐紮著5萬中國國民黨軍隊的金門島將會產生十分嚴重的政治和心理上的影響」。〔註30〕例如，當時的美參謀長聯席會議主席雷德福主張擴大美國海空軍負責協防的區域，將這些「外島」包括進來。他認為，從「外島」撤退會從心理上對防守臺灣，從戰略上對情報預測和反共游擊活動影響至巨，〔註31〕主張派駐軍隊協防。杜勒斯也於解放軍開始炮擊金門之時，致電國務院，強調控制臺灣「外島」的重要性，其重要理由是「金門的失手將會產生嚴重的心理上的影響，導致共產黨進一步採取行動，挫敗反共士氣」。〔註32〕

　　然而，沿海島嶼的重要性對美國來說似乎僅限於政治及心理影響方面，而在其他方面的考慮中，有太多因素足以令美國裹足不前。

三、美國的猶疑、顧忌與「借力」意圖落空

沿海島嶼的戰略意義有限

　　參謀長聯繫會議認為，從純軍事角度，它們對臺灣的防禦並不是十分重要。這些島上沒有好的港口可以用於大規模兩棲作戰的基地，即便被解放軍奪取，中共也不得不繼續使用大陸上的港口作為進攻臺灣的主要基地。如果中共願意投

〔註28〕Memorandum by the Chairman of the Joint Chiefs of Staff (Radford) to the Secretary of Defense (Wilson), Sept. 11, 1954, *FRUS, 1952～1954, China and Japan (in two parts)*, Vol.XIV, Part 1, Washington, D.C.: U.S. Government Printing Office, 1985, p.603.

〔註29〕德懷特‧D‧艾森豪威爾著，復旦大學資本主義國家經濟研究所譯《受命變革》，生活‧讀書‧新知三聯書店，1978，第519頁。

〔註30〕The Acting Secretary of State to the Embassy in the Philippines, Sept.3, 1954, *FRUS, 1952～1954, China and Japan (in two parts)*, Vol.XIV, Part 1, Washington, D.C.: U.S. Government Printing Office, 1985, p.558.

〔註31〕The Ambassador in the Republic of China (Rankin) to the Department of State, Jul.15, 1953, *FRUS, 1952～1954, China and Japan (in two parts)*, Vol.XIV, Part 1, Washington, D.C.: U.S. Government Printing Office, 1985, p.229.

〔註32〕The Secretary of State to the Department of State, Sept.4, 1954, *FRUS, 1952～1954, China and Japan (in two parts)*, Vol.XIV, Part 1, Washington, D.C.: U.S. Government Printing Office, 1985, p.560.

入必要軍隊的話，他們可以佔領任何一個目前在國民黨手中的沿海島嶼。〔註33〕

　　1954 年 9 月，解放軍對金門的猛烈打擊發生後，美國高層迅速交換意見，美國總統艾森豪威爾等人判斷，中國共產黨願意在奪取沿海島嶼進而宣告自己勢必要解放臺灣的政治目的上不惜犧牲，因而認為即便美國幫忙國民黨守住金門，也很難保證能長期守住，如此看來，幫助防守沿海島嶼會是一個大的錯誤。〔註34〕時任陸軍參謀長的李奇微也認為假如共產黨對金門發動全面進攻，美國為實現成功防禦付出的代價要超出即將得到的軍事上的好處。金門等沿海島嶼對防禦臺灣島來說並不是必不可少的，目前軍事上不存在防守的重要性。如果美國要參戰，就必須為勝利而參戰，為防禦金門島而調動美軍會使其他地區可供調動的軍隊大大減少，從而嚴重干擾美國按照計劃部署在遠東的部隊。「為一個一旦發生戰爭就可能被放棄的地方冒戰爭風險是不明智的」。〔註35〕1955 年 1 月，在一江山島即將被攻克時，國務卿杜勒斯、參謀長聯席會議主席雷德福與總統艾森豪威爾的談話做出了放棄大陳的決定。他們的共識是：金門以北各島殊無戰略價值，臺灣方面無法自守，即使將臺灣現有海空軍全部實力用諸大陳亦無濟於事，美亦決不會協防這些島。據雷德福估計，「美方須用航空母艦兩艘及若干陸戰隊方可勉強維持上下大陳及其附近各島」。於是他們得出結論，金門以北的島嶼都沒有防守必要，臺灣應將兵力集中在臺澎與金門之間。在一江山被奪取後，解放軍很可能會直取大陳，「倘大陳失守，其影響較諸自動撤退自更不利」。〔註36〕

　　不僅如此，如果行政部門為大陳等「顯然並非防禦福摩薩所必需的」沿海島嶼而動用美國軍隊，還會使政府遭受來自美國內部的嚴厲攻擊，會使國

〔註33〕Memorandum by the Deputy Assistant Secretary of State for Far Eastern Affairs (Johnson) to the Acting Secretary of State, Aug.3, 1953, *FRUS, 1952～1954, China and Japan (in two parts)*, Vol.XIV, Part 1, Washington, D.C.: U.S. Government Printing Office, 1985, p.240.

〔註34〕The Acting Secretary of State to the Embassy in the Philippines, Sept.6, 1954, *FRUS, 1952～1954, China and Japan (in two parts)*, Vol.XIV, Part 1, Washington, D.C.: U.S. Government Printing Office, 1985, p.574.

〔註35〕Memorandum by the Chairman of the Joint Chiefs of Staff (Radford) to the Secretary of Defense (Wilson), Sept.11, 1954, Enclosure "B", *FRUS, 1952～1954, China and Japan (in two parts)*, Vol.XIV, Part 1, Washington, D.C.: U.S. Government Printing Office, 1985, pp.605～608.

〔註36〕金門馬祖外島防禦問題，「外交部」，館藏號 11-10-08-01-016，影像編號 11-LAW-01020，中研院近史所檔案館藏。

會和國家產生尖銳分歧。〔註37〕

　　因此，對於同樣在國民黨掌握中的各個島嶼，美國給以了截然不同的定位。中華人民共和國的成立及其與蘇聯的結盟大大改變了美蘇力量在遠東的對比，為與蘇聯陣營抗衡，美國不得不處心積慮、步步為營。美國政府決定在利用一切可行手段破壞中蘇關係的同時，〔註38〕不惜一切代價將臺灣島和澎湖列島納入美國在遠東的防禦體系，「阻止敵對力量控制它們，即使是冒著爆發全面戰爭的嚴重危險」。〔註39〕但是對臺澎以外的其他島嶼，則不需直接出面，只「在不承諾美軍介入的情況下」鼓勵、支持臺灣當局防禦共產黨對其佔領的沿海島嶼的進攻，並對中國共產黨的領土和貿易活動進行襲擊。〔註40〕這個政策雖在不同時期的不同文件中多少有過調整，但基本思路和定位沒有大的改變。

捲入戰爭的危險

　　在美國決策層的討論中，金、馬、大陳等沿海島嶼的重要性相對於它們可能造成的危險而言，後者似乎是更該被考慮的。沿海島嶼對士氣民心、對情報戰與游擊戰固然有其重要性，但其得失與臺灣島的防守不存在必然的聯繫，與美國在遠東的基地與防蘇鏈條的保有也不存在必然聯繫。而它們到大陸的距離幾乎可以被忽略，中華人民共和國對它們勢在必得。〔註41〕若美國

〔註37〕Memorandum prepared by the Secretary of State, Sept.12, 1954, *FRUS, 1952～1954, China and Japan (in two parts)*, Vol.XIV, Part 1, Washington, D.C.: U.S. Government Printing Office, 1985, p.611.

〔註38〕U.S. Policy toward Communist China, *FRUS, 1952～1954, China and Japan (in two parts)*, Vol.XIV, Part 1, Washington, D.C.: U.S. Government Printing Office, 1985, p.282.

〔註39〕Statement of Policy by the National Security Council, Nov.6, 1953, *FRUS, 1952～1954, China and Japan (in two parts)*, Vol.XIV, Part 1, Washington, D.C.: U.S. Government Printing Office, 1985, p.318.

〔註40〕Statement of Policy by the National Security Council, Nov. 6, 1953, *FRUS, 1952～1954, China and Japan (in two parts)*, Vol.XIV, Part 1, Washington, D.C.: U.S. Government Printing Office, 1985, p.308.

〔註41〕1954 年夏，福建省第一屆人民代表大會第一次會議全體代表決定「以堅決解放臺灣和解放福建省被蔣匪盤踞的金門、馬祖等沿海島嶼為今後全省人民的中心任務，其他各項任務都要圍繞這一中心任務進行」。(《福建省人民代表大會會議通過決議　堅決支持解放軍解放臺灣和沿海島嶼》，《人民日報》1954 年 8 月 15 日)。1954 年 9 月的政府工作報告將解放臺灣列為必須完成的神聖事業，指出「中國人民一定要解放臺灣。臺灣一天不解放，我國的領土就一天不完整，我國的和平建設環境就一天得不到安寧，遠東和世界的和平就一天得不到保障」。(《政府工作報告（之二）》，《人民日報》1954 年 9 月 24 日，第 2 版)。

直接防守這些島嶼，很有可能引發更大規模的戰爭，甚至引來蘇聯的武裝介入。因此，美國始終將其協防範圍劃定在臺灣、澎湖列島兩地，而對沿海島嶼的態度模棱兩可。雖個別政要為鼓舞士氣、恫嚇中共曾拋出不排除將武裝力量用於沿海島嶼的可能性的言論，但正式文件和條約中並沒有明確過美國對沿海島嶼的協防義務。

自 1950 年 10 月中國人民志願軍參加抗美援朝戰爭，到 1953 年 7 月《朝鮮停戰協定》簽訂，期間在沿海地區的軍事力量對比而言，國民黨軍隊具有相對優勢。當時中央軍委將主要兵力用於朝鮮戰場，在其他地區雖維持著一定數量的軍隊，但只有可供小規模作戰的軍事設備和供給設備。朝鮮戰爭局勢穩定後，中央軍委開始調兵遣將，在沿海地區部署軍隊和設備，其增長速度大大超過臺灣方面在此地區的軍事力量增長。美國人士意識到，未來對中國大陸領土的襲擊「可能要付出很高的代價」。〔註 42〕

在 1954 年 8 月之前，美國不但從未做出對金馬等沿海島嶼的承諾，而且在盡可能地避免一切衝突，甚至對當地艦隊司令官下達：「如共產黨開火，不論任何情況都不能還擊」的命令。〔註 43〕8 月之後，雖然修改了命令，說可以還擊，但仍然很小心地不使還擊具有進攻的意味。第一次臺海危機發生後，儘量維持戰爭的防禦特點，維持衝突的局部化，是美國特別注意的一點。9 月 3 日，中國人民解放軍對金門的炮擊使美國意識到應採取一定的更為積極的反應，而不能只靠口頭威脅來阻止中共的軍事行為。但這種反應所採取的形式應該是能達到增加成功防守這些島嶼的目的，而不是擴大衝突，因而仍要最大限度使用國民黨的軍隊，並繼續避免做出守住或奪回任何島嶼的承諾。〔註 44〕

李奇微進而提出，應修改「與福摩薩（臺灣）的防禦密切相關」這樣含

〔註 42〕 The Ambassador in the Republic of China (Rankin) to the Secretary of State, June.22, 1954, *FRUS, 1952～1954, China and Japan (in two parts)*, Vol.XIV, Part 1, Washington, D.C.: U.S. Government Printing Office, 1985, p.482.

〔註 43〕 Memorandum by Harry H. Schwartz of the Policy Planning Staff to the Director of the Staff (Bowie), Aug. 20, 1954, *FRUS, 1952～1954, China and Japan (in two parts)*, Vol.XIV, Part 1, Washington, D.C.: U.S. Government Printing Office, 1985, p.543.

〔註 44〕 Memorandum by the Assistant Secretary of State for Far Eastern Affairs (Robertson) to the Acting Secretary of State, Sept.4, 1954, *FRUS, 1952～1954, China and Japan (in two parts)*, Vol.XIV, Part 1, Washington, D.C.: U.S. Government Printing Office, 1985, p.543.

糊其辭的說法，因為它很容易引起嚴重誤解。認為金門防禦「與福摩薩（臺灣）的防禦密切相關」進而採取不當行動，會導致與中國大陸發生戰爭。如果美國做出防禦金門的決定的話，在做出決定的同時就必須考慮立即採取一系列重要的行動，來應對與中國大陸的全面對抗和隨時可能爆發的全面戰爭。這些行動至少應包括：「向該地區部署必要的軍隊」，「擴大目前的軍隊」，「擴大訓練基地」，「增加生產和收入」等。這些行動很必要，因為主要盟國不會同情美國對中國大陸採取這樣的軍事行動，不會向美國提供援助，很可能要由美國獨自承受戰爭重擔。〔註45〕

遠東指揮部總司令赫爾（John Edwin Hull）與李奇微一樣對美國防禦金馬、大陳等沿海島嶼持反對態度。他認為，對這些沿海島嶼的成功防禦最終取決於參與防禦的國民黨地面部隊的能力和力量，如果這些地面部隊不能擔此任務，美國海空軍的介入能否起到決定性作用就很令人懷疑。美國軍隊的介入就意味著與中國大陸發生戰爭，即便有心將其限制在有限作戰的規模，恐怕後來的發展會失去掌控。國民黨丟失這些島嶼固然會打擊士氣，但倘若美國的介入也未能成功防禦，那麼這個影響將會是在整個亞洲威信的災難性影響。因而，如若美國要介入，就應為成功防禦而不惜一切代價，包括必要時使用核武器。〔註46〕

1954年12月2日美國和臺灣當局簽訂了《共同防禦條約》。美國在東南亞拉起自己主導的對抗共產主義的戰略體系，並通過臺美同盟的建立，將臺灣也納入其中。交涉過程中，蔣介石欲將金、馬、大陳等「外島」拉入條約，但未能如願。對於美國是否負責協防國民黨所佔的大陸沿海島嶼問題，條約採用了含糊其辭的說法。大陳等「外島」距大陸海岸一臂之遙，對它們的干涉很容易引發同中華人民共和國的直接衝突，艾森豪威爾對此很是謹慎。在一次特別會議中，艾森豪威爾表示：「我們現在不是在議論一場有限的『叢林』戰，而是在議論跨進第三次世界大戰的門檻。如果我們進攻中國，我們將不

〔註45〕Memorandum by the Chairman of the Joint Chiefs of Staff (Radford) to the Secretary of Defense (Wilson), Sept.11, 1954, Enclosure "B", *FRUS, 1952～1954, China and Japan (in two parts)*, Vol.XIV, Part 1, Washington, D.C.: U.S. Government Printing Office, 1985, pp.605～608.

〔註46〕Memorandum by the Chairman of the Joint Chiefs of Staff (Radford) to the Secretary of Defense (Wilson), Sept.11, 1954, Appendix to Enclosure "B", Editor, *FRUS, 1952～1954, China and Japan (in two parts)*, Vol.XIV, Part 1, Washington, D.C.: U.S. Government Printing Office, 1985, p.610.

會如同在朝鮮那樣，限制我們的軍事行動了」，「如果我們要進行一場全面戰爭，合乎邏輯的敵人將是俄國」。〔註47〕因此，在臺美談判《共同防禦條約》的過程中，艾森豪威爾避免公開場合宣布美國在臺「外島」問題上的決策。

據美國憲法，艾森豪威爾如不得國會許可，無權擴大第七艦隊協防臺澎命令的適用範圍。同時，艾森豪威爾也認為如為保衛「外島」不惜一戰，決不會得到國會支持，因而也不會向國會作此要求。但美國也不願中華人民共和國獲悉真實情況，故對「外島」防衛問題，一般情況下美方態度是不作肯定聲明，而是讓中共猜測。〔註48〕

根據美國軍方人士的估計，如中華人民共和國果以全力決心來攻，除非美國願冒全面戰爭之危險，否則即使有第七艦隊協助亦不能守住外圍島嶼。〔註49〕這一觀點為國務院所接受，解放軍炮擊金門後不久，美國即決定避免直接衝突，轉而以外交手段爭取使「外島」繼續為臺所保有，炮製出由新西蘭提出停火案的策略。10月，助理國務卿饒伯森奉命赴臺與蔣介石進行了幾次談話，談話中饒伯森與藍欽等人便一再強調美國欲避免直接戰爭之意。謂「美方軍事人員認為臺灣守軍與中共眾寡懸殊，臺灣將無法確守外島」。即使第七艦隊協防，也未必能確保「外島」，除非美國與中共全面作戰。這是艾森豪威爾總統所欲避免者。〔註50〕美國的想法是借助聯合國干預，使兩岸停火，使臺灣當局繼續佔據沿海島嶼。當然，雖經美國一再運作，其分裂中國的想法並未得逞，停火案遭到國共雙方抵制（見下文）。

侵略之名

戰爭是罪惡的，但在歷史上非正義的侵略戰爭並非每次都能受到應有的譴責和制裁。人類在 20 世紀逐步建立起抵制侵略的國際共識的，美國在

〔註47〕德懷特‧D‧艾森豪威爾著，樊迪、靜海等譯：《艾森豪威爾回憶錄（三）》，北京：東方出版社 2007 年版，第 24 頁。

〔註48〕蔣介石與饒伯森談話紀錄（1954 年 10 月 13 日），「外交——蔣中正接見美方代表談話紀錄（十）」，「蔣經國總統文物」，「國史館」藏，典藏號：005-010205-00072-002，「國史館」藏。

〔註49〕蔣介石與饒伯森談話紀錄（1954 年 10 月 13 日），「外交——蔣中正接見美方代表談話紀錄（十）」，「蔣經國總統文物」，「國史館」藏，典藏號：005-010205-00072-002。

〔註50〕蔣介石與饒伯森談話紀錄（1954 年 10 月 13 日），「外交——蔣中正接見美方代表談話紀錄（十）」，「蔣經國總統文物」，「國史館」藏，典藏號：005-010205-00072-003。

其過程中起到重要作用。1928 年 8 月 27 日，法國外長白里安在巴黎促成
《非戰公約》的達成，首次在國際法上奠定了國家間互不侵犯的法律基礎，
倡導和平解決爭端。1933 年 2 月，蘇聯在國聯會議上建議制定侵略定義，
此舉被視為是「重申與發展制止侵略戰爭原則的重大貢獻。」〔註 51〕二戰
前後隨著美國在國際社會的地位不斷提高以及在反法西斯戰爭中的重要性
不斷增強，它在構建新型國際秩序中的作用也更為顯著。1937 年羅斯福總
統在芝加哥演說，指出「必須喚起世界的道德良心，使它認識到尊重條約的
神聖義務、尊重他人的權利和自由、終止國際間的侵略行為」。〔註 52〕1941
年 8 月 14 日，羅斯福、丘吉爾會談後公布聯合聲明，即《大西洋憲章》，
聲明兩國不追求領土或其他方面的擴張、不同意未經有關民族同意的領土
變更。〔註 53〕1942 年 1 月 1 日，美、英、蘇、中、澳、比、加等 26 國發表
聯合國家宣言，共同聲明贊同《大西洋憲章》之目的原則，其後又有 21 國
加入。〔註 54〕1943 年夏，美國又與英國商談如何懲治戰爭罪行，並於 1944
年 1 月，與其他 15 國成立戰爭罪行委員會。1945 年 10 月以後，美國更在
旨在促進國際合作、實現國際和平的聯合國中發揮關鍵作用。應該說，在建
立抵制侵略、倡導和平的國際共識和新秩序的過程中，美國是主要的發聲
者和行動者之一。為維護自己的國際形象、減少國內外輿論壓力，美國的外
交決策中有一項不言自明的準則，就是儘量避免給人以侵略別國領土、干
涉別國內政的口實。但在 1950 年代中期中國沿海島嶼問題上，美國一度被
重重扣上侵略的帽子。

　　為對解放軍造成壓力，阻嚇中央軍委解放沿海島嶼的行動，美國曾在臺
海危機爆發之前就在大陳等沿海地區派遣了軍隊和飛機。但美國的震懾沒有
使中共畏懼，中共充分利用媒體，對美國的干涉和侵略進行了宣傳，使美國
不得不背負輿論壓力，受制於侵略之名。1954 年 3 月 23 日，國民黨派遣美國
製造的飛機侵入福建沿海和內地達十三批十六架次。6 月 1 日，美國第七艦
隊的兩艘航空母艦、一艘巡洋艦、六艘驅逐艦侵入大陳島海面，美國飛機有

〔註51〕納辛諾夫斯基：《蘇聯理論與實踐對國際法 50 年的影響》，《美國國際法雜誌》
　　　　1968 年第 62 卷，第 189 頁。
〔註52〕《羅斯福選集》，商務印書館，1982，第 154 頁。
〔註53〕《國際條約集》(1934～1944 年)，世界知識出版社，1961，第 337～338 頁。
〔註54〕《反法西斯戰爭文獻》，世界知識出版社，1955，第 34～36 頁。

四十九批、一百三十四架次在大陳島附近進行盤旋。〔註55〕8月19日，美國巡洋艦一艘、驅逐艦一艘、護航驅逐艦四艘，軍用飛機四十餘批、一百六十餘架次，與盤踞在大陳島的殘餘蔣軍在浙江以東海面活動。其中有一批四架飛機，侵入浙東溫嶺以東海面上空及松門以北十公里地區上空進行偵察。〔註56〕《人民日報》對美國行動的報導，對具體數據的公布，使美國干涉中國內政、侵略中國主權的罪行昭然於世。

在利用國內媒體充分進行宣傳和抨擊之外，中央軍委還配合軍事行動，以吸引國際輿論的關注。1954年9月，炮擊金門之舉成功地吸引了大量外國記者和媒體，給美國施加了相當的壓力，艾森豪威爾稱這是他執政18個月以來遇到的最嚴重的問題之一。〔註57〕

1954年11月，臺美共同防禦條約即將最終達成。《人民日報》指出，「美國企圖利用這種條約使它長期侵佔中國領土臺灣等島嶼的活動合法化，並且陰謀進一步干預中國人民解放沿海島嶼」。並披露《華盛頓郵報》的消息，指出早在艾森豪威爾上臺之初，美國對金門島和大陳島就開始公開供應武器，鼓勵國民黨在這些島上建立防務系統，甚至直接參加這項工作。〔註58〕

中國共產黨對美國干涉中國內政、侵略中國主權的事實進行的及時而具體的報導宣傳；利用精心策劃的大規模軍事打擊，擴大國際影響；對美國長期控制臺灣、進一步干涉沿海島嶼解放的企圖的揭發，引起不少國際媒體的同情和聲援，使美國面臨自食其言、形象大毀的危險，增加了美國決策層的心理壓力。

面對侵略事實，面對中共及國際輿論壓力，陸軍參謀長李奇微就有受制於侵略之名的心理。他指出，若授權指揮官根據自己的判斷對構成重大威脅的中共的軍事活動進行打擊的話，會使美國海空軍對中國大陸采取直接行動，並可能使用核武器。「不管這些行動在軍事上多麼合理，都會構成美國的侵略行為」。在全世界眼裏，美國發動對中國大陸的戰爭是「有罪的」。〔註59〕

〔註55〕《不能容忍美蔣匪幫的侵略罪行和海盜罪行》，《人民日報》，1954年7月16日。

〔註56〕《美國海空軍勾結蔣匪侵犯我浙東沿海地區　美國太平洋艦隊司令和海軍人員到臺灣進行陰謀活動》，《人民日報》，1954年8月20日，第1版。

〔註57〕德懷特‧D‧艾森豪威爾著，復旦大學資本主義國家經濟研究所譯：《受命變革》，生活‧讀書‧新知三聯書店，1978，第518頁。

〔註58〕《美國加緊和蔣賊談判締結軍事侵略條約》，《人民日報》1954年11月29日。

〔註59〕Memorandum by the Chairman of the Joint Chiefs of Staff (Radford) to the

盟國的反對

　　為與蘇聯為首的社會主義陣營抗衡，謀取世界霸權地位，1950 年代前期，美國致力於亞太集體安全保障體系的建立。自 1950 年開始實施「太平洋協定」的構想到 1954 年的東南亞條約組織的建立，美國在亞太構築起抵禦蘇聯軍事威脅的盾牌。在美國對亞太的政策中，核心內容是構築和維護亞太沿海島嶼防衛鏈，要達到這樣的目的重要的一點就是與英聯邦各成員國合作，特別是澳大利亞、新西蘭等太平洋沿岸的英聯邦國家。臺海危機發生後，關於對沿海島嶼政策的問題美國不止是在內部進行了激烈討論，而且與英國、新西蘭等國也進行著密切溝通。而英、新等國均不希望事態擴大。

　　普遍而言，西歐、南亞、東南亞國家都認為，國民黨集團只是過去的殘餘勢力，如果他們想返回大陸，沒有多少人會支持他們。東南亞國家更對戰火燃燒到自己國家存有畏懼。因此，這些國家對美國可能會擴大遠東對抗局勢的行為很是敏感。〔註60〕加之，英國已承認新中國，英、印、新等英聯邦國家不想在沿海島嶼問題上觸動中華人民共和國的底線，不贊成盟國為保衛金門等集聚了太多敵意的沿海島嶼而戰。英、印認為美國確保沿海島嶼是個糟糕的、具有挑釁性的建議。〔註61〕第一次臺海危機發生後不久，杜勒斯就在備忘錄中指出，「幾乎可以肯定，在當前形勢下，參與對金門等島嶼的防禦會產生對我們不利的國際輿論，並嚴重損害我們與歐洲及澳大利亞、新西蘭〔註62〕的同盟關係。這更為真實，因為可能導致我們首先使用核武器。」〔註63〕

Secretary of Defense (Wilson), Sept.11, 1954, Enclosure "B", *FRUS, 1952～1954, China and Japan (in two parts)*, Vol.XIV, Part 1, Washington, D.C.: U.S. Government Printing Office, 1985, p.608.

〔註60〕Statement of Policy by the National Security Council, Nov. 6, 1953, *FRUS, 1952～1954, China and Japan (in two parts)*, Vol.XIV, Part 1, Washington, D.C.: U.S. Government Printing Office, 1985, pp.324～325.

〔註61〕Special National Intelligence Estimate, Sept. 4, 1954, *FRUS, 1952～1954, China and Japan (in two parts)*, Vol.XIV, Part 1, Washington, D.C.: U.S. Government Printing Office, 1985, p.569.

〔註62〕1951 年 9 月 1 日，美國與澳大利亞、新西蘭在舊金山簽訂太平洋安全保障條約或稱澳新美安全條約（ANZUS），該約於 1952 年 4 月 29 日生效。此條約下所有簽署國承認在太平洋地區對任何一方的攻擊將危害他方的和平與安全，聲明若任一方認為自己在太平洋地區的領土完整、政治獨立或安全受到威脅時，各方將一同協商。

〔註63〕Memorandum prepared by the Secretary of State, Sept.12, 1954, *FRUS, 1952～1954, China and Japan (in two parts)*, Vol.XIV, Part 1, Washington, D.C.: U.S.

　　9月24日，杜勒斯在第215次國家安全會議提出，他已就沿海島嶼問題在聯合國並於上週五在倫敦與英外交大臣艾登展開全面討論，艾登在考慮了幾天之後，託人答覆杜勒斯說，雖然他認為美國反對中共奪取臺灣的立場在聯合國會得到廣泛支持，但防守金門之事不會得到許多支持。〔註64〕9月29日，經過兩周的商談後，杜勒斯與艾登達成共識，認為為維持現狀應該把此事提交聯合國安理會，以便為安定局勢促成下一步行動。如果局勢不能穩定，英美將不得不為守衛沿海島嶼與中共作戰，或者接受的失去及帶來的「自由世界」威望的下降和臺灣安全受到的威脅。艾登提出，英國希望能邀請中共代表出席安理會闡述意見。新西蘭使館一秘科納（Frank Henry Corner）直接指出若不直接進攻大陸，金門很可能是守不住的。〔註65〕

　　11月10日，英國駐印度專員克拉特巴克（Clutterbuck）致函英聯邦關係部（Commonwealth Relations Office），提到日前他與印度總理尼赫魯（Jawaharlal Nehru）就金門與臺灣問題進行了交談。尼赫魯認為當前局勢是微妙的，在與北京方面的接觸中，中共領導人均能冷靜而公正，但臺灣問題是唯一的例外。中華人民共和國不打算繼續忍耐，但他們只想控制沿海島嶼，並不想攻擊臺灣島。因為他們很清楚，攻擊臺灣本島會引發戰爭。尼赫魯表示自己已經並仍將盡力緩解緊張局勢。〔註66〕美國意識到，若採取協防金門的政策，美國將在沒有盟國支持的情況下，對抗中國大陸，〔註67〕並在遠東政策上使美國與英、印的分歧尖銳化。〔註68〕

Government Printing Office, 1985, p.611.

〔註64〕 Memorandum of Discussion at the 215th Meeting of the National Security Council, Washington, September 24, 1954, *FRUS, 1952～1954, China and Japan (in two parts)*, Vol.XIV, Part 1, Washington, D.C.: U.S. Government Printing Office, 1985, pp.659～660.

〔註65〕 Memorandum of Conversation, by the Director of the Policy Planning Staff (Bowie), Sept. 29, 1954, *FRUS, 1952～1954, China and Japan (in two parts)*, Vol.XIV, Part 1, Washington, D.C.: U.S. Government Printing Office, 1985, pp.667～668.

〔註66〕 The British High Commissioner in India (Clutterbuck) to the Commonwealth Relations Office, Nov. 10, 1954, *FRUS, 1952～1954, China and Japan (in two parts)*, Vol.XIV, Part 1, Washington, D.C.: U.S. Government Printing Office, 1985, pp.893～895.

〔註67〕 德懷特・D・艾森豪威爾著，復旦大學資本主義國家經濟研究所譯：《受命變革》，生活・讀書・新知三聯書店，1978，第522頁。

〔註68〕 Special National Intelligence Estimate, Sept. 4, 1954, *FRUS, 1952～1954, China*

美國借助聯合國意圖的失敗

臺海危機發生後，在對中國沿海島嶼的解決方案討論中，美國政府內部有人建議，將其交聯合國安全理事會處理。臺海危機發生後，此種方案有了更多的討論。他們的理由是，中國共產黨炮擊金門是以武力奪取臺灣計劃的一部分，而美國對臺灣的防禦公開表示過承諾，因此，這種情況就不只是內戰問題，而是威脅到世界和平的國際問題。聯合國安理會若能接手此事，美國不但能以《聯合國憲章》第 40 條〔註69〕為由，採取「臨時行動」「阻止局勢的惡化」，且能嚴重破壞中蘇關係。因為，不論蘇聯對此項動議採何種態度，都將對中蘇某些方面有所損害：若蘇否決，會不利於其「和平攻勢」，從而使蘇失去輿論支持；若蘇不否決，中國共產黨則可能做出敵對反應，從而在國際上陷於孤立。他們預測聯合國干預的最終結果，「如果蘇聯同意的話，可能是福摩薩和澎湖列島的獨立」；如果聯合國的裁決被拒絕接受，或者它的建議被蘇聯或中共否決，那麼「自由世界」將在道義上恢復地位，對臺海的軍事措施「在很大程度上也會得到國際社會道義上的支持」。〔註70〕

美國的設想是借新西蘭之口向聯合國安理會提出，且盡力使停火案簡單化，以免節外生枝。為實現自己的目的，美國提前做了許多工作：包括對英交涉，望其能配合美國，將議題限於「外島」停火，而不涉及任何相關的政治議題；包括對臺灣當局交涉，望其充分瞭解美國用意，保證他們不在安理會否決此案。

1954 年 10 月，瞭解此事後，蔣介石明確表示，「紐西蘭提案對中美皆無一利而只有百害。最好請美竭力勸阻不提、根本打消，此為第一希望」。如不能勸阻，則應申明臺灣當局被中華人民共和國「侵略」之意，且應於停火案發表時，美國發表正式聲明，表示臺美正積極進行互助協定交涉，其原則大體已獲同意。〔註71〕為說服臺灣方面充分理解美國意圖，並予接受和配合，

---

and Japan (in two parts), Vol.XIV, Part 1, Washington, D.C.: U.S. Government Printing Office, 1985, p.569.

〔註69〕「為防止情勢之惡化，安全理事會在依第 39 條規定作成建議或決定辦法以前，得促請關係當事國遵行安全理事會所認為必要或合宜之臨時辦法」。（余先予主編：《國際法律大辭典》，湖南出版社 1995 年版，第 276 頁。）

〔註70〕杜勒斯備忘錄，1954 年 9 月 12 日，陶文釗主編《美國對華政策文件集（1949～1972）》第二卷（上），世界知識出版社，2004，第 255 頁。

〔註71〕蔣介石函葉公超、顧維鈞（1954 年 10 月 14 日），「籌筆──戡亂時期（二十三）」，「蔣中正總統文物」，「國史館」藏，典藏號：002-010400-00023-031。

美國方面多次與蔣介石、葉公超、顧維鈞等人交涉。強調「紐西蘭決議案之目的，在終止中共最近所發動之戰爭，由於美國承諾保衛臺灣，此項戰事對於美國實為潛在的威脅。」倘美國「主動擴大該決議案，則必引起一連串之反建議案」，可能使連帶的各種問題被捲入安理會的辯論之中。因此為減少提案阻力，美國不擬使該決議譴責中華人民共和國為侵略者。至於臺美條約是否能在蔣介石所期望的時間內迅速簽訂，也是個問題。為使該約在國會順利通過，杜勒斯需根據 11 月國會議員選舉結果，與參議院中共和黨及民主黨領袖作私人交談，而在私人交談之前，不宜公開發表互助條約之事。〔註72〕同時，為打消臺灣當局疑慮，美國方面也向其表明，自己已做通英國方面的工作，使英國同意將停火案討論內容限於「外島」停火一點，而不涉及範圍廣泛之任何政治問題。〔註73〕

　　助理國務卿饒伯森等人專就此事與蔣介石等人進行多次交談，欲使蔣相信停火案將有利於臺灣，而並非如其所想的「百害而無一利」。他們指出，停火案若能通過，則「外島」將繼續由臺灣方面所保有；更大可能是被中共拒絕，那時於臺灣無損，而蘇聯、中共將為「和平罪人」，要承擔一切戰爭責任。〔註74〕艾森豪威爾與杜勒斯認為將「外島」包括在條約中，恐不能得到國會批准。以停火案維持「外島」在臺灣手中，乃為一巧妙辦法。〔註75〕在利誘的同時，也有威壓。饒伯森指出，美國在盡量勸告新西蘭，使其提案文字不傷害臺灣當局。新西蘭和中華人民共和國均不知艾森豪威爾總統無權擴大對第七艦隊的命令，但若中共決心攻佔一島，而見美國並未協防，則必會將其餘島嶼悉數攻佔。蔣介石則表示，「無論有無美國之援助，吾人必須作戰到底，

〔註72〕杜勒斯電葉公超（1954 年 10 月 14 日），「外交——國際情勢與中國安危」，「蔣經國總統文物」，「國史館」藏，典藏號：005-010205-00035-009。

〔註73〕蔣介石與饒伯森談話紀錄（1954 年 10 月 13 日），「外交——蔣中正接見美方代表談話紀錄（十）」，「蔣經國總統文物」，「國史館」藏，典藏號：005-010205-00072-002。

〔註74〕蔣介石與饒伯森談話紀錄（1954 年 10 月 13 日），「外交——蔣中正接見美方代表談話紀錄（十）」，「蔣經國總統文物」，「國史館」藏，典藏號：005-010205-00072-002。

〔註75〕蔣介石與饒伯森談話紀錄（1954 年 10 月 13 日），「外交——蔣中正接見美方代表談話紀錄（十）」，「蔣經國總統文物」，「國史館」藏，典藏號：005-010205-00072-003。

準備作最後之犧牲」。〔註76〕

　　當時，臺美共同防禦條約正在交涉之中，這一條約是近年來臺灣當局重大的外交目標之一，將臺澎安危捆綁在美國這條大船之上，對於緩解臺灣軍事壓力、鼓舞民心士氣都將是一劑猛藥。而此種情勢對蔣介石等人來說，是一種無形的壓力。經過多次談話，蔣介石雖顯無奈，卻一直堅持停火案不應提出，且始終指示外交人員盡力勸阻美國不使新西蘭提出此案。直到新西蘭在聯合國提出提案當日，葉公超、顧維鈞等人還在同饒伯森交涉，指出停火案提出時臺灣當局原有固守大陳決心，現在已決定退出大陳，一時也不擬反攻，即欲反攻也會與美方事先洽商，停火案更無提出必要。〔註77〕但美國最終並未考慮臺灣當局的感受。

　　1955 年 1 月 18～20 日，在華東軍區參謀長張愛萍指揮下，解放軍陸海空軍對大陳附近的小島——一江山島進行了協同作戰。19 日艾森豪威爾在記者招待會上說，他願意看到聯合國進行「斡旋」，來「停止中國沿海的戰鬥」。〔註78〕但他也表示，不確定聯合國能起到多少實際的作用，因為戰爭雙方很有可能堅持它只是一個內部問題。〔註79〕28 日，新西蘭政府拋出停火案，向聯合國安全理事會建議，為避免「可能威脅國際和平和安全的保障」的敵對行為繼續發展，應舉行會議討論中華人民共和國和國民黨集團「在中國大陸沿海附近的某些島嶼的地區發生武裝敵對行動」的問題。〔註80〕

　　在新西蘭正式提出議案之前，各國媒體已開始議論紛紛。一江山島被人民解放軍佔領後，美國在大陳附近部署艦隊，艾森豪威爾發表動用武裝建議的咨文。24 日，周恩來總理兼外長發表聲明，宣告：「中華人民共和國政府絕對不能同意同中國人民所唾棄了的蔣介石賣國集團實行所謂停火。」「中國人

〔註76〕蔣介石與饒伯森談話紀錄（1954 年 10 月 13 日），「外交——蔣中正接見美方代表談話紀錄（十）」，「蔣經國總統文物」，「國史館」藏，典藏號：005-010205-00072-004。

〔註77〕葉公超等電蔣介石（1955 年 1 月 28 日），「對美關係（七）」，「蔣中正總統文物」，「國史館」藏，典藏號：002-090103-00008-015。

〔註78〕《美國陰謀利用聯合國干涉我國解放臺灣加緊安排對中國人民進行新戰爭挑釁》，《人民日報》1955 年 1 月 25 日，第 1 版。

〔註79〕The President's News Conference of Jan.19, 1955, *Public Papers of the President of the United States*, U.S. Government Printing Office, 1960.

〔註80〕《聯合國應該要求美軍從臺灣地區撤走》，《人民日報》1955 年 1 月 31 日，第 1 版。

民必須解放臺灣，美國必須停止對中國內政的干涉，美國的一切武裝力量必須從臺灣和臺灣海峽撤走。」〔註81〕25日，《人民日報》對美國的企圖進行了揭露，指出美國試圖借聯合國實行干涉：一來使自己不再背負干涉與侵略之名；二來可使兩岸隔離，而美國得以長期控制臺灣；三來可獲得化被動為主動、「化侵略為道義」的轉機；四來可打開將聯合國捲入另一個「朝鮮戰爭式的衝突中去」的口子。〔註82〕25～26日，以蘇聯為首的國家紛紛發文譴責美國的侵略行為。維·波羅夫斯基在《真理報》發表文章，抨擊美國干涉中國內政，並準備直接對中國動用武力，擴大對中國的侵略。捷克斯洛伐克電臺就美國要求通過聯合國「斡旋臺灣停火」的問題發表評論。倫敦的《工人日報》以「蠻橫無理得沒有邊了」為題發表社論，評論艾森豪威爾的特別咨文。保加利亞的《祖國陣線報》、阿富汗的《革新報》、印尼的《印度尼西亞新聞》也紛紛發文譴責美國支持國民黨發動戰爭，並欲利用聯合國進行一場朝鮮戰爭式的侵略。〔註83〕隨後，越南、匈牙利、印度等國也發出對美國的譴責之聲。

聯合國安理會中，蘇聯指控美國在臺灣地區製造緊張局勢，建議美國立即停止對中國的侵略和對中國內政的干涉，並從臺灣和屬於中國的其他一切領土撤退美國軍隊。1月30日，蘇聯駐安理會副代表索波列夫要求安理會召開緊急會議，考慮美國在臺灣地區對中國的侵略行為。〔註84〕31日，安理會決議將新西蘭和蘇聯的提案都列入議程，並邀請中華人民共和國代表參加停火案的討論。2月3日，周恩來覆電，拒絕安理會的邀請，表示堅決反對停火案，指出「在沒有中華人民共和國的代表在聯合國安全理事會代表中國參加討論的情況下，安全理事會對有關中國問題的決定都是非法的，無效的」。〔註85〕臺灣方面為盡快簽訂臺美條約，雖未對停火案進行足夠強硬的抗議，但始終不贊成此案。最終儘管該案仍然被提出，臺灣當局也表達了不滿。2月8日，蔣介石在「總統府」發表長篇演說，抨擊新西蘭停火案，稱「這樣『停火』的

〔註81〕《堅決反對美國的戰爭挑釁》，《人民日報》1955年1月29日，第1版。

〔註82〕《美國陰謀利用聯合國干涉我國解放臺灣加緊安排對中國人民進行新戰爭挑釁》，《人民日報》1955年1月25日，第1版。

〔註83〕《各國輿論譴責美國干涉我國內政》，《人民日報》1955年1月28日，第1版。

〔註84〕《安全理事會必須討論蘇聯的建議》，《人民日報》1955年2月1日，第1版。

〔註85〕《周恩來給聯合國秘書長的覆電》（1955年2月3日），國務院臺灣事務辦公室研究局編《臺灣問題文獻資料選編》，人民出版社，1994，第79頁。

結果，不是挽救世界和平，而是斷送世界和平」。〔註86〕在此情形下，該案無法進行，只得休會。

其後杜勒斯雖仍有推動停火動議之心，但英國態度已有轉變。4月，周恩來在萬隆會議上發出中國政府準備同美國政府談判和緩遠東緊張局勢、特別是和緩臺灣地區緊張局勢的聲明，引起美國內部的混亂和意見分裂。臺海危機解除，停火案由此長久擱置。

四、臺灣當局的苦撐與撤退

不惜成本地保留遠離臺灣島的大陸附近「外島」，蔣介石的意圖是明顯的，就是要進而為其「反攻大陸」計劃做準備，退而為臺澎的安全保留一道屏障，並有證明「法統傳承」、安撫人心之效。

1949 年國民黨陸續撤退臺灣，但仍在大陸保留了情報人員和游擊隊。〔註87〕國民黨當局千方百計與這些人員保持聯絡，指揮他們搜集情報、散佈傳單，並對大陸進行襲擾。蔣介石認為這是「反攻之先，最重要之一著」。〔註88〕與大陸十分接近的沿海島嶼不但便於傘兵游擊隊的運用，也是國民黨海陸空軍隊得以不斷襲擾沿海交通及大陸目標的基地。國民黨軍隊在正面交火之外，還利用「外島」不斷對大陸進行小股襲擾。1951 年 9 月，胡宗南化名秦東昌，被派赴大陳成立「江浙人民反共游擊總指揮部」。1952 年年初，國民黨又以「以大吃小，速進速退」的新戰術，集中相對優勢兵力，選擇大陸海防薄弱點實行打了就跑的襲擊。〔註89〕同時，若與解放軍交戰失利，「外島」也可以作為保衛臺澎的第一道屏障和有效防線。蔣介石曾聲言：「今日東南亞的金門，可比之如今日歐洲的西柏林及第二次世界大戰期間的馬爾太

〔註86〕《當前國際局勢》，秦孝儀：《先總統蔣公思想言論總集》，卷 26，臺北：中國國民黨中央委員會黨史委員會，1984，第 261 頁。

〔註87〕國民黨當局聲稱在大陸內地保留 150 萬的游擊隊，實際沒有那麼多。經中國人民解放軍的有效行動，1951 年 12 月時，美國中情局估計大陸還有國民黨散兵遊勇 16.5 萬。見 Letter From Director of Central Intelligence Smith to Secretary of Defense Lovett, December 11, 1951, FOREIGN RELATIONS OF THE UNITED STATES, 1950～1955, THE INTELLIGENCE COMMUNITY, 1950～1955, pp230～232。參見 https://history.state.gov/historicaldocuments/frus1950-55Intel/d98。該文件並未在已出版的 FRUS 中收錄。

〔註88〕《蔣介石日記》手稿，1951 年 3 月 23 日。

〔註89〕徐焰：《五十年代中共中央在東南沿海鬥爭中的戰略方針》，《中共黨史研究》1992 年第 3 期，第 54 頁。

島，這是一座反共的堡壘」，「如果金門失守，馬祖亦勢必難保」，而臺灣的「堤防亦將崩潰」。〔註 90〕

　　這些小島的存在，還為蔣介石設置所謂的「福建省政府」和「浙江省政府」製造了理由。國民黨為延續「法統」傳承，在行政與黨務方面均設置了中央與地方各級區劃。1952 年 9 月，國民黨當局以胡宗南為「省主席」在大陳島設置「浙江省政府」，之下劃分溫嶺、臨海、平陽、玉環等 4 縣及漁山、竹嶼等 2 個管理局〔註 91〕。實際上大多「縣」尚未能包括原來一個完整的鄉的建制。雖然所謂「浙江省政府」和「福建省政府」只管轄了少數小島，但國民黨當局把它們的成立視為「反攻大陸準備開始」，打算在未來部隊登陸時，「省政府」隨陸軍登陸，以作為其他地區的示範。〔註 92〕

　　因此，「在以『反共復國』為基本政策的蔣介石當局的軍事政治棋局中，『外島』的地位和價值遠遠高於美國政府對它的認識和估量」。〔註 93〕在所有這些國民黨所據島嶼中，大陳的地位是相當重要的。從蔣介石在這些沿海島嶼的軍隊和游擊隊部署來看，大陳的重要性僅次於金門。1954 年 9 月，第一次臺海危機發生時，國民黨在大陳有大約 1 萬人的正規軍和 1 千人的游擊隊，附近小島的游擊隊還有 3 至 4 千人；南麂山有 3 千正規軍和 1300 人的游擊隊；馬祖和白犬有 5 千正規軍；金門 4.3 萬正規軍和 1.1 萬游擊隊。〔註 94〕

　　臺灣當局在許多場合建議將沿海島嶼的防禦與臺澎融為一體，將沿海島嶼的防禦部隊與臺灣島的部隊連為一體，形成統一的作戰部隊。但美國並不願擴大目前的訓練計劃，不願將島上的軍隊都包括到美國的計劃中來。1953 年 4 月，美國參謀長聯席會議指示雷德福，只有在臺澎「同時遭到攻擊時，美國軍隊才可以參與對中國國民黨佔領的其他島嶼的防禦」。〔註 95〕5 月 21 日，臺灣當局

〔註 90〕王藍：《蔣總統與中國》，臺北：黎明文化事業出版社，1975，第 195 頁。

〔註 91〕兩管理局存在時間不長，便被撤銷，改制為漁山鄉和中興村，分別併入臨海縣、溫嶺縣。

〔註 92〕周宏濤口述，汪士淳撰寫《蔣公與我：見證中華民國關鍵變局》，臺北：天下遠見出版股份有限公司，2003，第 258 頁。

〔註 93〕余子道：《第一次臺海危機與臺美關係中的「外島」問題》（《軍事歷史研究》2006 年第 3 期，第 68 頁。

〔註 94〕Special National Intelligence Estimate, Sept. 4, 1954, *FRUS, 1952～1954, China and Japan (in two parts)*, Vol.XIV, Part 1, Washington, D.C.: U.S. Government Printing Office, 1985, p.564.

〔註 95〕The Joint Chiefs of Staff to the Commander in Chief m Pacific (Radford), April 6, 1953, *FRUS, 1952～1954, China and Japan (in two parts)*, Vol.XIV, Part 1,

向美國提交 1954 年共同防禦援助計劃建議概要，在所附備忘錄中提出將沿海島嶼置於美國軍事援助計劃之下。〔註96〕此舉自然也沒有得到積極回應。

因美國政府始終沒有將尚在國民黨手中的沿海島嶼列入協防範圍，且不允許將軍援物資直接使用於這些島嶼，國民黨的防禦力量並不很強。1953 年5 月，人民解放軍加緊了收復沿海島嶼的行動。5 月 25～31 日，國民黨軍方代表與美軍方進行了討論，臺灣當局迫切希望美國就「哪些具體條件可以解釋為進攻臺灣的嚴重威脅，可以成為立即動用美軍積極參加防禦的信號」進行表態。然而，得到的仍然只是「在遭受攻擊的情況下進行防禦」這樣的一般性語言。〔註97〕由於美國沒有積極參與防禦，國民黨軍無法抵禦來自大陸的進攻。5 至 8 月間，中國人民解放軍相繼解放了北部和中部沒有防守或防守薄弱的許多小島。1954 年 5 月以後，解放軍再次對沿海島嶼頻頻採取行動，佔領了大陳 20 公里以內的一些島嶼。

1954 年 9 月臺海危機發生後，美國內部在熱烈討論之後，莫衷一是，於是主張由聯合國大會干涉、強迫金廈停戰，以解自己的兩難之圍，蔣介石認為這是「美共之潛力未消與民主黨臺灣中立化陰謀之表現」。〔註98〕在當時國共對立情勢下，蔣的用詞與語言常有偏激之態，但其對美國意圖的判斷總體還是有正確之處的。美國不想捲入戰爭，不想以過激行動給英蘇等國以口實，因而欲借聯合國實現停火、保全臺灣，同時製造兩岸分離之實。在主流意見傾向於依靠聯合國干涉實現停火的同時，美國減緩了對臺援助行動，並更為明顯地流露出要防範國民黨反攻大陸的意圖。

蔣介石看到美國「以避戰自保苟安自得為主」的現實政策，決心「徹底覺悟」，力求「自強、獨立、復國」。他分析世界大戰不會在十年內發生，即使在近期發生，也必然是「先歐後亞，徒以我為鄰壑，最後仍必受其白人支配統制，故大戰於我無益，且於我無關」。因此，應放棄借世界大戰之機打回大

Washington, D.C.: U.S. Government Printing Office, 1985, p.173.

〔註96〕The Ambassador in the Republic of China (Rankin) to the Department of State, Jun. 21〔22〕, 1953, *FRUS, 1952～1954, China and Japan (in two parts)*, Vol.XIV, Part 1, Washington, D.C.: U.S. Government Printing Office, 1985, pp.233～234.

〔註97〕The Chargé in the Republic of China (Jones) to the Department of State, Jun. 19, 1953, *FRUS, 1952～1954, China and Japan (in two parts)*, Vol.XIV, Part 1, Washington, D.C.: U.S. Government Printing Office, 1985, p.212.

〔註98〕《蔣介石日記》手稿，1954 年 9 月反省錄。

陸的想法，「積極建立本身實力，埋頭忍痛，加強基地，使之鞏固不拔，以待乘機反攻。」〔註99〕

11月1日，為支持蘇聯在聯合國重提美國侵華案，並試探美國對大陳島的態度，中國人民解放軍開始轟炸一江山島。5日，美國國會選舉結束，兩院皆由民主黨掌握，能給蔣介石更多支持的共和黨失去在兩院的主導權。

1955年1月，臺灣當局軍隊在浙東島嶼孤木難支、岌岌可危。11日，蔣中正電葉公超，囑其見雷德福將軍時，務請美國對大陳應否固守以及如何固守速作最後決定，以便臺灣方面有所準備。蔣介石分析雙方軍力，認為「大陳實無單獨防衛之可能，而且違反我戰略之原則」。如照目前美國態度，大陳斷難守住。若大陳丟失，則「不惟我國士氣民心對以後其他島嶼與臺灣產生重大之影響，即美國在東方之威望與信譽亦將遭受莫大之打擊」。〔註100〕

下旬，艾森豪威爾致美國國會報告，指出雖然自己無意於擴大美國的防禦範圍，但「非常遺憾的是，針對那一地區的武裝進攻威脅迫使我們考慮於此密切相關的地區和行動，這些地區和行動在目前的情勢下可能會決定該進攻的成敗」。〔註101〕為此，艾森豪威爾向國會遞交「授權總統使用武裝部隊協防臺澎有關地區案」（又稱《臺灣決議案》、《福摩薩提案》），授予總統處理「外島」問題的機動權。面對臺灣「外島」危機，美國國會很快批准了臺美「共同防禦條約」和《臺灣決議案》，將金門、馬祖等「外島」的安危與臺灣島的防禦聯結在一起。

相隔僅有10餘公里的一江山島是大陳的門戶，在解放軍對一江山島密集進攻下，臺灣方面亂了陣腳。經「西方公司」整訓的突擊大隊主力第四大隊被調防到一江山島，登陸排也被調來加強防務。臺「國防部」部長俞大維親赴一江山島鼓舞士氣。但終未能挽回頹勢。1955年1月18日，解放軍海陸空對一江山島聯合作戰，20日該島為解放軍攻克。這一勝利不但證明了新創建的中國人民解放軍海空軍具有不可低估的力量，同時使大陳失去外圍屏障，解放軍火炮射程可覆蓋大陳島。

〔註99〕《蔣介石日記》手稿，1954年10月反省錄。
〔註100〕蔣介石電葉公超（1955年1月11日），「一般數據——民國四十四年」，「蔣中正總統文物」，「國史館」藏，典藏號：002-080200-00351-012。
〔註101〕《美國防禦福摩薩的政策——總統致國會》（1955年1月24日），《美國對華政策文件集（1949～1972）》第2卷（上），第430～431頁。

　　19 日，在一江山島即將丟失的時刻，蔣介石指示葉公超面晤杜勒斯，請美方對大陳問題明確表態，並請艾森豪威爾、杜勒斯及其他負責官員勿再作影響大陳軍民心理之聲明。杜勒斯答應允予考慮，當日中午與雷德福面見艾森豪威爾商談。下午，杜勒斯面告葉公超，艾森豪威爾建議：臺灣方面自大陳自動撤退，美可予以海空軍掩護。〔註102〕在這次談話中，杜勒斯甚至建議同時撤出馬祖的臺灣當局駐軍，稱美國不可能將防衛範圍擴展至馬祖，該島最終也無法防守。臺灣當局的軍隊集結和平衡部署的範圍只可能在臺灣島、澎湖和金門之間。「堅守其他沿海島嶼，只可能造成國民黨兵力的過分延伸」。「為防守一群石塊而出動主要兵力毫無意義。」〔註103〕無奈之下，臺灣當局起草了一份聲明，表明要重新部署駐紮於大陳等地的軍隊，棄守大陳。但為盡可能減少對臺灣民眾和官兵的心理影響，並挽回一些面子，臺灣方面有意公布臺美即將結成軍事同盟之事。當然，對此事的公布應徵求美方同意。1 月 27 日，葉公超、顧維鈞將臺灣當局關於重行部署大陳駐軍之聲明大意面告饒伯森。28 日葉、顧面見杜勒斯，杜勒斯提出：1. 中美共同防禦條約尚未通過，聲明中提及該約之處不宜予人以該約業已成為事實之印象；2.「提及為保衛臺澎所必守之外島時不宜指出金門、馬祖等具體名稱」，應引用美國國會授權之文字；3.「倘提及中美兩國關係時似應著重過去兩國之悠遠友好關係」。〔註104〕

　　美國不主張為大陳牽動太多的力量或是為其承擔風險，也不贊成臺灣方面提前透露中美共同防禦條約即將到來的成功，即便這一消息會大大減輕臺灣軍民面對大陳撤退時產生的惶恐不安，然而這些並不代表美國對臺支持的任何減弱。相反，美國為應對臺海危機，確保臺澎安全，啟動了一項前所未有的授權。24 日，艾森豪威爾致函國會，要求授權總統在保衛臺灣問題上擁有使用美國武裝的權力。幾天後，國會迅速通過了《臺灣決議案》，宣稱參眾兩院決定授權美國總統，為確保臺灣、澎湖不受武裝進攻，在他認為必要時，得使用美國武裝力量。〔註105〕

〔註102〕金門馬祖外島防禦問題，「外交部」，館藏號 11-10-08-01-016，影像編號 11-LAW-01020，中研院近史所檔案館藏。

〔註103〕《國務院談話備忘錄》（1955 年 1 月 19 日），《美國對華政策文件集（1949～1972）》第 2 卷（上），第 409 頁。

〔註104〕葉公超等電蔣介石（1955 年 1 月 28 日），「對美關係（七）」，「蔣中正總統文物」，「國史館」藏，典藏號：002-090103-00008-016。

〔註105〕The Formosa Resolution, 84th Congress, Jan. 28, 1955.

2月5日，臺灣當局開始實施從大陳島全面撤退的行動。當日，美國政府發表聲明：

> 中華民國政府茲已通知美國政府將其臺灣以北二百英里之大陳附近島嶼部隊重予部署，轉移其他地區。並商情美國部隊對於協助及掩護此項軍隊部署及願離該島平民之撤退予以協助。美國政府爰已下令第七艦隊及其他美國部隊協助此項動作。

> 美國政府並曾向中國政府申明為1955年1月29日國會所通過之決議案以確保臺灣起見，凡認為對於確保臺灣澎湖係屬必要，現在中華民國政府統治下之有關地區及領土，美國政府協助中華民國政府予以防禦。

> 美國政府希望此等步驟對於使共黨停止攻擊及恢復西太平洋和平與安全將有裨助。〔註106〕

美國聲明先行發出了，而臺灣方面聲明的措辭還未能在臺美間達成共識。2月5日，經「行政院副院長」黃少谷修改後的聲明稿為：

> 中華民國政府為適應戰略之要求，經本中美兩國共同防禦西太平洋兩國領土之精神，與美國政府會商後，決定重行部署外島軍事，將大陳島嶼之駐軍轉移使用於金門馬祖等重要島嶼，以集中兵力，增強臺灣澎湖及其外圍島嶼之防務……〔註107〕

6日，藍欽看到修改後的聲明稿，提出：第一段仍有金門馬祖等字樣，緊接「與美國政府會商」一語之後，恐美國政府難以同意。藍欽表示要將該稿全文電達國務院，徵求意見，但俞鴻鈞、黃少谷、沈昌煥等人認為美方關於此事之聲明業已發表，陸續見報，臺灣方面的聲明亟宜及早發表，至遲應於7日晨見報，而6日為星期日，美政府首長或不在華盛頓不能即刻答覆，或答覆而不表同意，但聲明不能再等。於是將「與美國政府會商」從第一段抽出，另列為第二段，以示將大陳島駐軍轉移於金門馬祖係臺灣當局本身之決定，與美國無關。並擬待6日午夜，如美方仍無答覆，或答覆而不表同意，即將

〔註106〕因意識形態侷限，美國與中華人民共和國建交之前所指「中國政府」一般指臺灣當局，下同。「金門馬祖外島防禦問題」，「外交部」，館藏號11-10-08-01-015，影像編號11-LAW-01019，中研院近史所檔案館藏。

〔註107〕黃少谷、葉公超等呈蔣介石（1955年2月6日），「重要聲明（三）」，「蔣中正總統文物」，「國史館」藏，典藏號：002-080106-00003-011。

修正稿發表。於是，6日臺灣當局終於將聲明發出，如下：

中華民國政府為適應抵抗國際共產集團侵略之新形勢，決定重行部署外島軍事，將大陳島嶼之駐軍轉移使用於金門馬祖等重要島嶼，以集中兵力，增強臺灣澎湖及其外圍島嶼之防務。

中華民國政府本中美兩國共同防禦西太平洋區域兩國領土之精神，關於將大陳島嶼駐軍轉移使用一節，曾與美國政府舉行會商。

美國政府為增進中美兩國保衛臺灣澎湖之密切合作，經向中華民國政府申明，凡認為對於確保臺灣澎湖之各有關地區與領土，美國決定與中華民國共同防衛，美國並對我大陳區兵力之轉移與部署，予我以協助與掩護……〔註108〕

2月8日，臺灣當局「國防部長」俞大維、「海軍部司令」梁序昭、「國防部第三廳副廳長」蔣緯國等來到大陳島，與蔣經國會合，巡視指導撤退作業。8日至11日，在美國海軍協助下，國民黨海軍將軍隊2.5萬人、島上居民1.8萬人運離大陳。彭德懷指示，此事牽涉到國際關係，在國民黨軍撤退時，不作任何追擊。〔註109〕

8日至14日，浙東前線指揮部所屬部隊先後進佔北麂山、漁山、披山諸島。22日，開始轟炸南麂山島，島上守軍於25日逃至臺灣。人民解放軍進佔該島，將浙江東南沿海島嶼全部收回，使國民黨軍在大陸沿海只剩下金門、馬祖兩大島。

大陳島撤退後，美國曾有為鼓舞臺灣士氣，而動用核武器保衛金門、馬祖之議。3月6日，艾森豪威爾與杜勒斯達成一致意見，準備採用包括核武器在內的一切打擊手段，來保衛金、馬，防止中國大陸進一步進攻臺灣。〔註110〕3月10日，杜勒斯向美國國家安全委員會呼籲，應採取緊急措施創造一個更好的公眾氣氛，使美國得以必要時為防衛臺灣地區而使用原子彈。〔註111〕當時，因

〔註108〕「金門馬祖外島防禦問題」，「外交部」，館藏號11-10-08-01-015，影像編號11-LAW-01019，中研院近史所檔案館藏。

〔註109〕王德等《三軍揮戈戰東海》，解放軍出版社，1985，第51頁。

〔註110〕Dulles Memorandum, Meeting with Eisenhower, Mar. 6, 1955, *DullesPapers*, White House Memorandum, Box 30, Meeting with the President 1955 (4), EisenhowerLibrary.

〔註111〕Memorandum of Discussion at the 240th Meeting of the National Security Council, Washington, March 10, 1955, *FRUS, 1955～1957, China*, Vol. II, Washington, D.C.: U.S. Government Printing Office, 1986, p.347.

美國干預，新中國對於收復臺灣並無把握，對於解放金、馬也沒必勝把握。解放軍在沿海採取有限的軍事行動，主要為懲罰國民黨軍，顯示反對美國侵略臺灣和分裂中國的決心。既然目的已達到，中央軍委決定適時緩和臺海緊張局勢。1955 年 4 月 23 日，周恩來總理兼外長在亞非會議上就臺灣問題提出：「中國政府願意同美國政府坐下來談判，討論和緩遠東緊張局勢的問題，特別是和緩臺灣緊張局勢問題。」〔註 112〕中共中央進入嘗試以和談方式解決臺灣問題的階段。

五、餘論

在協防大陳島等沿海島嶼的問題上，美國有種種顧忌，不想明顯地參與其中，以落下更多侵略的罪名；不想提供大規模軍援來防守「外島」，以免為有限的利益而捲入戰爭；不想在得不到盟國支持的情況下在遠東單獨對抗中國大陸，以及背後的蘇聯……但美國又並非完全置身事外、毫無表示，不僅雷福德、杜勒斯等人明確表示過對失去沿海島嶼可能帶來的不良後果的擔憂，在行動上，美國也時常在形勢緊張時做出某些有限的積極支持。1953 年 6、7 月間，大陳附近一些小島相繼為解放軍奪得，美國總統提議請國會同意給臺灣當局轉讓幾艘小型輕型海軍艦隻，以應對危機。〔註 113〕這個提議在 7 月 23 日的 156 次國家安全會議上得到落實。〔註 114〕8 月，參謀長聯席會議又同意同國防部、國務院一起商議確定配給臺灣當局合用的淺灘艦隻，以及可以向其提供的其他間接幫助，鼓勵並支持其保住沿海島嶼。〔註 115〕

然而，這些首鼠兩端心態中的有限支持確實沒能扭轉局勢。說到底，美國不願對沿海島嶼做出承諾，不願對其承擔責任，僅願在不必承擔責任的有

〔註 112〕《周恩來在參加亞非會議的八國代表團團長會議上的聲明》（1955 年 4 月 23 日），國務院臺灣事務辦公室研究局編《臺灣問題文獻資料選編》，人民出版社，1994，第 80 頁。

〔註 113〕Memorandum of Discussion at the 153d Meeting of the National Security Council, Washington, Jul. 9, 1953, *FRUS, 1952～1954, China and Japan (in two parts)*, Vol.XIV, Part 1, Washington, D.C.: U.S. Government Printing Office, 1985, p.228.

〔註 114〕Memorandum of Discussion at the 156d Meeting of the National Security Council, Washington, Jul. 23, 1953, *FRUS, 1952～1954, China and Japan (in two parts)*, Vol.XIV, Part 1, Washington, D.C.: U.S. Government Printing Office, 1985, pp.235～236.

〔註 115〕Memorandum by the Deputy Assistant Secretary of State for Far Eastern Affairs (Johnson) to the Acting Secretary of State, Aug.3, 1953, *FRUS, 1952～1954, China and Japan (in two parts)*, Vol.XIV, Part 1, Washington, D.C.: U.S. Government Printing Office, 1985, p.241.

限限度內，在背後給臺灣方面撐撐腰打打氣。這一點其實蔣介石也明白。在多次請求美國共同防禦沿海島嶼而無果後，蔣介石請美國駐臺代表藍欽向美政府轉達，希望美國發表一項關於「美國第七艦隊對由中國政府軍隊或友好國家佔領的浙江—福建沿海島嶼附近水域，正在並將繼續加強巡邏和監視」的聲明。蔣介石表示，這種聲明的目的只是為震懾中共，而不會使美國承擔多餘的責任，於美無損。〔註 116〕

　　在美蘇全球對抗的冷戰局勢下，有較為重要的戰略位置的國家地區在軍事基地方面向美做出讓步，往往能換來其他方面的利益。1940 年代後期到 1950 年代前期，日本屢次表示允許美國於對日媾和後繼續保有琉球軍事基地，甚至主動提議在和約中加上允許美軍駐紮的條款，以此贏得美國信任和好感，逐步換取了美國對日本保有琉球「領土主權」的認同。〔註 117〕當時的臺灣為獲得美國在防禦臺灣等方面的支持，也不得不使自己成為美軍任意使用的軍事基地。〔註 118〕即便如此，臺灣當局還是無法將自己的利益與美國完全捆綁在一起。美國可以在緊急關頭給臺灣幾艘小型艦艇，可以在不必負責任、冒風險的情況下對中華人民共和國加以恫嚇，但始終不會在條約義務上承擔起對大陳等沿海島嶼的責任。在利益權衡中，美國自身的利益與風險才是關鍵，除此無它。

　　美國軍方和國務院雖然有人在不同場合表達了守住沿海島嶼才能守住臺灣軍隊的信心、才能繼續對大陸進行情報偵測和游擊戰的觀點，但更多的人認為若美國不直接介入，與中華人民共和國進行一場全面戰爭的話，大陳等沿海島嶼是不可能長期被國民黨佔據的。國民黨丟失這些小島固然有損士氣，但若美國出面仍丟失了小島，那損失的就是美國在整個亞洲整個遠東地區的威望。因此，美國要麼不介入，要麼就必須成功。要確保成功就要為全面戰爭作緊急準備，而這些島嶼在軍事上並無實質意義，其有限的在政治、心理

〔註 116〕The Ambassador in the Republic of China (Rankin) to the Department of State, Jun. 21〔22〕, 1953, *FRUS, 1952～1954, China and Japan (in two parts)*, Vol.XIV, Part 1, Washington, D.C.: U.S. Government Printing Office, 1985, p.234 .

〔註 117〕隋淑英、陳芳：《戰後初期日本對琉球的領土政策》，《近代史研究》2013 年第 5 期，第 7～10 頁。

〔註 118〕例如在 1953 年 6 月，臺美關於聯合防禦臺灣的討論中，美國軍方提出的關於美空軍和海軍飛機使用臺灣空軍基地設備的所有建議都得到臺灣當局同意。見 The Chargé in the Republic of China (Jones) to the Department of State, Jun. 19, 1953, *FRUS, 1952～1954, China and Japan (in two parts)*, Vol.XIV, Part 1, Washington, D.C.: U.S. Government Printing Office, 1985, p.212.

上的意義不值得美國為其興師動眾，從而影響美軍在遠東的整體部署和利益。

　　鑒於以上考慮，美國始終避免對這些沿海島嶼的承諾，避免直接介入，而在鼓勵國民黨靠自己力量實現防禦之外，希望像對朝鮮戰爭一樣借助聯合國力量實現自己的目的。美國想借助聯合國干預使臺澎「獨立」，美國認為，即便因蘇聯或中共的拒絕而未能達到目的，至少也能使美國爭取到所謂「道義上的地位」和輿論對美國插手臺海危機的支持。儘管美國為順利實現自己的設想，對新西蘭、英國、臺灣當局等方面進行了多次交涉和解釋，最終仍落得尷尬境地。中華人民共和國拒絕列席聯合國安理會討論停火案，並宣稱沒有中國參加討論而做出的決議是非法無效的，同時，蔣介石也對停火之議進行公開抨擊，加上蘇聯與諸多輿論的譴責，停火案只得暫時擱置。後來，杜勒斯欲再次啟動停火案，卻因美英間分歧無法調和而受挫，停火案不了了之。

　　值得提醒的是，儘管美國在游說臺灣當局接受停火案時所列理由有「幫助臺灣守住外島」、「彌補共同防禦條約之不足」，但後來的事實證明，這一點僅是美國的藉口。撤退大陳是艾森豪威爾、杜勒斯、雷德福三位政府與軍方核心人物於 1 月 19 日做出的最後決定，而此時新西蘭提案尚未向安理會提出。在臺灣當局無奈接受了撤退大陳決定後，仍在勸說美國取消停火案，但美國方面並未接受建議，依然使新西蘭在 28 日提出議案。可見，美國策劃停火案，並未將臺灣當局的利益和感受放在某一重要位置。不捲入戰爭而使兩岸分離、將臺澎置於美國控制之下，退一步講，即便失敗，卻能使美國贏得道義上的主動地位，這才是美國所盤算之事。不幸的是，停火案提出後並未達到他們設想的效果。

　　美國最終選擇了勸說臺灣當局棄守大陳，卻不意味著美國對臺灣任何程度的放棄。《臺灣決議案》在幾日內迅速通過，國會在戰爭決策權這一重大問題上對總統放權、讓步，使總統能夠相機應對緊急局勢、動用美國武力來防守臺灣。有此先例後，美國總統又陸續取得中東、古巴、柏林、東京灣等地的戰爭決策權，導致權力制衡機制的一度混亂。可以說，美國不主張為那些遠離臺灣島的「一群石塊」耗費力量，但具有重大戰略意義的臺澎則另當別論。

　　在臺美結成軍事同盟之後不久，臺灣方面失去一江山島。繼而，在中國人民解放軍的有效打擊下，以及輿論與蘇聯的外交聲援下，美國未能扛住壓力，勸說臺灣當局放棄了大陳。中央軍委對一江山島和大陳島的成功解放，回應了臺灣方面對沿海的襲擾，更打擊了美國在遠東的勢頭。

第十二章　美國「劃峽而治」與 「兩個中國」的企圖

　　1954 年 9 月第一次臺海危機之前，雖然美國對「兩個中國」的可能性有一定探討並在某些行動上透露出分裂中國的意圖，但總體而言，美國的此種意圖仍維持在遮遮掩掩的狀態之中。臺海局勢緊張後，美國「兩個中國」的意圖難以遮掩。為擺脫兩難困境，美國著手運作新西蘭停火案，這一行動實為對「兩個中國」問題的一次重要實踐。因各方抵制和不配合，停火案無法推動，美國調整對策，決定弱化「外島」的意義，準備不得已時放棄，並為此游說臺灣當局。美國輿論界與社會團體則出現關於「兩個中國」的熱議與各種活動。臺灣當局堅決抵制美國「劃峽而治」、「兩個中國」的實踐與主張，在外交上、輿論上及行動上做出回應，使美暫時擱置勸蔣撤退金馬的考慮。

一、難以遮掩的意圖

　　自新中國成立，美國官方就有探索「兩個中國」可能性的打算，並為阻撓中國統一採取過一系列的動作。〔註1〕1954 年 9 月，為應對第一次臺海危機，美國進行了「劃峽而治」的重要實踐，即前文所述炮製新西蘭停火案。

　　美國對停火動議的設想本為使自己擺脫兩難困境。對於遠離臺灣島的「外島」，由於地理位置的緣故，加上中國人民解放軍在沿海的戰鬥力已大有提升，

〔註 1〕如派第七艦隊封鎖臺灣海峽，在對日和約中擱置臺灣歸屬問題等，參見王緝思《論美國「兩個中國」政策的起源》，《世界歷史》1987 年第 3 期，第 33～43 頁。

若其有意攻取，則單憑臺灣方面的力量無法守住這些島嶼。朝鮮戰爭後，第七艦隊奉命在臺灣海峽巡遊，但只負有阻止對臺灣的任何攻擊、以保證太平洋地區的安全之責，並不負責保護「外島」。蔣介石曾試圖說服美國宣布大陳在第七艦隊巡邏範圍，或至少宣布大陳從未置於巡邏範圍之外，但未能如願。〔註2〕在美國看來，臺灣、澎湖與其他「外島」是有區別的。臺灣島和澎湖列島是曾被日本佔領之地，而金馬、大陳等沿海島嶼卻與「結束中國內戰有關」，如果美國協防「外島」會被捲入與中國大陸無休止的戰爭。〔註3〕同時，國務院認為，幾乎可以肯定，目前形勢下，投入對「外島」的防禦會產生對美國不利的輿論，並嚴重損害美國與歐洲或是澳大利亞、新西蘭的同盟關係。〔註4〕然而，「外島」也不能輕易放棄。國務卿杜勒斯認為，如果在中共軍隊的主動進攻下，國民黨軍隊撤出「外島」，就會在亞洲產生極壞的影響。〔註5〕

因此，美國打算借助聯合國介入而使自己脫離困境：將中國沿海島嶼的緊張情勢訴諸聯合國，使聯合國出面要求停火，達到不直接與中共作戰而使國民黨保住「外島」的目的。當然，使國民黨保住「外島」只是美國的一個希望，並非最終目的。其最終目的只是保住臺灣與澎湖列島，使臺澎繼續作為美國的軍事基地，以連接其太平洋鏈條，穩固美國在遠東的地位。換而言之，美國最重要的目的，只是使海峽兩岸相安無事：此方放棄解放臺灣，彼方放棄「反攻復國」，使美國可以高枕無憂地控制臺澎，至於「外島」究竟歸誰，美國其實並不在意。這一點在以後的發展中得到充分證明。

9、10月間，美與英、新三國開始在秘密的「神喻行動」中擬出停火案草稿，提出「中華人民共和國與中華民國之間，最近曾在中國大陸海岸外若干島嶼區域，尤其金門區域內，發生武裝衝突」，「其繼續存在足以危及國際

〔註2〕蔣介石與藍欽會談紀錄（1953年7月18日），「外交——蔣中正接見美方代表談話紀錄（十七）」，「蔣經國總統文物」，「國史館」藏，典藏號：005-010205-00079-011。

〔註3〕Memorandum of Discussion at the 214th Meeting of the National Security Council, Denver, September 12, 1954, *FRUS, 1952～1954, China and Japan (in two parts)*, Vol.XIV, Part 1, Washington, D.C.: U.S. Government Printing Office, 1985, p.616.

〔註4〕Memorandum prepared by the Secretary of State, Sept.12, 1954, *FRUS, 1952～1954, China and Japan (in two parts)*, Vol.XIV, Part 1, Washington, D.C.: U.S. Government Printing Office, 1985, p.611.

〔註5〕Memorandum of Discussion at the 214th Meeting of the National Security Council, Denver, September 12, 1954, *FRUS, 1952～1954, China and Japan (in two parts)*, Vol.XIV, Part 1, Washington, D.C.: U.S. Government Printing Office, 1985, p.619.

和平與安全之維持」，要求雙方立即停火。〔註6〕三方決定在美國通知臺灣當局後，英方通知中華人民共和國與蘇聯，然後由新西蘭提出議案。〔註7〕為讓臺灣方面充分瞭解美方用意並盡快同意配合美方，助理國務卿饒伯森立即赴臺訪問。13 日，饒伯森與駐臺「大使」藍欽、國務院中國事務局局長馬康衛等人與蔣介石及相關幕僚進行了三次會談。會談中，饒伯森反覆強調：美國之意是通過停火案使「外島」留在臺灣當局手中；美國無意造成「兩個中國」。〔註8〕

然而，1955 年 1 月 19 日，一江山島被解放軍佔領，美國高層應臺灣當局要求，對大陳防守問題給出明確答覆：要求臺灣當局撤出大陳，美國給予協助。「外交部長」葉公超等人就提出，既然美國口口聲聲說停火案的意圖是為讓臺灣保有「外島」，既然臺灣方面已答應撤出大陳，停火案更無提出必要。但美國認為局勢緊急，中華人民共和國解放「外島」是其解放臺灣的第一步，因而不顧臺灣方面的堅決反對，仍緊急運作停火案，使新西蘭於 1 月 28 日向安理會以書面形式提出此案。

在美國建議臺灣當局撤退大陳時，並曾有連同馬祖一併撤退的建議。杜勒斯指出馬祖「亦無防守之必要」，遲早必將為中共奪取，「莫若與大陳在美海空軍掩護下同時撤退」。〔註9〕其實，早在美國策劃停火案之初，就有失去「外島」的心理準備。當時他們認為臺灣當局丟失「外島」是早晚的事，就算停火案提出後，聯合國會建議將「外島」歸還中華人民共和國，美國在此情況下退出，也比「夾著尾巴逃走」要好。〔註10〕

〔註6〕杜勒斯電蔣介石（1954 年 10 月 14 日），「外交——國際情勢與中國安危」，「蔣經國總統文物」，「國史館」藏，典藏號：005-010205-00035-009。

〔註7〕Memorandum of Conversation, by the Deputy Director of the Office of United Nations Political and Security Affair (Bond), Oct.10, 1954, *FRUS, 1952～1954, China and Japan (in two parts)*, Vol.XIV, Part 1, Washington, D.C.: U.S. Government Printing Office, 1985, p.728.

〔註8〕蔣介石與饒伯森會談紀錄（1954 年 10 月 13 日），「外交——蔣中正接見美方代表談話紀錄（十）」，「蔣經國總統文物」，「國史館」藏，典藏號：005-010205-00072-002、005-010205-00072-003、005-010205-00072-004。

〔註9〕1955 年 1 月 19 日，葉公超致總統府電三，「金門馬祖外島防禦問題」，「外交部」，館藏號 11-10-08-01-016，影像編號 11-LAW-01020，中研院近史所檔案館藏。

〔註10〕Memorandum of Discussion at the 215th Meeting of the National Security Council, Sept.24, 1954, *FRUS, 1952～1954, China and Japan (in two parts)*, Vol.XIV, Part 1, Washington, D.C.: U.S. Government Printing Office, 1985, p.660.

至此，美國此前遮遮掩掩的意圖已無法遮蓋。讓臺灣當局保有「外島」其實不過是美國游說臺灣的一個說法，充其量可說是美方一個附帶的願望，當其無法借停火案實現時，放棄「外島」是為更現實的選擇。臺灣當局已接受放棄大陳建議，而停火案仍要提出；建議撤退大陳時，美國又有撤退馬祖建議一併提出，足可證實美國並非如同與臺灣方面交涉時美方所辯解的那般「清白」。美國策劃停火案，與其說是讓臺灣當局保住「外島」，不如說是為美國在遠東的根本利益：兩岸「熄火」，維持「海峽分治」、「兩個中國」，使美國不受干擾地享有臺澎的戰略價值。實際上，在 1 月 19 日的記者招待會上，當記者問到將臺灣與中國大陸「分成獨立國家」，總統有何評論時，艾森豪威爾已毫不掩飾地承認美國在不斷地研究其可能性。〔註 11〕此前，美國官方對「兩個中國」的主張尚且遮遮掩掩，此後不久便成為公開的討論和行動。

二、遭遇困境與放下包袱

在 1955 年 3 月之前，美國雖曾有關於如何保證臺灣「獨立」的種種議論和設想，但總有一「包袱」放不下，那就是「外島」。美國認為「外島」並不是防守臺澎所必需的，它們本身不具有重要的戰略價值，但卻因關係到臺灣軍民心理和美國在亞洲的威望，又不能輕易放手。因而，美國雖未將「外島」列入第七艦隊巡邏範圍，又不明言其不在協防範圍，想讓中華人民共和國不明所以，不敢有所行動。但後來中國人民解放軍沒有被美國的震懾嚇住，而是大張旗鼓地表明要解放臺灣，並炮擊金門、拿下一江山島。1955 年 1 月，迫於緊張局勢，美國不得不做出勸說臺灣當局放棄大陳的決定，並於 2 月協助臺灣方面完成大陳撤退。大陳撤退後，美國認為中華人民共和國不會就此止住，短暫的平靜只是更大的戰爭來臨前的序幕。然而，一度美國並不想讓蔣介石一而再再而三地撤退。於是，美國一面試圖再啟停火之議，一面對中共進行核武震懾。而兩種嘗試的結果只是帶來與盟國關係的緊張和美國內部的恐慌。在焦灼局勢下，美國不忍放棄的「外島」成為令其焦頭爛額的包袱。

再提停火案的嘗試

英國在停火案問題上雖曾與美採取過一致行動，但實際上在「外島」問題上，英美態度並不完全一致。美國希望「外島」「熄火」，並望「外島」仍在臺

〔註 11〕The President's News Conference of Jan.19, 1955, *Public Papers of the President of the United States*, U.S. Government Printing Office, 1960, p190.

灣當局手中；而英國希望停火，希望美國不要介入「外島」戰事，最好能接受中共攻佔金門的事實，或是通過協商將金門和平轉移給中共，以此換取臺海和平。停火案交涉中，美國僅在「外島熄火」一點上與英國謀得一致，以簡單化的提案方式淡化了與英國目的上的差異性，使議案得以提出。但在中華人民共和國拒絕參加聯合國有關停火案的討論並拒絕接受任何沒有中國代表參與討論的決議之後，英美之間被暫時壓下的分歧重新冒出檯面，並越發難以調和。

停火案因當事一方拒絕出席討論而陷入僵局，杜勒斯不願就此作罷，仍欲再度敦促將提案交議。但英國副首相艾登不想再有繼續的推動，只想簡單了事。面對杜勒斯的催促和警告，艾登表示，中共與蘇聯可能正希望看到美國為「外島」而戰，以分化美國與其盟國，並在公共輿論上將美國限於不義，建議在探明中共真實意圖之前，暫緩提出停火案。〔註12〕2、3 月間，杜勒斯赴東南亞考察，感受到危機，認為臺海地區暫時平靜，是因為中共正積極備戰。回美後，杜勒斯又為停火案之事聯絡英、新，態度也更堅決。指出自己感覺到更為嚴重的、很可能牽連美國的戰爭或許即將發生，儘管蔣介石強烈反對停火案，但美國仍需繼續推動。〔註13〕艾登並未接受美國提議，反問若蘇聯否決停火案，怎麼辦？若中共無視停火決議，美國是不是會要求聯合國譴責中共「侵略」？既然英國認為「外島」是中華人民共和國領土，勢必無法投贊成票，豈不是要與美國公開決裂？況且，停火案的提出勢必會中止現有的英國與蘇聯協商的管道，屆時對中共的約束力而言豈不是又少了一層？〔註14〕

為調和與英國的意見分歧，杜勒斯請法律顧問費立傑（Herman Phleger）重擬提案，並請英國方面建議一種可接受的說法。3 月 28 日，在國務院內部會議上，費立傑提出美國需要考慮兩種可能：1. 若中共同意不進攻臺灣，美國就要將金門、馬祖送給中共，以便在日後防禦臺灣時使美國置於有利的道義上的地位；2. 若中共拒絕同意任何關於臺灣安全的承諾（這種情況很可能會發生），美國就得不得不去協防「外島」。杜勒斯認同了費立傑，認為中共

〔註12〕Telegram From the Secretary of State to the Department of State, Feb. 25, 1955, *FRUS, 1955～1957, China*, Vol. II, Washington, D.C.: U.S. Government Printing Office, 1986, pp.308～309.

〔註13〕Memorandum of a Conversation, Department of State, Washington, March 9, 1955, *FRUS, 1955～1957, China*, Vol. II, Washington, D.C.: U.S. Government Printing Office, 1986, p.340.

〔註14〕Tel.1034、1035, Eden to Makins, March 12, 1955, FO371／115042, PRO.

很可能不會同意放棄以武力解放臺灣，故而提案的結果，或許就會造成美國必須以武力防禦「外島」。此語引發關於是否應該武力協防「外島」的激烈爭論，並得出唯有核武才能確保「外島」的共識。杜勒斯強調總統本人被整個局勢困擾，希望能有任何可以帶來和平而成功結局的嘗試。因此這一提案雖好，卻需謹慎提出。〔註 15〕新停火案只得束之高閣。

核武震懾的嘗試

此時，美國並未考慮其他國家的建議，去壓迫臺灣當局從所有「外島」撤離。相反，美國認為撤退的事只能做一次，否則臺灣方面可能因信心喪失連臺澎也難以保全。因而，美國僅曾在 1955 年 1 月做出撤離馬祖的建議，且並未向臺灣施加壓力，讓其自行決定。除此，美國並未要求臺灣當局放棄全部「外島」。不但如此，在臺灣方面拒絕撤離馬祖後，美方還有同時發表協防金馬與撤離大陳的聲明以挽回士氣民心的表示。〔註 16〕大陳撤退前後，美國擔心中國人民解放軍進攻「外島」的行動只是進攻臺澎的第一個階段，擔心臺灣方面承受不了壓力與打擊，對中華人民共和國的態度頗為強硬。1955 年 1 月 24 日，艾森豪威爾向國會致函，稱「福摩薩海峽的局勢發展嚴重威脅到和平」與美國的安全，在聯合國採取行動保障該地區和平與安全之前，請求國會授權總統在必要時動用武裝部隊，「確保福摩薩和澎湖列島的安全」。〔註 17〕

大陳撤退後杜勒斯赴遠東觀察局勢，最後一站是臺灣。此次考察最令杜勒斯關注和擔憂的也是臺灣。3 月 6 日，在向艾森豪威爾彙報亞洲之行情況時，杜勒斯提出不能坐視「外島」的國民黨軍隊被共產黨摧毀，那樣會對臺灣及亞洲其他地區造成不良反應，並建議應協防之需使用核導彈。這一提議得到艾森豪威爾的認同。〔註 18〕兩天後，杜氏在廣播演說中，宣稱美國並非

〔註 15〕Memorandum of a Conversation, Department of State, Washington, March 28, 1955, *FRUS, 1955～1957, China*, Vol. II, Washington, D.C.: U.S. Government Printing Office, 1986, pp.409～415.

〔註 16〕葉公超、顧維鈞電蔣介石（1955 年 1 月 23 日），「對美關係（一）」，「蔣中正總統文物」，「國史館」藏，典藏號：002-090103-00002-269。

〔註 17〕《美國防禦福摩薩的政策——總統致國會》（1955 年 1 月 24 日），陶文釗主編《美國對華政策文件集（1949～1972）》第 2 卷（上），世界知識出版社，2004，第 429～432 頁。

〔註 18〕Memorandum of a Conversation Between the President and the Secretary of State, Washington, March 6, 1955, *FRUS, 1955～1957, China*, Vol. II, Washington, D.C.: U.S. Government Printing Office, 1986, pp.336～337.

共產黨所宣傳的「紙老虎」，美利堅準備堅持立場，並在必要時以美國「所擁有的更大的力量來對付敵對力量」。〔註19〕10日，杜勒斯在國家安全會議上介紹遠東觀感，極力強調臺海局勢之緊張，認為該地區問題「十分嚴重且緊急」，中國人民解放軍對臺灣勢在必得。為解決這一問題，美國也許將不得不在該地區打一仗。目前應採取緊急措施，創造輿論環境，使美國在必要時為防守臺灣使用核武器。但在倫敦－巴黎協定批准前，應暫時避免與中共發生軍事衝突。〔註20〕倫敦－巴黎協定的批准還需大約40至60天，杜勒斯認為若在此期間使用核武器會對條約造成不良影響，因此要先儘量控制局勢，做輿論準備。艾森豪威爾贊同「美國應嘗試所有可行方案來幫助國民黨保護自己」。如果美國必須干涉，應儘量通過常規武器，但也不排除使用核武器作為最後的選擇，且須事先向盟友提出建議。〔註21〕

　　美國對中國的核威脅雖在此前也曾經某些官員或將領之口偶有流露或暗示，但並不像現在這樣在高層間頻繁地討論著。杜勒斯的亞洲之行及其對局勢的判斷，使包括艾森豪威爾在內的決策者都接受了不得已時會對中共使用核武器的可能性。但是如何做好輿論準備、消除民眾的恐慌心理，這是個不容易解決的問題。3月25日，海軍作戰部長卡尼向新聞界透露中共會在4月15日攻打馬祖，一個月後進攻金門。這本是軍方某部門的預測，卡尼透露後，媒體將其解讀為整個政府的看法。一時各種新聞媒體對可能爆發的核戰議論紛紛，引起美國民眾恐戰風潮。艾森豪威爾得知消息來自卡尼後，頗為生氣，馬上會見參謀長聯席會議主席雷德福等人，要其阻止卡尼的不當言論。〔註22〕

　　面對核戰可能性引起的普遍恐慌，杜勒斯試圖製造輿論使民眾接受美國

〔註19〕〔美〕杜勒斯（J. F.）著《杜勒斯言論選輯》，世界知識出版社，1959，第172～175頁。

〔註20〕Memorandum of Discussion at the 240th Meeting of the National Security Council, Washington, March 10, 1955, *FRUS, 1955～1957, China*, Vol. II, Washington, D.C.: U.S. Government Printing Office, 1986, pp.346～347.倫敦－巴黎協定是美國為建立西歐聯盟，並使德意志聯邦共和國加入北大西洋公約組織而簽訂。簽署時間是1954年10月23日，但尚未批准。

〔註21〕Memorandum for the Record, by the President's Special Assistant (Cutler), Washington, March 11, 1955, *FRUS, 1955～1957, China*, Vol. II, Washington, D.C.: U.S. Government Printing Office, 1986, pp.358～359.

〔註22〕Editorial Note, *FRUS, 1955～1957, China*, Vol. II, Washington, D.C.: U.S. Government Printing Office, 1986, pp.408～409.

對中國使用核武的想法變得更為遙遠。「外島」問題似已成為一個無法獲致圓滿結局的無解難題。艾森豪威爾希望擺脫「外島」局勢困擾，在遭遇困境情況下，杜勒斯與艾森豪威爾開始試著放下包袱。

前哨而非要塞

1955 年 4 月 1 日，艾森豪威爾與正副國務卿、財政部長、正副國防部長、參謀長聯席會議主席等人在白宮就金馬問題進行了討論。與會者認為，考慮到道義與士氣問題，立即撤回對金門、馬祖兩島的國民黨軍隊潛在的支持，會造成他們的潰敗或瓦解，並對東亞、東南亞帶來嚴重影響。另一方面，為守衛金馬而使美國與中共全面作戰又會有諸多不利，如「外島」軍事位置不利，會失去多數甚至全部盟友的支持，國內輿論會分裂，對經濟也有嚴重的不利影響。故而，最好的辦法是勸蔣介石主動從金馬撤退，使其專注於臺灣，等待大陸內部發展，並保持對中共政權軍事及心理上的持續威脅。〔註23〕

4 月 4 日，杜勒斯與艾森豪威爾談話，承認有關停火的「個別努力」失敗了，同意找到某個蔣介石信任的人，勸說蔣，使其明白沿海島嶼「是前哨，而不是要塞」。〔註24〕4 月 5 日，艾森豪威爾致杜勒斯備忘錄，承認過去幾年，特別是 1950 年 6 月之後，各種戰事、談判、聲明和軍事諒解都使國民黨有理由猜想，美國可能會參加金馬的積極防禦行動。艾森豪威爾認為，由於過去對「外島」政策的不明確，帶給美國某種被動。在目前形勢下，美國不得不做出抉擇：在不放棄沿海島嶼的同時，聲明無論蔣或美國都無義務完全防守金馬，因此無論將來是否能防守得住，自由世界在該地區的地位都不會坍塌。〔註25〕在當日的新聞發布會上，杜勒斯明確指出：「除了福摩薩和澎湖的防禦，美國不負有其他任何類型、種類或描述——無論明示或暗示——的義務。」〔註26〕

〔註23〕Memorandum From the Under Secretary of State (Hoover) to the Secretary of State, Washington, April 1, 1955, *FRUS, 1955～1957, China*, Vol. II, Washington, D.C.: U.S. Government Printing Office, 1986, pp.439～441.

〔註24〕Memorandum of a Conversation Between the President and the Secretary of State, Washington, April 4, 1955, *FRUS, 1955～1957, China*, Vol. II, Washington, D.C.: U.S. Government Printing Office, 1986, pp.444～445.

〔註25〕Memorandum From the President to the Secretary of State, Washington, April 4, 1955, *FRUS, 1955～1957, China*, Vol. II, Washington, D.C.: U.S. Government Printing Office, 1986, pp.445～450.

〔註26〕Editorial Note, *FRUS, 1955～1957, China*, Vol. II, Washington, D.C.: U.S. Government Printing Office, 1986, p.450.

　　4月初，美國最高權力核心做出放下包袱的決定，一個關鍵因素是明確對沿海島嶼的定位。正如艾森豪威爾所說，此前，美國對沿海島嶼態度模糊，並在若干談判、行動和聲明中給人以美國可能會協防「外島」的感覺。〔註27〕雖然相關官員將其解釋為美國想要迷惑中共的「戰略」，〔註28〕但其實是美國自身難以決斷。在美方的考慮中，「外島」本身的意義本不足以使人糾結——若論軍事價值，沿海島嶼可擋住廈門及福州港出口，有助於防禦臺灣澎湖，但這一作用也可通過增加艦隻封鎖港口來代替。然而，最讓美國游移不定的是，「外島」在某種意義上近於一種象徵——士氣民心的象徵。若「外島」不保，臺灣官兵將士氣低落、民眾將心意消沉，離開當地民眾與地面部隊的有效支持，臺澎亦將面臨危險。這一連串的可能令美國決策者在較長時間內無法冒著失去臺澎的風險來做出決斷。

　　但在此時，美國國務院和總統意識到，必須要警惕奠邊府〔註29〕的教訓，避免將僅具有過渡意義的前哨，變成象徵，以致該地區的意義被無限放大。一旦該地陷落，其他地區也隨之傾覆。金門、馬祖若非通過美國對中共的全面戰爭勢難確保，這一點是美國軍方和行政部門已普遍認同的；美國為「外島」發動全面戰爭，不可能獲得國會、民眾、輿論以及盟友的任何支持，這一點也是國務院和艾森豪威爾早已確信的。既然沿海島嶼無法在不導致巨大損失的情況下確保，就不能使其因成為象徵而具有與自身不相稱的價值。因此，國務院在1955年4月8日擬出官方聲明草案，強調「沿海島嶼應被視為前哨

〔註27〕1955 年 1 月至 4 月，不但艾森豪威爾、杜勒斯等人在各種場合有明示或暗示，而且在軍方的作戰計劃中也有體現。3 月第七艦隊司令蒲賴德（Alfred M. Pride）與代參謀長彭孟緝協商聯合作戰計劃時，以臺澎金馬為戰區，由此，蔣介石認為金、馬在聯防範圍應無問題。（《蔣介石日記》手稿，1955 年 3 月 12 日上星期反省錄）。

〔註28〕蔣介石與饒伯森談話紀錄（1954 年 10 月 13 日），「外交——蔣中正接見美方代表談話紀錄（十）」，「蔣經國總統文物」，「國史館」藏，典藏號：005-010205-00072-002。

〔註29〕1954 年 3 月，在第一次印度支那戰爭中，奠邊府的法軍開始受到攻擊，法國向美國求救。5 月，在美國內部仍在為是否出兵問題爭論不休時，法國在奠邊府戰役中敗北。該役造成法國民眾的厭戰情緒，對結束法國殖民統治起到了決定性作用。在隨後的日內瓦談判中，法國承認印度支那殖民地國家獨立，承諾退出越南。同意暫以北緯 17 度為界，北越歸越共政府管理，法軍退到南越維護其扶植的保大皇帝政權。隨後法國把南越交由美國統治，1955 年美越之間開始了長達 20 年的戰爭。

加以駐守」，並根據如何有利的原則決定退或守。〔註30〕

9日，國務院政策設計室主任鮑伊（Robert R. Bowie）致杜勒斯備忘錄，再次明確：若美國和國民黨不對沿海島嶼防守問題作出承諾，雙方在政治和軍事上都會更為有利。避免美國和國民黨的威望捲入其中的解決辦法就是通過勸說蔣把這些島嶼作為可放棄的前哨基地。在備忘錄中，鮑伊更是明白指出，「對蔣來說，沿海島嶼之所以重要，不是基於防守臺灣的考慮，也不是為展示國民黨軍力，而是因為它們最可能使美國和中共陷入敵對衝突，而這可為他提供反攻的機會。」〔註31〕雖然這一看法有某種極端之處，未必能為美國官方完全認同，但畢竟反映出美方要人此時出現的一大顧慮。避免因蔣介石反攻大陸而將美國捲入戰爭泥淖，是美國一直以來的一個政策底線，鮑伊等人對蔣這一意圖的察覺，是促使美國迅速採取行動從「外島」脫身、放下包袱的一個重要動機。

三、對臺游說和朝野熱議

在明確將金馬等「外島」限於「前哨」作用、隨時根據情況決定棄守的同時，美國政府最為關切的問題是，如何在避免給人以壓迫印象的情況下，使蔣介石接受美國對「外島」的定位。事實上，在1月份美國向臺灣方面建議撤退大陳後，為使蔣介石等人不致過於消沉，杜勒斯與艾森豪威爾均曾有協防金馬的表示。雖然很快美方就明確表示，不能公開做此聲明，並對協防金馬的表示進行了修正，說如果美國認為情況有變，可以隨時收回承諾。〔註32〕但那些協防金馬的承諾或表示畢竟曾出自總統與國務卿之口，時隔僅兩個多月美國就要收回承諾，著實令美國當局頭疼。

〔註30〕Draft Policy Statement Prepared in the Department of State, April 8, 1955, *FRUS, 1955～1957, China*, Vol. II, Washington, D.C.: U.S. Government Printing Office, 1986, p.461.

〔註31〕Memorandum From the Director of the Policy Planning Staff (Bowie) to the Secretary of State, Washington, April 9, 1955, *FRUS, 1955～1957, China*, Vol. II, Washington, D.C.: U.S. Government Printing Office, 1986, p.473.

〔註32〕Message From the Assistant Secretary of State for Far Eastern Affairs (Robertson) to the Secretary of State, April 25, 1955, *FRUS, 1955～1957, China*, Vol. II, Washington, D.C.: U.S. Government Printing Office, 1986, pp.510～517. 據蔣介石日記，1955年1月21日，葉公超告知美方表示願意協防金門，未提馬祖。但蔣介石認為若攻金門，沒有不涉及馬祖者，故不需爭辯。（《蔣介石日記》手稿，1955年1月21日、22日）。根據上述 *FRUS* 文件，杜、艾曾表示願協防金馬，不知是大致而言，還是在不同場合有不同表示。

　　為使蔣介石自願接受美國意見，艾森豪威爾與杜勒斯準備挑選一個深受蔣信任的美國人去完成說服使命。在 1955 年 4 月 1 日討論「外島」問題的會上，艾森豪威爾建議請魏德邁將軍或是什麼人嘗試說服蔣介石接受美國的主張。4 月 6 日，杜勒斯與素來親蔣反共的眾議員周以德聯繫，周以德認同美國政府準備與蔣交涉的意見，願意與魏德邁赴臺一行。此外，當初負責使蔣介石接受停火建議的助理國務卿饒伯森也是人選之一。不知是魏德邁自身的原因，還是美政府考慮到魏已退休，不能充分瞭解到政府的全部意圖和考量，後來主要是在周以德與饒伯森之間做選擇。最終，饒伯森被選中，雷德福被指派協助。〔註 33〕

　　說服蔣介石主動為美國解套，這一任務的確不輕鬆。幾個月前美國勸臺灣當局放棄大陳，雖然不易，但畢竟那是第一個被放棄的島嶼，且已經過苦戰，有臺美共同防禦條約作「誘餌」，又有有意協防其他「外島」的表示作「安慰」，亦可算是簡單明瞭。而這次是冒著出爾反爾之嫌去引導臺灣當局主動調整對「外島」的定位，並且要避免壓迫印象，避免將美國牽入任何責任。故而此次游說，美國顧慮多，缺乏決斷，甚至要達成的目標也並不十分清晰。事實上，在派出說客之前，連美國最高當局對說服任務的描述都有點拿捏不准，〔註 34〕並為此頗費了一番思量。4 月 21 日，艾森豪威爾與副國務卿胡佛討論給饒伯森和雷德福的指示時，口授了一則指示，胡佛認為這則口授指示與給兩位說客的指示本身就有許多不一致之處，會讓他們無法執行。因而，復經胡佛、國防部副部長安德森（Robert Bernard Anderson）重擬與艾森豪威爾等多人的修訂，最終形成第二份草案。22 日，胡佛給饒伯森、雷德福致電，向他們強調最終明確的任務內容，對其中的某些事項做進一步說明。胡佛指出，兩位說客的使命是尋求臺美都能接受的解決「外島」問題的途徑，雙方應達成諒解，以免外界認為臺美關係有失牢靠。應向蔣介石申明使美國獲得輿論支持對於雙方都是必要的，故要避免僅為沿海島嶼而使美國陷入衝突。胡佛強調，「任何情況下，都應創造可能進一步溝通和協商的氣氛，絕不能讓人覺

〔註 33〕Editorial Note, *FRUS, 1955～1957, China*, Vol. II, Washington, D.C.: U.S. Government Printing Office, 1986, pp.476～477.

〔註 34〕艾森豪本人也表示，「考慮的問題過於複雜，無法用書面表達」。Memorandum of a Conversation with the President, Washington, April 22, 1955, *FRUS, 1955～1957, China*, Vol. II, Washington, D.C.: U.S. Government Printing Office, 1986, p.503.

得是迫使大元帥（蔣介石）接受他不能接受的方針」。〔註 35〕

　　為使蔣介石接受美國的提議，艾森豪威爾考慮給臺灣方面一些好處作為補償。那就是，在蔣介石主動撤離沿海島嶼或是將其作為前哨防守而失守之後，美國將幫臺灣當局控制臺灣與大陸間的海域。為此，22 日，艾森豪威爾召集軍方要人討論此事的可行性。為迴避更多的國際意義，眾人認為應避免使用「封鎖」（blockade）一詞，而是以「海上區域」（maritime zone）這一靈活的說法。而再此之前，美國軍方通過鋪調雷區、派駐海面艦隻、空中支持等手段來建立和維持這一控制區。〔註 36〕

　　4 月 25 日，饒伯森、雷德福等人與蔣介石、葉公超等人進行了為時約 5 小時的會談。為釋放善意，饒伯森開場首先澄清美國不會支持臺灣中立的計劃，不會承認中華人民共和國，並將繼續阻止聯合國予以承認。饒伯森闡明了美國政府的意見和建議，請蔣介石自己做出選擇。指出，如果臺灣當局選擇撤出金門、馬祖，美國會提供掩護，同時艾森豪威爾會公開宣布：除非中國大陸宣布「放棄武力奪取臺灣」，否則，「作為自身防禦的措施，美國將與國民黨聯合，沿中國海岸線建立並維持南起汕頭、北到溫州的海上阻斷，以控制所有禁運品與戰爭物資」。當被直接問到美國是否已改變協防金馬的主意時，雷德福承認艾森豪威爾已改變 1 月 31 日發表咨文時有意參與「外島」協防的主意。他解釋到，若美國要幫助國民黨守住金馬，就要打第一槍，並須使用核武器，如此勢必影響世人對美國的看法。如果爆發大規模戰爭，美國需要考慮盟國意見，以保留對抗蘇聯的實力。〔註 37〕

　　在艾、杜放下包袱的同時，美國朝野也逐漸形成熱議「劃峽而治」、「兩個中國」的大環境。

　　美國人民民主行動會是 1947 年成立的規模不大卻擁有眾多知識精英與

〔註 35〕Message From the Acting Secretary of State to the Assistant Secretary of State for Far Eastern Affairs (Robertson) and the Chairman of the Joint Chiefs of Staff (Radford), at Taipei, April 22, 1955, *FRUS, 1955～1957, China*, Vol. II, Washington, D.C.: U.S. Government Printing Office, 1986, pp.501～502.

〔註 36〕Memorandum of a Conversation with the President, Washington, April 22, 1955, *FRUS, 1955～1957, China*, Vol. II, Washington, D.C.: U.S. Government Printing Office, 1986, p.503.

〔註 37〕Message From the Assistant Secretary of State for Far Eastern Affairs (Robertson) to the Secretary of State, April 25, 1955, *FRUS, 1955～1957, China*, Vol. II, Washington, D.C.: U.S. Government Printing Office, 1986, pp.510～517.

政界領袖的組織，在倡導不以武力防衛金馬方面甚為活躍。1955 年 3 月 21 日，該會第七屆年會要求召開聯合國大會的特別會議，商討整個「臺澎防務及地位與終止金馬戰事」問題。該會認為金門、馬祖「在法律上是中國的一部分，與大陸不能分離，對臺灣的防衛並非必要」，它們可能導致美國在不獲輿論支持和盟友協助的情況下被迫作戰，因而，美國應該放棄這些沿海島嶼，不作武力協防的承諾。並贊成在「事實證明中共尊重國際義務及維持和平國際關係的意圖後」，使中共代表進入聯合國。4 月 19 日，該會又公開發表包括羅斯福夫人在內的 47 名知名人士簽署的致白宮的一封電文，要求艾森豪威爾總統明確宣布美國不為金馬的防務而戰，並「使用閣下一切力量阻止美國捲入保有金馬的戰爭」。〔註 38〕

3、4 月間，《紐約時報》等媒體紛紛刊載建議蔣介石撤退金馬的文章，國會民主黨議員茅斯（Wayne L. Morse）等不斷發聲，反對美國協防「外島」、主張迫蔣退出金馬。〔註 39〕

4 月 24 日，在萬隆舉行的亞非會議閉幕式上，周恩來向美國釋放出談判解決臺灣問題的訊息，指出「臺灣地區緊張形勢的和緩和消除，應該由中國和美國坐下來談判解決，但不能絲毫影響中國人民行使自己主權——解放臺灣的正義要求」。〔註 40〕杜勒斯向艾森豪威爾建議，對此應有所回應。〔註 41〕4 月 26 日，在記者招待會上，杜勒斯指出美國打算弄清楚中共提出談判和平解決臺灣問題建議的誠意。〔註 42〕經幾個月的試探和接觸，8 月 1 日，中美大使級會談召開第一次會議。在中美減少敵意、開始為和平而談判的情況下，「兩個中國」論調更加高漲。

10 月 7 日，美國《新領袖》週刊刊載了兩篇評論「兩個中國」問題的文章。一篇稱「臺灣地位的重要性，不只是我們在西太平洋的一個重要防禦

〔註 38〕中央社參考消息央秘參（53）第 1606 號，「兩個中國問題」，「外交部」，館藏號 11-07-02-04-164，影像編號 11-NAA-01191，中研院近史所檔案館藏。

〔註 39〕《蔣介石日記》手稿，1955 年 3 月 19 日，4 月 13 日。

〔註 40〕《亞非會議勝利閉幕　周恩來總理在閉幕會議上發言》，《人民日報》1955 年 4 月 25 日，第 1 版。

〔註 41〕Memorandum of a Conversation Between the President and the Secretary of State, Washington, April 25, 1955, *FRUS, 1955〜1957, China*, Vol. II, Washington, D.C.: U.S. Government Printing Office, 1986, p.517.

〔註 42〕《杜勒斯在記者招待會上的聲明》，陶文釗主編《美國對華政策文件集（1949〜1972）》第 2 卷（上），世界知識出版社，2004，第 506〜507 頁。

連鎖，這是一千三百萬華僑心理歸向的中心」，臺灣不可被放棄或由聯合國託管。而另一篇則稱「聯合國的會員席次應給予一切有效的主權國家，不問其為民主，共產或法西斯」，應停止對中華人民共和國進入聯合國的阻止，使其放棄「解放臺灣」，實現自 1949 年 10 月起已經在事實上存在的「兩個中國」的和平。〔註43〕

1950 年艾森豪威爾移任哥倫比亞大學校長時曾設立商學研究院，其言論與出版品對美國輿情具有相當影響。1956 年 11 月 15～18 日，該院舉行以「美國與遠東」為討論主題的美國大會，將北美政治家、商業官員及其他領袖彙集在一起討論可行對策。會前編印美國與遠東討論專集一冊，其中關於「美國與中共」一章由巴奈特（Arthur Doak Barnett）主稿，「美國與臺灣」一章由艾倫・懷廷（Allen Whitting）主稿。兩稿均有分裂中國傾向，甚或主張在臺灣舉行公民投票，決定其將來地位。〔註44〕會議對臺灣問題有詳盡討論，但避免在報告中有過多的涉及。中國大陸是否將取代臺灣當局在聯合國的席次，或是否能在聯合國裏面安排「兩個中國」的席位，是其中一個討論的焦點。〔註45〕會議得出結論：反對中共進入聯合國，「但認為美應接受大多數會員國之決定」；美國承認中華人民共和國此非其時，「但美國應視其本身利益隨時對此問題予以探討」。〔註46〕

1957 年美國決策層和政論家有更多的人公開主張「兩個中國」，而對中共的敵視特別是對貿易封鎖和禁運的問題已難以引起普遍關注。是年，英國決定放寬對中共的戰略禁運，美國國會在復活節後復會時的會議中，諾蘭曾發言抨擊英國的這項決定，但並沒有得到熱烈的呼應，相反，只有「少數零落溫和的抗議」。〔註47〕

5 月 24 日，臺北發生了因對雷諾審判不公而致群情激憤的反美事件。這一

〔註43〕中央社參考消息央秘參（44）第 1677 號，「兩個中國問題」，「外交部」，館藏號 11-07-02-04-164，影像編號 11-NAA-01191，中研院近史所檔案館藏。

〔註44〕1956 年 11 月 6 日，董顯光致電「外交部」，「兩個中國問題」，「外交部」，館藏號 11-07-02-04-164，影像編號 11-NAA-01191，中研院近史所檔案館藏。

〔註45〕中央社參考消息央秘參（45）第 1088 號，「兩個中國問題」，「外交部」，館藏號 11-07-02-04-164，影像編號 11-NAA-01191，中研院近史所檔案館藏。

〔註46〕1956 年 11 月 19 日，董顯光致電「外交部」，「兩個中國問題」，「外交部」，館藏號 11-07-02-04-164，影像編號 11-NAA-01191，中研院近史所檔案館藏。

〔註47〕中央社參考消息央秘參（46）第 0986 號，「兩個中國問題」，「外交部」，館藏號 11-07-02-04-164，影像編號 11-NAA-01191，中研院近史所檔案館藏。

群眾性反美事件是國民黨退臺後臺美關係中的第一次，影響頗大。經媒體披露和情報部門調查，這一事件似有種種疑點，輿論認為它並非臺灣當局所聲稱和辯解的那樣，是一單純的偶發事件，不少人懷疑太子蔣經國在事件中脫不了干係。反美事件的一個後果是促使有關「兩個中國」的議論被再度掀起。那些一向反對承認北平政權、反對中共代表進入聯合國的人——諾蘭集團——因為需要為臺北的群眾事件解釋和辯護，而突然處於守勢地位。連傾向保守的媒體都認為美國已減少了對北平的敵意。6月15日《民族評論》週刊指出：

> 國務院的許多官員現在都如此相信。因此，已有人鄭重地討論到加速華府與北平之間關係正常化的問題。說得具體一點，美國政府已在考慮讓中共進入聯合國的問題在今年秋天聯大中提出表決而不必待至一九五八年的可能性。美國政府的算盤，是聯合國接受中共的代表資格，其交換條件則是毛澤東的諒解，尊重臺灣的獨立——美國希望維持臺灣為一個軍事基地。〔註48〕

6月16日，參院外交委員、民主黨人傅爾布萊特（William Fulbright）在電視訪談節目中主張與中共談判，並建議美國承認北平政權，以換取中共保證「臺灣獨立」之類的讓步。當時美國參議院由民主黨人掌控，而傅爾布萊特是僅次於外委會主席——89歲的葛林（Theodore F.Green）的二號人物。而葛林也在2月18日的廣播訪問中有美國遲早應該承認中共的表示。6月17日的《新聞週刊》報導說：「若干國會議員私下表示，他們相信美國在外交上承認中共並同意允許其進入聯合國，而將『獨立的』臺灣置於聯合國託管之下——實際上，兩個中國——的情形，已為時不遠。」〔註49〕

與政界保持著密切關係的知名評論家李普曼（Walter Lippmann）是主張「兩個中國」最力者之一。他主張使臺灣成為獨立的中立國，由聯合國保護，作為允許中共進入聯合國談判條件的一部分。他甚至廣為傳說，艾森豪威爾總統本人也相信他的「兩個中國」主張是正確的，只是為「與國會和平相處」，才要避免檢討對華政策。〔註50〕

〔註48〕中央社參考消息央秘參（46）第0986號，「兩個中國問題」，「外交部」，館藏號11-07-02-04-164，影像編號11-NAA-01191，中研院近史所檔案館藏。

〔註49〕中央社參考消息央秘參（46）第0986號，「兩個中國問題」，「外交部」，館藏號11-07-02-04-164，影像編號11-NAA-01191，中研院近史所檔案館藏。

〔註50〕中央社參考消息央秘參（46）第0986號，「兩個中國問題」，「外交部」，館藏號11-07-02-04-164，影像編號11-NAA-01191，中研院近史所檔案館藏。

1958 年 8 月 9 日，美國國務院發表備忘錄，重申「一向所持取的一個中國政策論點」。但這一備忘錄並不表明美國放棄了 1956 年 11 月美國大會結論所述「彈性」政策的主張。事實上，1950 年代中後期，美國已經形成了這樣的政策傾向：不承認中華人民共和國，拒絕其代表進入聯合國，但不排除根據自身利益和多數盟國意見重新探討這一問題的可能性。果然，在發表備忘錄後不久，儘管第二次臺海危機已經發生，杜勒斯在記者招待會中再次提到美國對華政策的「彈性」問題。〔註 51〕

四、臺灣方面的抵制與堅守

表面上看，「外島」面積小，防守成本高，戰略價值有限，但對蔣介石等人來說，沿海島嶼已成為有象徵意義的標誌性地區。「外島」是蔣介石延續「法統」口號的招牌，它們的存在使臺灣當局得以維持「福建省」與「浙江省」的建制。更重要的是，在蔣看來，固守「外島」就能固守臺灣士氣民心。丟失大陸後，國民黨官兵及臺灣民眾的心理與鬥志確是一個極需警惕的問題。在退臺後的數年中，「反攻復國」是蔣介石用以鼓舞人心的一面旗幟，而與大陸近在咫尺的「外島」被賦予了反攻的希望。因而臺灣當局對於尚且留在自己手中的少數「外島」，大有不惜成本以求保住之心。為此，臺灣方面不斷努力游說美國支持反攻、將「外島」納入協防範圍，至少是支持某些軍事協助需求的計劃。

離開美國的支持，「外島」的丟失只是時間問題，此時不論美國還是臺灣的權力核心都已有這樣清楚的認識。面對美國官方的游說和輿論界的熱議、各社團的活動，臺灣當局的壓力可想而知。但是，蔣介石堅持固守「外島」、抵制「兩個中國」主張的決心也是眾人皆知的。在美國派人赴臺游說之前，雷德福就對艾森豪威爾表示自己很是懷疑游說是否有用。〔註 52〕

在 1954 年 10 月，美國為新西蘭停火案之事與臺灣當局接觸時，蔣介石就敏感地意識到，若紐案文字以臺海兩岸並稱，將成為「兩個中國邪說之根據」，指示葉公超，如其文體不加修正，必反對此案，不能默認。〔註 53〕

1955 年 1 月 21 日，蔣介石接葉公超電文，得知美願以協防金門換取大陳之撤退建議，決定接受。並表示如美果能表示對中共之堅強，「不惜使用武

〔註 51〕中央社參考消息央秘參（47）第 1757 號，「兩個中國問題」，「外交部」，館藏號 11-07-02-04-164，影像編號 11-NAA-01191，中研院近史所檔案館藏。

〔註 52〕Editorial Note, *FRUS, 1955～1957, China*, p476.

〔註 53〕《蔣介石日記》手稿，1954 年 10 月 16 日。

力以協防我外島金馬之決心與行動」，則「此次撤退大陳不啻以退為進之最後一次退卻乎」？但沒過幾天蔣介石就得知美國不肯履行前約發表協防金馬之諾言，決定約藍欽來談，使其轉告美政府切勿失信食言。臺灣當局與美力爭、相持不下，幾逾一周，〔註54〕但最終未能改變美國想法。艾森豪威爾向其說明需要國內輿論支持這一難處，但又承諾即使不公開聲明，美國也會參加金馬的防禦行動。〔註55〕由於有了與美國的密約，2月間英國主張美國使蔣放棄金馬、實現「兩個中國」時，蔣介石尚能保持鎮定，不以為懼。〔註56〕3月3日，臺美共同防禦條約交換協定書。在正式會談中，蔣介石向杜勒斯表明「死守金馬決不停戰，與反對兩個中國在聯合國」之志，甚以能暢所欲言為快。〔註57〕但很快，蔣介石就越發感受到來自美國輿論及政界的壓力。

　　3月間，在英、印輿論及國際局勢影響下，《紐約時報》等美國媒體刊載了大量主張放棄金、馬，反對美國協防「外島」的文章。19日，《紐約時報》記者沙資伯克（Cyrus L. Sulzberger）見蔣介石，蔣指出：「協防金門與否，美國人如有主張，自不為過。但要我退出金馬……此為不道義之主張」。沙氏回國後，雖將蔣介石之言據實報導，但最後按語認為蔣為好戰之人，而對其加以攻擊。此事令蔣頗受刺激。〔註58〕

　　在輿論轉向之時，美國國會下院出現臺灣由聯合國託管、將金馬交與中共以及「兩個中國參加聯合國」等謬論。美國政府產生嘗試不以武力解決「外島」問題的新考慮，並開始忙於試探各盟友的態度。下旬，澳大利亞總理孟西斯（Robert Menzies）赴華盛頓，名為商討美澳紐相互安全協約之事，外傳則是商談解決臺灣危機新方案。23日「駐美大使」顧維鈞赴國務院面見饒伯森，探詢此事情況。饒伯森答稱，報紙所傳不足憑信，美方並無所聞，或係該方案性極機密，故澳方甚至不願告知美政府。但饒伯森也承認，會談中確曾談及臺灣海峽及「外島」之事。澳軍方意見以為金馬等島靠近大陸，如欲固守恐代價匪

〔註54〕《蔣介石日記》手稿，1955年1月21日，1月22日上星期反省錄，1月29日，2月5日上星期反省錄。

〔註55〕Message From the Assistant Secretary of State for Far Eastern Affairs (Robertson) to the Secretary of State, April 25, 1955, *FRUS, 1955～1957, China*, Vol. II, Washington, D.C.: U.S. Government Printing Office, 1986, pp.513～514.

〔註56〕《蔣介石日記》手稿，1955年2月17日，2月28日。

〔註57〕《蔣介石日記》手稿，3月5日上星期反省錄。

〔註58〕《蔣介石日記》手稿，1955年3月19日，3月23日。

輕、得不償失，但澳總理對美國立場深表同情，同意其保臺政策。〔註59〕

　　饒伯森並未向顧維鈞透露美國對臺政策的新動向，但從各方消息，蔣介石已得知美有爭取談判解決臺灣與「外島」問題之意，且已獲部分盟友的支持。除澳總理離美時對臺美灣新計劃的贊同之意外，美加間也就此達成諒解。此間，杜勒斯在加拿大演說，稱如臺灣海峽雙方不以武力為目的，則皆有其權利可用以正式解決問題。而加拿大對外事務大臣 L.B.皮爾遜（Lester Bowles Pearson）也發出「解決臺灣難局的機會，直接談判比任何其他方法都好」的聲明。蔣介石得悉，認為杜勒斯之言是「兩個中國在聯合國之卑劣政策」的體現，而 L.B.皮爾遜之聲明顯為杜勒斯訪加時所獲諒解之內容。蔣決定警告藍欽，使其轉告杜勒斯決不能如此。但他認為此時美國政府對「兩個中國」等主張至少有八成的同意，形勢不妙。雖苦於「益露事急」卻不知如何遏止。〔註60〕

　　除了向美國表示抗議，繼續勸說、交涉外，蔣介石能做的大概只有加強「外島」防務了。4月14日，蔣介石親自視察馬祖，當晚返回，而蔣經國繼續留在馬祖督導工作。此次視察對蔣介石來說，本為平常之舉，在當時美國也開始主張放棄金馬的政治環境下，卻引起國際媒體的極大關注。〔註61〕

　　對「外島」政策的改變經徵求盟友意見與高層明確後，美國政府開始有所行動，欲再次食言，收回對蔣介石秘而不宣的承諾，這次蔣的憤懣可想而知。4月20日，蔣介石得知饒伯森、雷德福要赴臺一行，「此心頓覺驚異」，推測二人此行目的是要求撤退金馬、海峽停火，以應付其美國內外之壓力。蔣感歎「其行動幼稚無主可笑亦復可憐」，打算直告其「整個大陸已為人所賣，現在僅存金馬區區之島嶼，可是此等島嶼乃為中國之靈魂。此一海峽實為中國一線之命脈，若美國不願協助保持，則美國可以自決，但不能強求我與匪敵停火立約，不可強我出賣靈魂與命脈」。〔註62〕22日，《中華日報》刊出「總統重申保衛沿海島嶼決心」一文，表明蔣介石抵制美國壓力的決心。〔註63〕

〔註59〕 「我與越棉僚三邦建交」，「外交部」，館藏號11-01-06-05-02-005，影像號11-EAP-04510，中研院近史所檔案館藏。

〔註60〕 《蔣介石日記》手稿，1955年3月25日，3月26日，26日上星期反省錄。

〔註61〕 《蔣介石日記》手稿，1955年4月14日，4月16日上星期反省錄。

〔註62〕 《蔣介石日記》手稿，1955年4月20日。

〔註63〕 《中華日報》1955年4月22日，「美國協防外島」，「外交部」，館藏號11-13-11-02-024，影像編號11-INF-00676，中研院近史所檔案館藏。

24 日，蔣介石與饒伯森、雷德福會談，二人對蔣曉以利弊，指出美國若對金馬協防，則無法獲得國內與國際的支持，且有擴大戰爭之虞。蔣介石聞之，甚為不悅，回應指出，美方要求臺灣方面撤退大陳時曾有協防金馬作為交換條件，而今美國改變態度是道義與信譽問題。在 26 日的會談中，對雷德福等人建議其與艾森豪威爾會面之語，蔣介石予以拒絕，稱在要求撤離金馬及與中共談和等問題澄清前，此種會面有害無益。〔註 64〕在蔣看來，丟失大陸後，「僅留此二島為國家一線之命脈」，而今美國竟欲使其放棄，斷難接受。而饒伯森等人不能理解，只管自說自話，實在「粗淺無恥」。〔註 65〕面對美方壓力，加上萬隆會議後美國與中華人民共和國有望開啟談判的跡象，蔣介石下定決心不為所動，扛過難關。囑咐「副總統」陳誠、「行政院長」俞鴻鈞、國民黨中央委員會秘書長張厲生等人，如在金馬問題上「堅定不撼，不為任何情勢以及全世界之重壓與遺棄不堪忍受之環境屹立不動，則不過三月之苦痛，仍可渡過此一最大之難關，但無最後之危險耳」。〔註 66〕

　　得知臺灣方面態度後，美國決定與之妥協。5 月 4 日，蔣介石接藍欽轉來的來自杜勒斯的電文，表示美國已深知臺灣當局之堅定立場，決定派員赴臺協商如何增強防禦力量，切望臺灣方面繼續相信美方誠意。蔣介石認為金馬大戰必將涉及臺澎，因此，美國不要求撤退金馬比其承諾協防金馬更為重要，考慮再三，「只有忍痛而不追究其是否協防金馬或參戰」。〔註 67〕

　　儘管如此，臺美矛盾並未結束。美方固然打算暫時擱置勸蔣撤退金馬之議，但其對「外島」的定位及原有看法並未發生大的改變。而蔣有了前段時間的經歷，越發認為要在金馬加強防務，以備不測。蔣介石要在金門增兵，遭到美軍顧問團的反對。6 月 18 日，蔣自記，美顧問團不同意增加一師兵力於金門，蔣認為這是分明要其不守金門，「甚為憤痛」，但事後思之，此事不值惱怒，最後彼必接受。〔註 68〕蔣執意增加金門兵力，不久，駐金門的國民黨軍隊占到全部臺灣軍隊的三分之一。

〔註 64〕蔣介石與雷德福、饒伯森會談紀錄（1955 年 4 月 24 日），「外交──蔣中正接見美方代表談話紀錄（十八）」，「蔣經國總統文物」，「國史館」藏，典藏號：005-010205-00080-005、005-010205-00080-006。

〔註 65〕《蔣介石日記》手稿，1955 年 4 月 26 日。

〔註 66〕《蔣介石日記》手稿，1955 年 4 月 28 日。

〔註 67〕《蔣介石日記》手稿，1955 年 5 月 4 日。

〔註 68〕《蔣介石日記》手稿，1955 年 6 月 18 日。

10月，「兩個中國」主張在美國輿論界甚囂塵上，持此項主張者多為左傾知識分子、大實業家與商人、民主黨部分領袖。臺灣當局表示「不願未經一戰而被出賣」，在國際舞臺上，臺灣當局願做一個棋手，「而不只是一件貨物。」〔註69〕為扭轉不利局面，10月20日，葉公超致電蔣介石，建議加強對美宣傳，一方面邀請具有影響力之人，包括教授、作家、工商農界代表及勞工領袖訪臺，使其明瞭臺灣實況；一方面策動中美名流在美演說，重點向各研究遠東問題的重要學府和學術團體，及對民主、共和黨有影響的社會團體宣傳。〔註70〕

1956年6月，美方考慮到突然的大規模進攻將對駐「外島」軍官造成的威脅，有將軍事人員從沿海島嶼撤到臺灣的打算。22日，藍欽向「代理外交部長」沈昌煥提出這一建議，但表示遷至臺灣後，美軍顧問團的顧問會經常訪問「外島」，美國也將繼續對這些島嶼提供後勤援助。蔣介石得知此事後，於7月7日與藍欽會談，指出如美國不打算放棄臺灣，就決不能撤「外島」的軍事顧問。藍欽又解釋說，美國在臺駐軍過多，地方性問題不斷增長，摩擦事件成倍增加，美國要減少駐臺軍官數量。蔣答，「外島」軍事顧問的數量可酌減，但其組織必須保留，否則對民心士氣影響極大。由於蔣介石的堅持，美國軍援顧問團採取了緩和的措施，準備通過不派員替代正常服役期結束的軍官來逐步削減駐沿海島嶼的軍事人員的數量。〔註71〕

美國的「兩個中國」之議，在某種程度上受到英國的影響。英國素重事實，在新中國成立不久即行承認之舉。在臺灣問題上，英國希望臺灣方面「讓出」「外島」以換得中華人民共和國放棄「解放臺灣」的想法。臺美共同防禦條約簽訂後，英當局認為該約可穩定遠東局勢，漸致形成「兩個中國」。〔註72〕在

〔註69〕中央社參考消息央秘參（44）第1677號，「兩個中國問題」，「外交部」，館藏號11-07-02-04-164，影像編號11-NAA-01191，中研院近史所檔案館藏。

〔註70〕葉公超電蔣介石（1955年10月20日），「一般數據——民國四十四年」，「蔣中正總統文物」，「國史館」藏，典藏號：002-080200-00351-097。

〔註71〕Memorandum of a Conversation, Taipei, July 7, 1956, *FRUS, 1955～1957, China*, Vol. III, Washington, D.C.: U.S. Government Printing Office, 1986, pp.395～397. 蔣介石與藍欽會談摘要（1956年7月7日），「外交——蔣中正接見美方代表談話紀錄（十二）」，「蔣經國總統文物」，「國史館」藏，典藏號：005-010205-00074-010。

〔註72〕葉公超等電蔣介石（1955年1月9日），「對英法德義關係（三）」，「蔣中正總統文物」，「國史館」藏，典藏號：002-090103-00013-354。

美國官方倡導「劃峽而治」之前，英已有此論調，並對美國部分人士產生了一定影響。雖然英早已表明政治立場，但因其為美國重要同盟，臺灣當局對英外交素來暗留轉圜餘地。1957年3月，英國友好訪問團訪臺，並受到「副總統」陳誠的接見。陳誠強調「兩個中國問題——事實上絕不可能」，「放棄金馬——亦屬絕不可能之事」。〔註73〕臺灣方面試圖通過緩和與英國的關係與改善英國輿論，來影響美國輿論和政策，其效果雖然有限，但也顯示出臺灣當局的良苦用心。

1958年前後，在美國支持下，以辦報刊寫政論文章宣揚政治理念的第三勢力頻頻發聲。如左舜生指出臺灣為美之殖民地，臺灣當局為美之傀儡，認為反攻無望，其言論在東亞、美洲等地造成相當影響。蔣介石認為其言論動搖了人心，為「兩個中國」主張造勢。〔註74〕幾天後，蔣接見日本記者訪華團時，強調「確信我們在不久的將來，一定能達成反共復國的目的」。〔註75〕在美國壓制下，蔣介石早已有重大軍事行動前與美協商的承諾。隨著時間推移，蔣用以鼓舞士氣的「反攻復國」越來越顯得蒼白無力，但蔣仍固執地堅守著這一信念。無論效用幾何，這也是其抵制「兩個中國」言論的一個支撐點。

1955到1958年，在國際社會充斥著有關「劃峽而治」、「兩個中國」言論時，蔣介石通過各國媒體不斷表達著自己和臺灣當局堅決反對此類主張的決心。如1955年3月23日，蔣通過《紐約時報》沙資伯格表達抗議，說「試圖強迫我們不經一戰而放棄沿海島嶼是不公正的」。7月12日，蔣介石答菲律賓政論家鄭良問，表示「金門、馬祖與臺灣、澎湖是不可分開的，欲保衛臺澎，必須同時保衛金馬。」7月15日，蔣答記者日本朝日新聞河村博家問，表示臺灣當局「保守金門、馬祖之決心與信心，不因外援之有無而有所影響。」1956年10月2日，蔣介石接見美國《前鋒論壇報》特派員與日本英文《日本時報》董事長等人時，表示希望美國對亞洲各國反共領袖之見解，多予尊重，尤其希望能信任臺灣自行解決對共問題，並再次表達對

〔註73〕陳誠接見英國友好訪問團談話紀要（1957年3月21日），「副總統接見外賓談話紀要（一）」，「陳誠副總統文物」，「國史館」藏，典藏號：008-010301-00185-022。

〔註74〕《蔣介石日記》手稿，1958年2月1日。

〔註75〕《重申反攻復國的信心》，《先總統蔣公思想言論總集》，卷39，談話，第93～96頁。

「兩個中國」的反對。〔註76〕

五、餘論

　　正如蔣介石經常在日記中所抱怨那樣，美國一定時期對臺灣確實缺乏固定政策。1949 年國民黨退臺前後和 1950 年代，美對臺政策經常根據時局和具體情況作出調整。如對蔣介石反攻大陸的態度。在退臺初期，美國有關人員曾對蔣介石有過支持反攻的表示。如 1952 年 3 月 26 日，美國家安全會議特使美爾（Frank D. Merrill）攜中央情報局與國家安全會綜合意見秘密赴臺，稱國務院對臺政策有根本改變，唯恐蔣「持重保守，不肯冒險反攻」。〔註77〕但後來因種種顧慮，美方改為小心地提防著蔣介石的反攻之心。〔註78〕再如對「外島」的態度。為應對朝鮮戰爭的爆發，美國總統宣布第七艦隊將阻止對臺灣的任何進攻，而未明言是否將「外島」包括在內。而後，關於協防範圍之事，美國態度不能保持明確堅定，雖通知臺灣當局美國政府將不參加目前處於國民黨控制下的臺灣島與澎湖列島之外的島嶼的防禦，〔註79〕但時時又在具體問題上顯露出有可能參與其事的傾向。〔註80〕基於對臺澎基地的得失心，在 1954 年 9 月臺海危機發生之初，杜勒斯等美國高層有過對中共不惜一戰的強硬表態，但很快就在對整個局勢的研判中改變了主張。1950 年代中後期美國對「劃峽而治」、「兩個中國」的實踐與主張即是在此種背景下發生。

　　大體而言，在 1955 年 1 月之前，美國對於「兩個中國」的實踐是在遮遮掩掩中進行的。1954 年 9 月中國人民解放軍炮擊金門，將美國帶入認真而密集討論對「外島」對策的氛圍之中。但經過激烈爭論，美國認為自己面臨著可怕的兩難選擇：不予協防，會使臺灣方面失去士氣民心，美國失去威望；給予協防，則美國將必陷入對中華人民共和國的直接戰爭，會遭國會和輿論

〔註76〕《國軍決心保衛軍民馬祖（一）（二）》，《先總統蔣公思想言論總集》，卷38，談話，第347～350頁；《我「絕難同意」所謂「臺灣海峽停火」政策》，《先總統蔣公思想言論總集》，卷38，談話，第359～362頁；《駁斥「兩個中國」謬論》，《先總統蔣公思想言論總集》，卷38，談話，第363～366頁；《摧毀匪幫即可避免世界大戰》，《先總統蔣公思想言論總集》，卷39，談話，第37～43頁。

〔註77〕《蔣介石日記》手稿，1952 年 3 月 26 日。

〔註78〕《蔣介石日記》手稿，1953 年 11 月 8 日。

〔註79〕 The Secretary of State to the Embassy in China, July 22, 1950, *FRUS, East Asia and the Pacific*, Volume VI, U.S. Government Printing Office, 1976, p.387.

〔註80〕如 1952 年 5 月，美軍援團通知臺灣方面說其軍援範圍及於金門、大陳等島。（《蔣介石日記》手稿，1952 年 5 月 25 日。）

反對，會失去盟邦支持。於是，美國想出由其他國家向安理會提出臺灣海峽停火的建議，使聯合國介入的第三種方案。此時，美國並未考慮使中華人民共和國在聯合國擁有席位，只是想簡單地實現兩岸停火。然而，美國想通過衝突雙方——中華人民共和國與臺灣當局在聯合國當面談判以實現停火，並在歷次文件中將兩者並稱，而其欲達到的目的——使中華人民共和國放棄對解放臺灣的訴求，更分明就是實現「兩個中國」。這一點除遭到中共中央反對，也始終為臺灣當局所反對。

　　關於「劃峽而治」，美國在不同時期的主張也是有分別的。大體而言，在1955年3月之前，美國所主張的「劃峽而治」是力爭使臺灣當局仍舊保有金馬等「外島」，在此情況下實現兩岸停火。當然，此時美國也對失去「外島」的可能進行了預估。他們認為若沒有聯合國干預，在美國想要避免全面戰爭的情況下，失去「外島」是早晚的事；若有聯合國干預，就算聯合國決定「外島」歸中華人民共和國控制，也不會嚴重損害美國威望；當然，美國政府會盡力避免此種情況的發生，儘量達到仍使臺灣當局佔有「外島」的目的。而1955年3月，美國政府在遭遇困難之後開始謀劃談判解決臺灣海峽問題的新計劃，並謀求各主要盟友的諒解。4月初，美國政府明確「外島」定位，強調其僅具有「前哨」而非「要塞」功能，並為此派員前去游說蔣介石。此時，美國所主張的「兩岸分治」已變為將「外島」排除在外的「劃峽而治」，不對「外島」的防守賦予過多的意義和責任，隨時準備從中脫身。他們希望臺灣當局能充分瞭解美國意圖，主動為美解套，做好在不得已情況下放棄「外島」的準備。此舉遭到視「外島」為命脈的蔣介石的強烈反對。蔣認為美國既然能不遵守撤退大陳時協防金馬的承諾，若真放棄金馬，美國也能再找藉口不遵守現在提出的海上封鎖的承諾。〔註81〕

　　通過蔣介石等人在外交上、輿論上及不斷增加金馬防禦力量的行動上對美國方面關於「劃峽而治」、「兩個中國」的抵制和抗爭，在1954～1958年間，美國關於「兩個中國」的設想只能作為一種設想存在。其原因固多，有幾點因素值得一提：

　　蔣介石等人一直在提醒美國注意臺灣軍民的心理，美國始終擔心若施壓

〔註81〕Memorandum for the Record, by the Ambassador in the Republic of China (Rankin), Apr. 29, 1955, *FRUS, 1955～1957, China*, Vol. II, Washington, D.C.: U.S. Government Printing Office, 1986, p.530.

過甚，會使臺灣方面喪失鬥志，以致臺澎不保。故而，美國提出「劃峽而治」主張時，並未給予太多的威壓脅迫。正如 1955 年 3 月 29 日，艾森豪威爾給英國首相丘吉爾的信中所說，他樂見蔣介石自動從外島撤兵，但不想給蔣太多壓力，以免蔣徹底絕望、鬥志全無。畢竟臺澎的保全無法離開臺灣地面部隊這一基本力量。〔註82〕在此情況下，蔣介石得以成功抵制美國壓力，使「劃峽而治」、「兩個中國」的構想無法實現。

同時，美國對於「兩個中國」的問題也有一定顧慮，正如 1957 年 6 月 17 日的《新聞週刊》「華盛頓之潮」專欄中所指出：「承認在北平的共黨政權將使每一個有許多華僑的亞洲國家的安全問題益加嚴重，特別是南越、泰國以及也許臺灣本身這些自由亞洲的前線防衛者。」〔註83〕當然，相較於臺灣當局的態度而言，其他的顧慮皆為次要考慮。

臺灣方面對「兩個中國」主張的抵制之所以能夠成功，還有一個重要因素是中華人民共和國對分裂中國行為的堅決抵制和打擊。中共中央始終反對企圖造成「兩個中國」的言論和行動。在 1955 年美國試圖借助新西蘭停火案實現兩岸相隔時，中共中央即以拒不出席、拒不接受沒有中國代表參與討論情況下形成的任何決議的聲明打消了美國企圖。1958 年 8 月，為打擊美國「兩個中國」陰謀、聲援亞非拉民族解放運動，中國人民解放軍再次炮擊金門。9 月 15 日，中美大使級會談在華沙復會後，中國領導人很快覺察到美國試圖以國民黨金馬撤兵換取中共和平解決臺澎承諾的意圖及其可能造成臺澎與大陸永久隔絕的危害性，及時調整對美談判方針。並於 10 月初形成美國對華政策的對案：軍事上繼續保持有限強度，「打而不登，斷而不死」、「打打停停」；外交中強調反對「兩個中國」，強調中國須收復包括臺、澎、金、馬在內的全部領土；同時，為免美國將臺灣問題提交聯合國，而與美國繼續進行大使級會談。〔註84〕在兩岸均堅決反對的情況下，儘管到 1960 年代仍有關於「兩個中國」主張的激烈討論，但分裂中國的國際陰謀始終未能得逞。

〔註82〕 Letter from President Eisenhower to British Prime Minister Churchill, March 29, 1955, *FRUS, 1955～1957, China*, Vol. II, Washington, D.C.: U.S. Government Printing Office, 1986, p.420.

〔註83〕 中央社參考消息央秘參（46）第 0986 號，「兩個中國問題」，「外交部」，館藏號 11-07-02-04-164，影像編號 11-NAA-01191，中研院近史所檔案館藏。

〔註84〕 牛軍：《1958 年炮擊金門決策的再探討》，《國際政治研究》2009 年第 3 期，第 182～183 頁。

第十三章　中美大使級會談開啟背景下的臺美交涉

　　中華人民共和國成立後不久，美國即將臺灣拉入羽下，共同「反共抗俄」。然而，1955 年 4 月萬隆會議之後，中美在英、印等國推動下走向直接談判。8 月 1 日，中美大使級會談〔註1〕付諸實施。1956 年 1 月 21 日，美國首次發表聲明說明中美會談經過，其中的某些說法令臺灣當局「駭異」。25 日，臺灣當局提交備忘錄申明立場。該備忘錄措辭嚴厲，將臺當局對美國的不滿情緒暴露無遺。此前圍繞中美會談之事，臺美間多有交涉，其分歧各點已有明確體現，中美會談走向及臺美交涉大勢已顯。此時的「駐美大使」顧維鈞直接參與對美交涉，見證了中美大使級會談開啟前後的歷史內幕。學界有關中美會談的研究多從較宏觀視角，本章擬以「顧維鈞檔案」為中心，探討臺美間關於中美會談的互動與因應。〔註2〕

〔註 1〕因遣返在華美員問題，中美大使級代表在 1954 年日內瓦會議期間即在英方陪同下有過幾次會面，但通常所說中美大使級會談乃係自 1955 年 8 月開始的一系列談判。1955 年 8 月之後，中美大使級代表在不依靠第三方的情況下直接談判。雖中間有停頓和擱置，但大體而言是未具正式邦交的中美兩國間常設的溝通機制。

〔註 2〕張淑雅的《文攻武嚇下的退縮：美國決定與中共舉行大使級談判的過程分析，1954～1955》（《中央研究院近代史研究所集刊》第 25 期（1996 年 6 月），第 379～424 頁）是現有研究成果的代表者。該文主要依據美方檔案，探討美國對於對華大使級談判的決策過程，時段截止於 8 月會談開始之前。此外，還有陶文釗：《有張有弛：1954～1958 年的中美關係》（《社會科學研究》1996 年第 6 期），章百家、賈慶國：《對抗中的方向盤、緩衝器和測試儀：從中國的角度看中美大使級會談》（《當代中國史研究》2000 年第 1 期），李秉奎：《美國間諜案與一九五四年至一九五五年中美關係危機》（《中共黨史研究》2008

一、中美走向會談

　　中華人民共和國成立後不久，即與蘇聯正式結盟，中美之間作為對立面存在的局面已然形成。1950 年 4 月，美國國家安全委員會又在 68 號文件中提出「全面、無差別遏制」的概念。美國向臺灣海峽派遣艦隊，向臺灣提供各項援助，並在國際上維護臺灣當局地位，與臺灣當局共同推行所謂「反共抗俄」政策。朝鮮戰爭結束後，美國也沒有放鬆對新中國的禁運及外交圍堵。然而，這並不意味著美國對中共的徹底反對與絕不妥協。〔註 3〕只不過，這一階段的「楔子」戰略具有了另外的表現形式。國務卿杜勒斯推出「壓力楔子」的政策，即將中共完全推向蘇聯，而當蘇聯無法滿足其需求時，中蘇之間的裂痕便會產生。〔註 4〕

　　雖然美國刻意奉行「壓力楔子」政策，避免與中華人民共和國有任何形式的直接接觸，但其實並不能完全做到。因要達成朝鮮停戰協議，自 1951 年美軍代表不得不與中國代表在板門店接觸。當然，此時美方人員代表的是「聯合國軍」，談的內容亦為「國際事務」。1954 年，中美兩國代表又同時出現在日內瓦會議會場。〔註 5〕為遣返僑民及戰俘問題，美國起初借助英國駐北京代辦杜維廉（Humphrey Trevelyan）與中國交涉，但未有實質性成效。經向公眾強調「保護美國人民」的重要性，並解釋並無隱含承認之意，6 月 5 日，參加

年第 6 期），賀蠶青：《日內瓦四國政府首腦會議與中美大使級會談的實現——兼論 1955 年前後的中蘇關係》（《當代中國史研究》2011 年第 3 期），李春玲：《中美大使級會談研究（1955～1958 年）》（華東師範大學 2006 年博士論文）等。西方世界，特別是美國學界對中美會談的研究也有很多，如 Kenneth T. Young, Negotiating with the Chinese Communist: The United States Experience, 1953～1967（New York: McGraw-Hill, 1968）等等。現有研究不論是對會談作用與動機還是對談判模式、決策機制的探討，多限於冷戰宏觀背景，尚未見對於中美談開啟前後臺美交涉的微觀考察。

〔註 3〕張淑雅：《文攻武嚇下的退縮：美國決定與中共舉行大使級談判的過程分析，1954～1955》（《中央研究院近代史研究所集刊》第 25 期（1996 年 6 月））一文，對美國對華政策決策過程中的「遲疑與曖昧成份」進行了論述。

〔註 4〕John Lewis Gaddis 首先採用此詞，見 The Long Peace: inquiries into the History of the Cold War (Oxford University Press, 1987), Chapter 6。

〔註 5〕與蘇美英法並列作為五大國之一出席的日內瓦會議對中華人民共和國頗具意義。儘管美國堅持在公報中寫明不含外交承認的意思，「但實際上這是新中國成立以來，首次以大國身份參加國際會議，也是新中國在國際事務中發揮重要作用的一個轉折點」。（王炳南：《中美會談九年回顧》，世界知識出版社 1985 年版，第 5 頁。）

日內瓦會議的美國駐捷克斯洛伐克大使約翰遜（U. Alexis Johnson）與中國代表王炳南等人在杜維廉陪同下首次會面。日內瓦會議期間，中美進行了四次大使級會談。為免私下交易的流言，杜勒斯堅持杜維廉每次都要在場。〔註6〕為落實會談結果，決定會後暫由日內瓦領事館人員作為交換消息的管道。此後到 1955 年 8 月，雙方駐日內瓦領事館人員又進行了十餘次會面。因此，儘管美國儘量避免讓外界認為有隱含承認中華人民共和國之意，並在四次大使級會面後即降低會談級別，以免接觸腳步邁得太快，但中美直接接觸的管道畢竟還是打開了。

　　第一次臺海危機發生後，美國敦請英國促成新西蘭對其政策的諒解與配合，代美國向聯合國安理會提出臺灣海峽停火提案，以避免直接干預而致引火燒身的困局。為使臺灣當局接受美國安排、不在安理會表示異議，美國與臺灣當局簽訂臺美「共同防禦條約」，結成軍事同盟。但借助聯合國干預來結束臺灣海峽緊張局面的想法未能如願，美國依然猶如頭上懸劍，擔心因臺海衝突而使自己不得不捲入對中共乃至對蘇共的戰爭。美國本為運作停火案而在臺美條約上讓步，未料停火案毫無效果。在試圖重新啟動停火提案卻已無法再次獲得英國支持的情況下，美國高層頻繁討論著運用核武的可能與後果，但消息透露後出現的普遍恐慌令美國當政者不得不放棄這一想法。4 月初，美國高層終於放下包袱，明確臺灣「外島」的定位「是前哨，而不是要塞」，並決定派人去說服蔣介石理解並接受美國的主張。〔註7〕

　　此時，儘管美國還在聯合國竭力維護臺灣當局地位、設法阻止中華人民共和國取得合法席位，但不可否認，美國已經在接受和製造事實上的「劃峽而治」，這無疑是「兩個中國」政策的一種表現。從策劃兩岸代表同時列席討論沿海島嶼停火案，到明確臺灣「外島」並非必須固守的「要塞」，1954～1955年，美政府在「兩個中國」問題的實踐方面跨越了一大步。1955 年 2 月，杜勒斯向顧維鈞表達了這樣的觀點：「事實勝於雄辯。現已存在兩個中國，正如有兩個德國、兩個朝鮮和兩個越南一樣。」〔註8〕德國、朝鮮、越南的分裂原

〔註6〕張淑雅：《文攻武嚇下的退縮：美國決定與中共舉行大使級談判的過程分析，1954～1955》，《中央研究院近代史研究所集刊》第 25 期（1996 年 6 月），第389 頁。

〔註7〕參見馮琳《美國「兩個中國」的實踐與主張及臺灣當局的抗爭（1954～1955）》，《社會科學研究》2017 年第 3 期，第 147～149 頁。

〔註8〕中國社科院近代史所譯《顧維鈞回憶錄》，第 12 分冊，中華書局，1993，第

是冷戰背景下各種勢力間相互妥協的產物，並非民族意志的合理體現，美國以此為藉口阻礙中國統一，顯然是極其荒謬的，但反映了當時美國高層較為普遍的看法。正因為美政府決策層有了這樣的思想基礎，才使美國不會堅決排斥與中華人民共和國面對面談判的做法。儘管美國多次向公眾強調，與中國的談判並不暗含承認之意，但這樣的解釋其實只是為減少阻力和安撫臺灣當局的自欺欺人的說法。中美會談之所以能成為十幾年中兩國接觸的較為固定化的渠道，與美國政府「兩個中國」的心理基礎有關。而在中美大使級會談正式開啟的階段，這種心理基礎更發揮了重要作用。

在美國心理發生改變的同時，蘇聯積極幹旋，試圖促成中美直接談判來解決臺灣問題，緩和遠東局勢。〔註9〕1955 年元旦，中華人民共和國外交部答覆蘇共中央，表示同意蘇方提議，在臺灣問題上「應該把主要力量放在促成中美直接談判上」。〔註10〕3 月 22 日，劉少奇在中國共產黨全國代表會議上表示：為有把握地解放金門馬祖等沿海島嶼，「在軍事上我們還要做不少的準備工作，在外交上也要進行嚴重的鬥爭……假使有可能在不妨害我們解放臺灣的條件下，經過國際談判使蔣匪軍撤出沿海島嶼，顯然是對我們有利的」。一江山島的解放成功逼迫美蔣從大陳島和南麂島撤退，證明了在形勢逼迫下美蔣從金馬撤退的可能性。我們要避免同美國發生武裝衝突，但也要對美國的武裝干涉有足夠的估計和準備。〔註11〕4 月，中國外交部長周恩來在萬隆會議表示，「中國政府願意同美國政府坐下來談判」。〔註12〕

至此，到 1955 年 4 月下旬，中美大使級會談的開啟已具備了必要的條

---

200 頁。

〔註 9〕蘇聯外長莫洛托夫還曾於 2 月 4 日主張召開由中、美、英、蘇、法、印度、緬甸、印度尼西亞、巴基斯坦和錫蘭（即今斯里蘭卡）參加的 10 國會議。但因在是否應有臺灣當局代表列席的問題上無法協調中國與英美，故未能舉行。中國政府的意見是：同意召開蘇聯提議的沒有臺灣當局代表參加的 10 國會議，若美國希望加上泰國與菲律賓，中國也同意。（Memorandum of a Conversation, Department of State, Washington, June 13, 1955, *FRUS, 1955～1957*, China, Vol. II, Washington, D.C.: U.S. Government Printing Office, 1986, p.592.）

〔註 10〕《關於四國政府首腦會議答覆蘇共中央稿（1955 年 1 月 1 日）》，外交部檔案，檔號：111-00065-02。

〔註 11〕劉少奇：《在黨的全國代表會議上的發言》，中共中央文獻研究室、中央檔案館編《建國以來劉少奇文稿》第七冊，北京：中央文獻出版社，2008，第 136～138 頁。

〔註 12〕《周恩來年譜（1949～1976）》上卷，中央文獻出版社 1997 年版，第 470 頁。

件：中美已經有了一些接觸的經驗；美國借助聯合國干預臺海衝突的企圖無法實行；美國逐漸形成「接受事實上中華人民共和國的存在」的心理；中華人民共和國伸出橄欖枝。面對困境與機會，美政府自然有一番思慮與盤算。亦不難想見，臺灣當局對於中美談判可能性的高度緊張與不安。美國在與中共討價還價的同時，對臺灣當局的安撫、周旋亦隨之展開。

二、會談開始前的臺美交涉

　　1955 年 4 月 23 日，周恩來在國際場合釋放願意同美談判信號，這一表態受到亞非國家以及美國的歐洲盟國的歡迎。美國國務院做出回應，表示臺灣當局須以「平等地位」參加有關這個地區的任何談判，且中共應先表示誠意，如立即釋放滯留大陸的美國僑民，並接受正在虛懸著的聯合國安理會停火提案，參加討論停火問題。〔註13〕美國國務院將臺灣當局平等參與作為首要條件提出，貌似考慮到盟友的權益，實則為其自身利益打算，是此間其製造「兩個中國」立場的體現。這一表態並未獲得臺灣當局任何感激或諒解。《中央日報》很快發出社論，申明臺灣當局不與中華人民共和國代表同席開會、反對中美直接談判的態度。〔註14〕

　　顧維鈞一度將美國國務院對於周恩來講話的回應理解為：美國拒絕了中國的提議。〔註15〕其實並非如此。美國提出的一些先決條件只是要做做姿態，並沒有打算堅決執行。繼參議員喬治（Walter F. George）表達了即使在臺灣當局缺席的情況下美國也應坐下來與中共談判的觀點之後，26 日，國務卿杜勒斯對記者表示，「這取決於我們在談論什麼，以及是否有證據表明雙方會真誠地進行這樣的對話。」中美早在板門店和日內瓦就有過接觸，談判已不是什麼「新鮮事」，如果台海有停火可能，美國就會與中共談判。〔註16〕美國將原本為中國內政的沿海停火問題指為「中美之間」的問題，自然是荒唐的。為謀求臺灣「外島」問題的和平解決，以免將自己置於戰火邊緣，美國不惜很快地將盟友臺灣排除

〔註13〕Memorandum From the Acting Assistant Secretary of State for Far Eastern Affairs (Sebald) to the Secretary of State, April 25, 1955, *FRUS, 1955～1957, China*, Vol. II, Washington, D.C.: U.S. Government Printing Office, 1986, pp.507～509.

〔註14〕社論《漢賊不兩立》，《中央日報》1955 年 4 月 25 日，第 2 版。

〔註15〕中國社科院近代史所譯《顧維鈞回憶錄》，第 12 分冊，中華書局，1993，第 274 頁。

〔註16〕Possibilities of Cease-Fire in Formosa Strait (April 26,1955), *Department of State Bulletin*, vol.32 (Jan.～June 1955), pp755～759.

在外。這一做法並不是臺灣當局抗議與中華人民共和國代表同席開會的結果，而是中共能否接受以及會談能否取得美國所期望的「外島」停火目標的問題。

1955 年臺灣當局對於堅守金門、馬祖的決心表現得十分強烈。因美國力主放棄大陳，在一江山島已經被解放軍攻佔情況下，臺灣當局在極為無奈情況下被迫撤退大陳駐軍。但與此同時，為挽回一些士氣，臺灣當局不斷向公眾表示誓死保衛金馬。而美國在 1955 年 4 月初已決定放下包袱，做好在不得已情況下讓出金馬的準備，並派參謀長聯席會議主席雷德福與負責遠東事務的助理國務卿饒伯森赴臺實施勸說工作。值此，蔣介石已抱有決心抵抗到底。他在日記中表示，中美要談判解決海峽停火問題注定會沒有結果，因為其關鍵在金馬二島。「如我堅定不撓，不為任何情勢以及全世界之重壓與遺棄不堪忍受之環境屹立不動，則不過三月之苦痛，仍可渡過此一最大之難關」。〔註17〕

杜勒斯 26 日對媒體的談話使顧維鈞看出美國的舉棋不定。他在致主管臺灣當局外交事務的葉公超的電函中指出，美國務院大概為應付反動派宣傳及美國國內懼戰心理，已向公眾表示，即使臺灣當局代表不參加談判，「只須不損害其利益，美亦願與中共商談停火辦法」。〔註18〕杜勒斯接見記者後，一些親臺的議員不滿其說法，準備在參議院質問。杜氏連忙前往做秘密解釋工作，並保證美國「絕不會出賣盟國」，懇請參院放心。顧維鈞將此情況告知葉公超，認為美國對臺灣還是有深厚「好感」的，而政府則在搖擺不定。同時，他判斷，在目前美國國內外不惜一切結束臺灣海峽危機的主導環境下，美國將無法拒絕同中共的談判，某種形式的談判勢必要進行。〔註19〕

杜勒斯對中美會談表示出積極態度後，在一段時間內美國採取了「無為」的對策。美國尋求中美談判最主要的目的，就是解決「外島」緊張局勢。但事實上，自 1955 年 2 月底以來，「外島」基本處於「事實停火」的狀態。〔註20〕美方認為沒有必要匆忙採取行動，目前球已拋回中共，美國處於有利地位，

〔註17〕《蔣介石日記》手稿，1955 年 4 月 28 日。
〔註18〕顧維鈞電葉公超（1955 年 4 月 26 日），「顧維鈞檔案」，檔號：Koo_0150_B117_0060。
〔註19〕中國社科院近代史所譯《顧維鈞回憶錄》，第 12 分冊，中華書局，1993，第283、286～287、292 頁。
〔註20〕2 月臺灣當局從大陳撤走駐軍時，美國想以中共答應不以武力解放沿海島嶼作為條件來交換蔣軍的撤退。為更好地完成解放沿海島嶼的任務，中共中央認為還需要在軍事上做充分準備、在外交上進行不懈鬥爭。特別是周恩來在萬隆表態後，解放軍在東南沿海的軍事行動暫告段落。

一切皆等探明中共意圖後再說。〔註 21〕

　　然而，印度、緬甸、巴基斯坦、印尼等參加過萬隆會議的國家領袖紛紛
表現出積極促成中美談判的態度，都曾試圖向美國建議。〔註 22〕5 月中下旬，
印度駐聯合國大會代表團團長梅農（Krishna Menon）與印尼總理阿里（Ali
Sastroamidjojo）先後訪華。梅農於 5 月 12 日至 20 日與周恩來舉行 6 次會談，
向中國政府提出他對解決臺灣問題的想法，即「梅農計劃」。隨後梅農將自己
的建議傳達給杜勒斯，督促美國也向中國釋放善意，逐步撤出金馬，並透過
英、蘇、印外交官與中共接觸，先由僑民戰俘問題談起，再涉及其他。〔註 23〕
6 月 13 日，印尼大使慕加多（Moekarto Notowidigdo）也將阿里與周恩來談話
結果傳話給美國，建議美國放鬆禁運，以回應中共善意。〔註 24〕

　　相較於印尼、緬甸等國而言，美國更信任英國，英國在中美會談的事情
上起到關鍵作用。雖然英國推動會談的初衷是使美蔣「讓出」金馬以此換取
中國放棄解放臺灣，此點固為中國堅決反對，但中共中央運用英國不欲使臺
海緊張局勢影響到自身利益的心理，使其積極促成中美會談。這也是劉少奇
曾在全國代表大會上提到的「利用印度、壓迫英國，逼使美國退卻」〔註 25〕
這一外交方針的體現。7 月，在英國推動下，開啟中美大使級會談之事有了實
質性進展。16 日，杜勒斯將美方同意的中美共同聲明稿告知英國外交大臣麥
克米倫（Maurice Harold Macmillan），請其轉達周恩來。在中方提供的聲明稿
基礎上，美方修改了兩個地方：將「中國美國」改為「北京與華盛頓」，並將
中方提議的開始會談時間 7 月 21 日改為 8 月 1 日。〔註 26〕

〔註 21〕Memorandum From the Deputy Under Secretary of State (Murphy) to the Secretary
　　　　of State, April 29, 1955, *FRUS, 1955～1957, China*, Vol. II, Washington, D.C.:
　　　　U.S. Government Printing Office, 1986, p.532.

〔註 22〕顧維鈞電葉公超（1955 年 7 月 26 日），「顧維鈞檔案」，檔號：Koo_0150_
　　　　B117_0057。

〔註 23〕Memorandum of a Conversation, Department of State, Washington, June 14, 1955,
　　　　FRUS, 1955～1957, China, Vol. II, Washington, D.C.: U.S. Government Printing
　　　　Office, 1986, pp.595～602.

〔註 24〕Memorandum of a Conversation, Department of State, Washington, June 13, 1955,
　　　　FRUS, 1955～1957, China, Vol. II, Washington, D.C.: U.S. Government Printing
　　　　Office, 1986, pp.591～593.

〔註 25〕劉少奇：《在黨的全國代表會議上的發言》，中共中央文獻研究室、中央檔案館
　　　　編《建國以來劉少奇文稿》第七冊，北京：中央文獻出版社，2008，第 137 頁。

〔註 26〕Letter From the Secretary of State to British Foreign Secretary Macmillan, July 16,
　　　　1955, *FRUS, 1955～1957, China*, Vol. II, Washington, D.C.: U.S. Government

　　7月24日，美參議院外交委員會主席民主黨人喬治（Walter F. George）在電視節目中公開主張中美直接談判及美國放寬對中共禁運。此事引起臺灣當局注意，葉公超請顧維鈞查明，此項發言是否僅屬應付民主黨左翼壓力之舉，抑或有白宮或國務院背景。〔註27〕此時，臺灣當局對中美會談事似缺乏應有的心理準備和足夠警惕。在美參議院民主黨領袖發表這樣的言論時，葉公超、蔣介石等人的直覺是懷疑部分人在有意施壓。葉公超令顧維鈞求證，喬治之言是不是僅為應付民主黨左翼之舉？蔣介石則認為，喬治主張年內舉行中美大使級會談，是「出於其美共與左派為難其共和黨政府之手段」。〔註28〕從他們的推測，中美會談是民主黨左翼向參院領袖喬治施壓，而喬治在向執政的共和黨施壓。實際並不盡然。保持耐心、維持「和平」，雖然做起來較為困難，但也要如此堅持，身為總統的共和黨人艾森豪威爾在數月前就表明這樣的態度。〔註29〕

　　7月25日，中美聲明正式發出，指出：為有助於雙方平民互遣，「並有利於進一步討論和解決雙方之間目前有爭執的某些其他實際問題」，中美大使級代表第一次會晤將在1955年8月1日在日內瓦舉行。〔註30〕隨後，美國國務院又發布另一份更詳細的聲明，說明為繼續進行在華美國公民回國的談判，應數國建議將此前的領事級談判升級。當然，該聲明一項重要意圖是表明美國的外交立場並安撫臺灣當局。末尾云：「這些談話和以前同中共進行的磋商一樣，並不涉及外交上的承認」。〔註31〕

Printing Office, 1986, p.660.

〔註27〕葉公超電顧維鈞（1955年7月25日），「顧維鈞檔案」，檔號：Koo_0150_B117_0056。據顧維鈞分析，「有人懷疑美當局或曾授意使其出面主張此說，似不真確」。（顧維鈞電「外交部」（1955年7月27日），「顧維鈞檔案」，檔號：Koo_0150_B117_0055。）

〔註28〕《蔣介石日記》手稿，1955年8月反省錄。

〔註29〕Statement by the President (Dec 2,1954), *Department of State Bulletin*, Vol.31, pp887～889. 1954年11月，參議員諾蘭（William Knowland）呼籲，若中共拒絕遣返戰俘，美國應封鎖大陸。艾森豪威爾認為這是不負責任的說法（Extract From the Diary of James C. Hagerty, Press Secretary to the President, Nov.29, 1954, *FRUS, 1952～1954. China and Japan (in two parts)*, Volume XIV, Part 1, Washington, D.C.: U.S. Government Printing Office, 1985），繼而向媒體做該項維持和平表示。

〔註30〕《為解決平民遣返問題和其他實際問題　中美兩國同意在日內瓦舉行大使級會談》，《人民日報》1955年7月26日，第1版。

〔註31〕中國社科院近代史所譯《顧維鈞回憶錄》，第12分冊，中華書局，1993，第354頁。

聲明發出時，為儘量減小媒體掀起的輿論風波，美國國務院發言人勸告記者們避免對中美會議做過多推測。《紐約時報》、《華盛頓郵報》等大報在報導聲明內容時，也說明美國官員表示，會談將討論在華美員之遣返，不涉及一般性遠東問題。但更多的媒體沒有聽從政府勸告，許多不利於臺灣當局的推測紛紛流出。〔註32〕為平息臺灣當局焦慮，美國務院指示代理助理國務卿馬康衛會見臺灣當局駐美代表，加以解釋。因顧維鈞不在，25日下午，譚紹華「公使」與馬康衛進行了面談。譚紹華問，聲明中有 "and to facilitate further discussions and settlement of certain other practical matters now at time between both sides" 一語範圍似甚廣泛，不知如何定義？馬答，就其所知將包括美所不滿之中共在大陸各種行為，如拘禁美僑、美商遭受損失、宗教文化事業被取消等等。總之，所談之事將不牽涉臺灣當局之權益，而僅限於美與中共兩方有關之事 "Only on matters of bilateral relations"。關於留學美國的中國學生居留問題，馬康衛表示，美國一向將其作為行政問題處理，若中共要求某學生返回大陸，需提出具體姓名，由美國做具體判斷。馬解釋說，美國認為，「中共不能自認有權保護現居美國之中國國民」。〔註33〕聲明發表之初，美國官方發言人拒絕明確回答某記者提出的是否將討論臺灣海峽停火問題，外交人員對臺灣方面的解釋也是強調中美將只討論「雙邊關係問題」，不會涉及臺灣當局地位和權利。對於在美中國學生身份認同，亦認為其為臺灣當局所屬，中共「無權保護」。所有這些，皆表明美國對臺灣這一遠東盟友的安撫之意。

安撫之意固然甚明，實際作用微小。儘管美政府一度對會談是否涉及臺海停火問題迴避不談，或向媒體示以「朋友不在場時不宜討論有關朋友之事」的大義，〔註34〕但這並非秘而不宣之事。26日，杜勒斯招待記者時透露中美會談可能商及臺灣海峽停火問題。〔註35〕26、27日一些報紙寫出美已允商臺灣問題這樣的標題。此種消息自然頗令臺灣當局不安。倘若美國在此方面對

〔註32〕中國社科院近代史所譯《顧維鈞回憶錄》，第12分冊，中華書局，1993，第354～355頁。

〔註33〕顧維鈞電葉公超（1955年7月26日），「顧維鈞檔案」，檔號：Koo_0150_B117_0057。

〔註34〕The President's News Conference of August 4, 1955, *Public Papers of The Presidents of the United States*, United States Government Printing Office, Washington, 1960, p185.

〔註35〕顧維鈞電「外交部」（1955年7月28日），「顧維鈞檔案」，檔號：Koo_0150_B117_0053。

中共做出任何妥協，對於臺灣當局而言都將是動搖其根本的事。而 24 日喬治公開主張美國放寬對中共禁運的建議，也是臺灣方面甚為關心者。若放鬆禁運，則表示美國對中共態度有變，此舉不但表明美國自身政策有更不利於臺灣的調整傾向，而且將使若干視美國政策為風向標的國家跟著改變政策。故此，顧維鈞小心打探美政府態度，據告知參加會談的美方代表約翰遜接到的訓令是：不得討論關涉臺灣當局權益之各問題，「只能聽取共方之陳述」；而喬治所言並非國務院之意見，杜勒斯亦認為「喬治之主張，並無充分理由」。〔註36〕當然，這只是宴會場合下為求寬慰效果的話，次晨，在另一場合下饒伯森指出，因為美國希望「中共聲明對臺灣問題放棄用武力以謀解決」，即便中共不先提及臺海問題，美國也會提。〔註37〕在中美會談正式開啟的前幾天，顧維鈞忙碌奔走，面見美國各主要高官探聽消息。29 日，顧維鈞與參議院外交委員會主席喬治晤談。中美會談將涉及臺海停火問題一點在喬治這裡也得到確認。喬治稱：「此因美主一切問題因採和平方法以謀解決，希望中共亦能聲明放棄武力政策」。只要實現中共聲明在臺灣海峽放棄武力這一目的，美國便會在其他有關臺灣的問題上均堅持須由臺灣當局代表參加或由臺灣當局委託第三方代理談判。〔註38〕

　　美國試圖以討論中美「雙邊關係問題」的說法緩和臺灣當局的心情，此一說辭其實是經不起推敲的。此時，美國對中國政權的認同是錯位的，由於這一根本性問題的存在，所謂「雙邊關係問題」根本無法作為「雙邊關係」來談。且不說中國留美學生回國的問題如何解釋，在更為重要、也是美國更為在意的臺灣海峽停火問題上，這一說法更顯得荒誕。7 月 28 日，針對中美將商談臺海安全的消息，顧維鈞向饒伯森提出，「所謂停火問題……美並未參加，則美如何能與中共商談停火？」饒伯森答稱，因有臺美共同防禦條約的存在，「若非成立停火協定，勢必牽涉美捲入戰爭漩渦，此非美民所願」，故「凡足以引起國際戰爭者不能認為完全內政」。〔註39〕臺美共同條約是臺灣當局頗費

〔註36〕顧維鈞電葉公超（1955 年 7 月 28 日），「顧維鈞檔案」，檔號：Koo_0150_B117_0054。
〔註37〕顧維鈞電「外交部」（1955 年 7 月 28 日），「顧維鈞檔案」，檔號：Koo_0150_B117_0053。
〔註38〕顧維鈞電「外交部」（1955 年 7 月 29 日），「顧維鈞檔案」，檔號：Koo_0150_B117_0052。
〔註39〕顧維鈞電「外交部」（1955 年 7 月 28 日），「顧維鈞檔案」，檔號：Koo_0150_B117_0053。

心力爭取而來，其關注點在獲得美國的軍事協防保障。美國以此為憑，「代理」臺灣事務，此點恐怕是臺灣當局始料未及的。實力決定論之下，臺灣當局在交涉中足顯「無力」之態，除向美方表達焦慮、反對，促請美國重視亞洲外，〔註40〕並無有效的外交途徑來阻止中美談判。

在此間的臺美交涉中，臺灣地位問題再次浮出水面。1951年在商議對日和約時，美國為使今後對臺灣的干涉留有所謂的法律依據，有意不說臺灣由日本歸還中國，而是用了模糊的說法：「臺灣澎湖由日本予以放棄」。〔註41〕美國這一無視他國主權的做法原本就是荒謬錯誤之舉，而此時又被美國拿來運用，以行干涉之便。在與饒氏的談話中，顧維鈞指出，開羅會議宣言、波茨坦協定、日本受降條款均明白規定臺灣交還中國，在各該文件中美國均為簽字國，當無問題。饒伯森迴避顧維鈞的反駁，又拿出所謂「事實上的兩個中國」說事，且表達美國對臺灣的重視之意，鼓勵臺灣當局等待時機返回大陸。〔註42〕先壓後拉的方式似乎成為此時美國對臺的慣常手法，臺灣當局離不開美國的「看重」與「支持」，因而只得被迫接受其無視國際法理與正義的說辭。

三、會談開始後的臺美交涉

中美大使級會談正式開始後，臺灣當局運用各種關係，設法獲悉談判內容、實際進展。臺灣方面最為關心的者主要為幾個問題：會談是否會談及金馬？是否將繼續升級？在美中國留學生是否會為中共所掌控？是否涉及承認問題？以及放棄武力聲明問題。

是否會談及金馬？

中美會談將涉及金馬，這一點雖已為顧維鈞等直接在外交一線工作的少數人所感知，但在公眾而言，尚不知情。美國為平息國內外極端反共人士及臺灣方面的憤怒，屢屢做出絕不出賣盟友的保證。但會談是否果如傳言一樣涉及金馬？中美間是否會有損害臺灣方面利益的「秘密交易」？這樣的疑問籠罩在焦慮恐懼者的心頭。

〔註40〕顧維鈞電「外交部」（1955年7月29日），「顧維鈞檔案」，檔號：Koo_0150_B117_0052。

〔註41〕參見馮琳：《對日和約問題上的蔣美分歧及蔣之因應》，《抗日戰爭研究》2016年第1期，第140頁。

〔註42〕顧維鈞電「外交部」（1955年7月28日），「顧維鈞檔案」，檔號：Koo_0150_B117_0053。

　　中美會談開始後，美國狂熱反共主義者、共和黨人麥卡錫（Joseph Raymond McCarthy）在參議院發表演說，指控艾森豪威爾「計劃出賣」臺灣當局。其過激的言辭並未得到什麼呼應，反而遭到數位參議員的反對，但亦足以刺激臺灣方面敏感的神經。共和黨領袖諾蘭隨即於白宮對記者答覆麥卡錫的指責，聲明艾森豪威爾曾保證不背棄盟邦，並代表政府否認美國「刻在出賣、或賣出我們亞洲的盟友」。〔註43〕諾蘭本為美國國會「臺灣幫」的代表，此次連他都站出來為美國政府辯解，可見輿論壓力之大。同時，駐臺美代辦於2日、3日對記者談話，解釋美國對華立場並無變更，並以共同防禦條約之實施、美軍事顧問團之擴充及第十三航空隊一部分移駐臺灣等事實為證，盼臺灣不要過分猜疑。〔註44〕但這些聲明和保證並不能掩蓋國際上敦促中美擴大談判的聲音。

　　中華人民共和國最高人民法院軍事審判庭於7月31日決定將1953年美國11名乘飛機偷入中國國境進行間諜活動的罪犯提前釋放，並通知執行機關即日辦理釋放手續，送出中國國境。8月3日《印度快報》評論「中美日內瓦會談的範圍必須擴大」，因中國的行動已為此種擴大創造了氣氛。美國許多報紙也認為，雙方將轉入討論中美之間現有的其他實際問題。〔註45〕臺灣當局立即採取措施，緩解輿論帶來的恐慌。3日的《中央日報》頭版除部分廣告版面外，全部為關於中美會談的內容：葉公超保證「決心保衛金馬絕無問題」、38名「立委」聲明如涉及臺灣權益絕不承認、杜勒斯斷然聲明不談金馬問題等等。〔註46〕

　　9月中旬，中美兩國在平民回國問題上取得共識並發表了聲明，中方提議進入第二個議程，討論美國對華經濟封鎖和禁運，並為更高一級會談進行準備以及緩和臺灣地區的緊張局勢。美方同意進入第二議程，但提出的議題是：在朝鮮戰爭中失蹤的美軍人員；放棄使用武力；償還美國在中國大陸的外交財產。〔註47〕儘管雙方期望的議題相差甚遠，但不管在哪一方的議題中，金

〔註43〕《艾森豪曾保證　未背棄盟邦》，《中央日報》1955年8月3日，第1版。
〔註44〕「外交部」電顧維鈞（1955年8月5日），「顧維鈞檔案」，檔號：Koo_0150_B117_0043。
〔註45〕《各國重視中美會談和我釋放美間諜的決定》，《人民日報》1955年8月4日，第4版。
〔註46〕《中央日報》1955年8月3日，第1版。
〔註47〕陶文釗：《中美關係史 1949～1972》（修訂本），第二卷，上海人民出版社，2016，第202頁。

馬問題是避不開的。

　　自中美發表關於平民返國的聲明，蔣介石就已有心灰意冷之感，認為「美國外交如兒戲冷暖無常，不足為奇，能否反攻，全在於自我」。〔註48〕蔣不理會美國放棄「外島」的意見，加強金馬防務，親擬督導與手示多種，並親自巡視金門。〔註49〕臺灣外交部門亦明白，勸說美國不要與中華人民共和國談論金馬是徒勞無益的。美國以負有臺灣防務之責為藉口「全權代理」臺灣事務，在臺灣尚且無法真正離開美國扶持的情況下，臺灣外交人員也就無法在這一問題上據理力爭。臺灣方面唯有適機要求美方，盡早停止中美談判。〔註50〕談判停止，金馬「外島」才可能不再出現在會談議題當中。弱勢一方向存在依附關係的強勢方進行所謂交涉，其效果可想而知。在金馬隨時可能被「出賣」情況下，蔣介石唯有以行動盡可能防止「外島」丟失，並不斷告誡民眾自立自強，以示不屈。

是否繼續升級？

　　7月30日，周恩來在中國人民代表大會會議上發言，主張亞洲和太平洋地區的國家，包括美國在內，簽訂一個集體和平公約來代替目前的對立性的軍事集團。這一發言被英國等國媒體認為是溫和而和解性的。〔註51〕中國將美國11名間諜提前釋放的決定亦被艾森豪威爾等人給予充分肯定，參院外交委員會主席喬治亦稱：「這證明日內瓦會談是值得舉行的」。〔註52〕喬治曾在24日電視講話就主張中美進行外長會議，〔註53〕起初美方解釋說，那不是美國國務院的意見。但會談開始前後中美間互釋善意，此種局勢令輿論猜測不斷。若果升級為周恩來與杜勒斯的談判，外交承認之意更加彰顯，臺灣當局甚為憂慮、緊張。

　　8月2日，杜勒斯答記者問，說並無升級必要。然，臺灣當局並不能安

〔註48〕《蔣介石日記》手稿，1955年9月11日。

〔註49〕《蔣介石日記》手稿，1955年9月反省錄，10月1日上星期反省錄。

〔註50〕沈昌煥電葉公超（1955年9月24日），「顧維鈞檔案」，檔號：Koo_0150_B117_0024。

〔註51〕《各國重視周總理關於我國外交政策報告》，《人民日報》1955年8月2日，第4版。

〔註52〕《我國提前釋放美間諜的決定引起廣泛反響》，《人民日報》1955年8月3日，第4版。

〔註53〕顧維鈞電「外交部」（1955年7月27日），「顧維鈞檔案」，檔號：Koo_0150_B117_0055。

心。3 日臺外交部門囑美代辦再就此事聯繫國務院。5 日，又令顧維鈞就美國務院及國會途經「酌探支持動作」，期獲美方進一步保證。〔註 54〕顧維鈞隨即拜會饒伯森，請美政府酌予一較有力之保證，以書面文件或信函，或節略等外交文書說明美方意旨。饒伯森表示，關於美不擬與中共商談有關臺灣權益之問題，除非有臺代表參加或先徵得臺灣方面同意一點，已經美方一再聲明保證。按目前情形，除非中共方面忽有意料外之變更，外長級會議絕無可能。若談保證，則艾總統與杜卿之聲明均有記錄（transcript），且係對國際公開之聲明，較任何對臺灣的聲明都更為有力。關於此種記錄，饒答應送一份給顧參考。〔註 55〕即便如此，臺灣當局仍然懷有疑慮。〔註 56〕

在 9 月 14 日的第 15 次會議上，中方代表王炳南就結束第一階段議程並為更高級別會談做準備的事提出建議。中方認為，只有舉行中美部長級會議才是解決兩國爭端切實可行的途徑，特別是要解決臺灣地區緊張局勢這樣重大的問題。儘管美方代表約翰遜一再向新聞界強調，在全部美國平民得到釋放之前討論這些問題為時過早，但仍無法打消記者們的種種推測與解讀。美國政府為減輕壓力，也試圖在內部統一意見。21 日，饒伯森與喬治就關於中美舉行外長會議一事交換了意見。喬治表示，若中共能聲明放棄武力政策，則中美舉行外長會議「當屬不遠」，但他也認為中共未必能作此聲明。〔註 57〕

約翰遜的謹慎言論和喬治的預設前提並不能體現在所有輿論之中。蔣介石等人已有如驚弓之鳥，他感到會談升級將被國際認為是美國朝著承認北平政府的方向邁出「確切的一步」。〔註 58〕19 日，杜勒斯同意進入第二議程。對於會談升級一事，美政府未曾給出明確的官方否認態度，而是留有餘地。24 日，「外交部次長」沈昌煥致電正在紐約訪問的葉公超，請其向杜勒斯當面表達堅決反對之意，並請顧維鈞接洽美國務院。〔註 59〕胡佛副國務卿向顧維鈞

〔註 54〕「外交部」電顧維鈞（1955 年 8 月 5 日），「顧維鈞檔案」，檔號：Koo_0150_B117_0043。

〔註 55〕顧維鈞電「外交部」（1955 年 8 月 9 日），「顧維鈞檔案」，檔號：Koo_0150_B117_0040。

〔註 56〕《蔣介石日記》手稿，1955 年 8 月 13 日上星期反省錄。

〔註 57〕顧維鈞電「外交部」（1955 年 9 月 30 日），「顧維鈞檔案」，檔號：Koo_0150_B117_0021。

〔註 58〕中國社科院近代史所譯《顧維鈞回憶錄》，第 12 分冊，中華書局，1993，第 423 頁。

〔註 59〕沈昌煥電葉公超（1955 年 9 月 24 日），「顧維鈞檔案」，檔號：Koo_0150_

透露美政府對外長會談提議的態度，說美國對王炳南的答覆是，此係程序問題此時不談。雖然喬治曾有外長會議的提法，但那是「此翁年邁忠厚所言，顯未曾將其可能包含之意義預為防阻而加以說明，致一般新聞記者擅自申引其意而惹起各方誤會」，喬治本意並非如此。美政府認為中美外長會談是「在能預見之將來為不可能之事」。〔註60〕

此後，每當顧維鈞等人詢問中美會談是否會升級時，美方的答覆總以「此係程序問題，不在會談範圍之中」、「此非屬於日內瓦談判範圍，係完全另一問題」之類搪塞。〔註61〕儘管臺灣當局對此甚為焦慮，盼能得到美方官方的回絕保證，卻盼之不得。美方不打算在此問題上斷了後路，是以準備與中共談下去的拖延心理為背景的，他們以為若中共願意保證在臺海放棄武力，會談升級之事還是可期的。至1956年1月，臺灣當局不得不發表一則備忘錄，聲明：此項會談如提高至外長級，則足以進一步顯示對中共政權「事實的承認」，「並為中共進一步提出其他要求另闢途徑」，〔註62〕請美國政府慎重考慮。

與舉行外長級會議問題交織的，還有對中共取消貿易禁運的問題。與前一問題一樣，臺灣當局對後者也是堅決反對的。然而，英、法、意等西歐國家和遠東的日本在敦促美國部分解除此種禁運，特別是對中共非戰略性物資的禁運，使對中共的禁止貿易清單保持在與蘇聯同等水平。這些國家在向美國施壓，如果美國不修訂對華禁運物資種類，不解除對非戰略物資的禁運，他們就可能逕自與中華人民共和國進行非戰略物資的交易。因此，美方認為不如擬就一份禁運清單，將400項禁運物資減少為150項。〔註63〕在此項問題上，美國亦更多地考慮到國際大勢與自身利益，未以臺方意見為慮。

在美中國留學生遣返問題

對於中國留學生，特別是從事軍事技術研究的留學生，美國禁止其離境。

B117_0024。

〔註60〕顧維鈞電「外交部」（1955年9月26日），「顧維鈞檔案」，檔號：Koo_0150_B117_0023。

〔註61〕顧維鈞電「外交部」（1955年10月20日），「顧維鈞檔案」，檔號：Koo_0150_B117_0017；顧維鈞函蔣廷黻（1955年11月9日），「顧維鈞檔案」，檔號：Koo_0150_B117_0014。

〔註62〕備忘錄（1956年1月25日），「顧維鈞檔案」，檔號：Koo_0150_B117_0011。

〔註63〕中國社科院近代史所譯《顧維鈞回憶錄》，第12分冊，中華書局，1993，第612頁。

杜勒斯認為應按照 1952 年《移民法》進行審查。〔註64〕爭取中國留美學生回國是中美大使級會談第一階段重點要解決的事。王炳南在 8 月 2 日的會談中指出，在日內瓦領事級會談中，美方通知中方有 27 名留學生可以回國，但只回國 21 人；4 月 8 日美方通知中方有 76 名留學生獲准歸國，但因美方未提供名單，無法確認回國情況。王炳南反對美國移民署要求中國留學生限期返國，否則就須申請永久居留的做法，要求美方提供在美中國僑民（包括留學生）的名單，取消中國人回國的禁令和限制出境時間等做法。〔註65〕

因臺灣當局自視為中國「唯一代表」，認為中華人民共和國「無權控制」全體中國留學生。美國與中共開始討論中國留美學生遣返大陸問題後，葉公超 4 日於記者招待會上聲明：不反對美政府許可少數在美留學生自請回返大陸，但美政府決不能違反當事人意志作強迫遣返大陸之舉。〔註66〕臺當局駐美「大使館」發表聲明，指斥中共「企圖控制留學生及威脅華僑」，並請美國不要直接或間接承認中共對留美學生全體有「任何干涉之權」。〔註67〕駐美「大使館」與其所謂「文教顧問委員會」主辦的「中美友誼會」及部分僑團共同發起抵制活動，策動美國重要社團如退伍軍人會等分頭進行抗議，並使電視廣播電臺等媒體邀請反共之中國學生代表講話。〔註68〕希望以此類活動煽動留學生和美國民眾的反抗情緒，以影響美國政府。在奉「外交部」指示進行各方策動外，駐華盛頓「大使館」分電駐紐約、舊金山等地「領事館」，使其各盡所能進行活動，並提醒各地分支機構在策劃活動時特別注意：「策動僑團學生務須縝密不露痕跡，與學生接洽時尤宜小心，以免貽人以指謫我方策動之口實」。〔註69〕

〔註64〕 Memorandum From the Secretary of State to the President, April 1, 1955, *FRUS, 1955～1957, China*, Vol. II, Washington, D.C.: U.S. Government Printing Office, 1986, p.443.

〔註65〕 Telegram From Ambassador U. Alexis Johnson to the Department of State, Aug. 2, 1955, *FRUS, 1955～1957. China*, Volume III, Washington, D.C.: U.S. Government Printing Office, 1986, p.9.

〔註66〕 「外交部」電「駐美大使館」（1955 年 8 月 6 日），「顧維鈞檔案」，檔號：Koo_0150_B117_0042。

〔註67〕 顧維鈞電「外交部」（1955 年 8 月 5 日），「顧維鈞檔案」，檔號：Koo_0150_B117_0039；顧維鈞電「外交部」（1955 年 8 月 9 日），「顧維鈞檔案」，檔號：Koo_0150_B117_0040。

〔註68〕 顧維鈞電「外交部」（1955 年 8 月 11 日），「顧維鈞檔案」，檔號：Koo_0150_B117_0037。

〔註69〕 「駐美大使館電駐紐約使館」（1955 年 8 月 12 日），「顧維鈞檔案」，檔號：Koo_0150_B117_0036。

在留學生遣返問題上，臺灣當局在與美交涉時一個重要的意圖是儘量縮小所涉及範圍：首先不能是全體僑民，其次在留學生方面，不能是即將畢業回國的全部中國留美生。既然不能是全部中國留學生，那美國自然不能滿足中方要求，向其提供名單。這一意圖無非是要表示中國留學生不應由中華人民共和國控制，僑民更是如此。此點說到底仍是「法統」問題，是爭奪「中國代表權」之意。期間傳聞美國將對中共妥協，使印度等第三者代理中共處理在美一切事宜。此舉涉及全體僑民，亦有外交承認的含義，臺灣當局自然又添一層憂慮，顧維鈞遂就此事與美交涉，要求美國公開予一保證。美方表示，美與中共會談要使被扣美民全部被釋放，假如發表此類保證宣言，將增加談判困難。若要發表宣言，可由臺「駐美大使館」酌為表示。〔註70〕

經過 14 次會談，中美大使關於雙方平民回國問題的聲明在 9 月 10 日公布。雙方聲明，在本國的對方國家平民願返國者，「享有返回的權利，並宣布已經採取、且將繼續採取適當措施，使他們能夠盡速行使其返回的權利」；英、印分別被委託對願回國的美、中平民提供協助。〔註71〕這是在持續了 15 年的中美大使級會談中唯一形成文字的成果。隨後，美國務院發言人向報界說明，「所發宣言係雙方相互通知之辦法並非國際協定，且無其他暗藏意義，此外亦無秘密協議或諒解，並說明此次所定辦法並無包含承認中共之意，亦無允許中共對在美華人伸張其控制權之意」。〔註72〕美國此舉為一貫的兩面手法，此類說明僅為堵臺灣當局及其他反共人士之口，其欲蓋彌彰之意甚明。事實上，宣言文中所提華人並未專提留美學生，其範圍涉及到了全體中國僑民。美方在提供留學生名單一事上亦未如臺灣當局所願，而是提供了已經聲明願返大陸之學生名單 76 人。關於第三方代理的問題，中美達成協議：在美華人如有欲返大陸而被阻者，可向駐美印度大使館申訴代為交涉；如有旅行上需要，亦可由該大使館予以經濟上協助。在遣返留學生問題上，臺當局同美國的交涉沒有發生多大的效用。

〔註70〕顧維鈞電「外交部」（1955 年 8 月 26 日），「顧維鈞檔案」，檔號：Koo_0150_B117_0029。

〔註71〕《中華人民共和國和美利堅合眾國兩國大使協議的聲明關於雙方平民回國問題》，中華人民共和國外交部編：《中華人民共和國條約集（第四集）（1955）》，法律出版社，1958，第 1 頁。

〔註72〕顧維鈞電「外交部」（1955 年 9 月 10 日），「顧維鈞檔案」，檔號：Koo_0150_B117_0026。

是否涉及承認問題？

雖然美政府一再聲明中美會談不涉及對中華人民共和國的承認問題，但中美大使級會談消息一經公布，在當時是令世界震驚的大新聞，〔註73〕解決中華人民共和國在聯合國席位問題的主張隨之熱烈起來。日本公眾領袖大山郁夫對記者表示：「許多國家都認為應該舉行一個有中國參加的五大國會議。沒有中國的參加不能完滿解決世界重大問題，尤其是遠東問題」，並主張「中國在聯合國的席位應該迅速恢復。」英國的《每日先驅報》社論指出：「美國同中國正式打交道，說明美國認識到中國的力量和重要性這個事實。這應該最後導致中國被接納進聯合國的步驟——這是英國所希望的」。〔註74〕

臺灣當局以「正統」自居，鼓吹「反共復國」，反對國際上有關「兩個中國」的主張。在美國與中國談判一事上，有關其隱含的承認之意，臺灣當局甚為在意。8月4日，葉公超對媒體稱：會談開始前美已做出書面及口頭保證，此項會談決不隱含對中共任何程度之外交承認，臺灣當局深信此項保證之可靠。〔註75〕

中美會談的舉行使美國在9月份聯合國大會中的表現備受關注，媒體紛紛猜測中華人民共和國的席位問題是否會在該屆大會中得到解決。8月4日，美國駐聯合國常任代表洛奇（Henry Cabot Lodge）指出，美國將繼續在下個月的大會中反對中共加入聯合國。6日，艾森豪威爾本人也公開重申不承認中華人民共和國的立場。〔註76〕大會當月，美國務院答覆前來探詢情況的顧維鈞，表明對臺灣當局的絕對支持，並言國務院在起草一份秘密通令指示美國各使團注意這一事實。〔註77〕9月20日，在聯合國大會第十次會議上，在美國作用下，大會通過了其提出的不對中國席位代表權進行變更的提議。

雖然如此，美國開始同中共談判的事實，畢竟已使一些國家如比利時、法國、意大利、敘利亞等，開始改變對中華人民共和國的態度，擬先謀求恢復經濟關係，有的國家甚而在聯合國席位問題的立場上產生猶豫。據意大利

〔註73〕王炳南：《中美會談九年回顧》，世界知識出版社，1985，第46頁。
〔註74〕《各國重視中美會談和我釋放美間諜的決定》，《人民日報》1955年8月4日，第4版。
〔註75〕「外交部」電「駐美大使館」（1955年8月6日），「顧維鈞檔案」，檔號：Koo_0150_B117_0042。
〔註76〕《美政策仍不變》、《艾森豪強調中美友誼》，《中央日報》1955年8月6日，第1版。
〔註77〕中國社科院近代史所譯《顧維鈞回憶錄》，第12分冊，中華書局，1993，第415頁。

駐日內瓦總領事館稱，中意談判頗有進展，還有傳聞說中意兩國可望舉行貿易會議。故臺灣當局認為，美方雖聲明中美談判不影響臺灣權益，但事實上已予中華人民共和國以未曾有之國際外交關係。顧維鈞請美政府接洽各國，表明用意。〔註78〕

放棄武力問題

在臺灣地區放棄使用武力，是美國與中共談判的一個主要目的。〔註79〕在 9 月 14 日中方提出將禁運問題和準備進入外長級會談作為第二項議程的議題後，美方拒絕對這兩項議題進行實質性討論。直到 10 月 8 日，美方提出中美應首先發表放棄使用武力聲明。

中方認為，「如果說，所謂放棄使用武力的問題就是中美兩國應該根據聯合國憲章的宗旨和原則，和平解決兩國之間的爭端而不訴諸武力，那麼，這正是中國所一貫主張的……但是，在中美兩國的國際關係中不使用武力的問題，絕對不能同中美兩國中任何一國的國內問題混為一談。就臺灣問題來說，美國侵佔中國的領土臺灣是中美兩國之間的國際爭端；中國人民解放自己的領土臺灣，這是中國的主權和內政。雖然中國政府曾經一再聲明，願意在可能的條件下，爭取用和平的方式解放臺灣，但是，這個中國內政的問題，決不可能成為中美會談的題目」。

1955 年 10 月 27，王炳南提出中美關於放棄武力問題的聲明草案，表示：根據聯合國憲章相關條款，中美同意「用和平方法解決它們兩國之間的爭端而不訴諸威脅或武力」，為此中美應舉行外長會議，「協商解決和緩和消除臺灣地區緊張局勢的問題」。美方不同意中方草案，11 月 10 日，美方提出的對案稱：「除了單獨和集體的防禦外」放棄武力。美方欲混淆「中美兩國在臺灣地區的國際爭端同中國政府和蔣介石集團之間的國內問題，要求中國承認美國侵佔中國領土臺灣的現狀，放棄解放臺灣的主權」這是中華人民共和國絕對不能接受的。由於美國堅持所謂「單獨和集體的防禦權」，中方在 12 月 1日提出的對案也被否定，1956 年 1 月 12 日美方提出對案再次強調「單獨和

〔註78〕沈昌煥電葉公超（1955 年 10 月 18 日），「顧維鈞檔案」，檔號：Koo_0150_B117_0018；顧維鈞電「外交部」（1955 年 10 月 20 日），「顧維鈞檔案」，檔號：Koo_0150_B117_0017。

〔註79〕顧維鈞電「外交部」（1955 年 7 月 28 日），「顧維鈞檔案」，檔號：Koo_0150_B117_0053；顧維鈞電「外交部」（1955 年 7 月 29 日），「顧維鈞檔案」，檔號：Koo_0150_B117_0052。

集體的防禦權」問題。〔註80〕

　　臺灣是中國領土，對於美國來說，根本不存在任何「防禦權」的問題，美國如此要求，是企圖繼續控制臺灣。面對美方的拖延與無禮，1月18日中華人民共和國外交部發言人發表聲明，公布中美會談經過並說明中方立場。21日，美國國務院做出回應，從美方角度解釋會談經過，並聲明美國立場稱：「美國已經完全表明，放棄使用武力，任何一方也沒有放棄其目標和政策，而只是放棄用武力實現這些目標和政策。」〔註81〕在答記者問時，針對中方認為美國在臺灣不存在「自衛」權的問題，饒伯森指出，「自衛應有權利」為臺美共同防禦條約所明白規定，「美軍事領袖無一不認臺灣為美國安全席中一重要鎖鏈」，並稱「臺灣之主權問題自日本放棄後始終尚無法律上之解決」。〔註82〕

　　美國提出在臺灣地區不使用武力一點後，中共本不願與之討論。〔註83〕為不使談判破裂，中共提出根據聯合國憲章同意用和平方式解決中美之間爭端的說法。中美之間爭端的範圍，在中華人民共和國看來是不包括臺灣地區的。這是美國不願接受中方說法的分歧點。在臺灣問題為中國內政問題的看法上，臺灣方面與大陸的看法一致。兩岸的努力方向都是避免臺海問題成為國際問題。1955年11月16日，葉公超致函杜勒斯，聲明臺灣當局反對中美討論「放棄訴諸武力問題」的立場，〔註84〕但始終未獲答覆。

　　1月21日美國的聲明使臺灣當局得到這樣的印象：中美就「放棄武力問題」達成雙邊協議，不但等於事實上承認中共，且暗示美國不反對中共解放臺灣，打擊了臺灣士氣，助長了「兩個中國」論調。〔註85〕饒伯森就該項聲明的發言雖非第一次出自美方官員之口，但其隨聲明出之加重了對臺當局的打擊。美方的說法是缺乏法理支撐、并與歷史事實和歷來國際重要文件相悖

〔註80〕《中華人民共和國外交部發言人發表聲明　公布中美會談的經過並說明中國方面的立場》，《人民日報》1956年1月19日，第1版。

〔註81〕US State Department declaration (January 21,1956), *Department of State Bulletin*, Vol.34 (Jan～Mar 1956), pp164～166.

〔註82〕「駐美大使館」電「外交部」（1956年1月21日），「顧維鈞檔案」，檔號：Koo_0150_B117_0009。

〔註83〕顧維鈞電「外交部」（1955年10月20日），「顧維鈞檔案」，檔號：Koo_0150_B117_0017。

〔註84〕葉公超電顧維鈞（1955年11月16日），「顧維鈞檔案」，檔號：Koo_0150_B117_0012。

〔註85〕中國社科院近代史所譯《顧維鈞回憶錄》，第12分冊，中華書局，1993，第642頁。

的狡辯。而「美軍事領袖無一不認臺灣為美國安全席中一重要鎖鏈」竟然也成為理由之一，足證其荒誕。

忍無可忍之下，臺灣當局決定發表備忘錄，對公眾說明立場。備忘錄指出，細察業已發表之會談通過情形，此項談判與美國迭次對臺之保證不符，實已與臺灣權益「發生重大關係」。並重點譴責美國自願與中華人民共和國討論「放棄武力」之害，指出「會談過程中美國曾迭向中共保證，說明中共如允放棄使用武力，決不足以妨礙其在臺灣區域以和平方法推行中共政策」，臺灣方面「對此一事實之揭露實深駭異」。重申臺灣當局「收復大陸之政治目標保持不減」。〔註86〕

此後，關於「放棄武力問題」如何表述、如何界定仍是中美會談的一個焦點，但雙方無法達成共識、陷入膠著。1956 年 7 月，王炳南向約翰遜提議，會談進入其他議題的討論，如貿易禁運問題，暫時擱置爭議。

四、餘論

1950 年以後，美國刻意避免隱含「承認」之意的美中接觸，但其實並不能真正做到，特別是到 1950 年代中期。因朝鮮問題的板門店談判，美國打著聯合國的旗號與中方代表接觸；1954 年日內瓦會議期間，由於遣返美僑美俘問題，美國拉著英國與中國談判；1955 年 8 月中美大使級代表終於拉開會談序幕。儘管美國否認會談具有承認中國之意，對臺灣當局保證不會損害其權益，並以「保護人民」為由與中國接觸，以僑民戰俘的回國問題切入會談，事實上美國只是在以此種外交手段為自己解套。通過第一次臺海危機後的討論和嘗試，美國意識到臺灣海峽的危機並不是有強大實力和核武就能輕易解決的問題。事實上，美國已經陷入不得其門而入的困境。與中華人民共和國直接談判，在避免戰爭的情況下將臺澎留在自己手中，此時對美國而言是最有利的機會。儘管這一目的與談判對手的想法並不吻合，但以談判爭取更多的和平時間還是有希望的。「以靜制動」的拖延辦法等待時機是美政府對中國所抱有的一種想法。等待中國內部發生變故以取得時機，這也是此間美國阻止蔣介石反攻大陸的理由和說辭。〔註87〕自然，這一想法落空了。中美會談進

〔註86〕備忘錄（1956 年 1 月 25 日），「顧維鈞檔案」，檔號：Koo_0150_B117_0011。
〔註87〕顧維鈞電「外交部」（1955 年 7 月 28 日），「顧維鈞檔案」，檔號：Koo_0150_B117_0053。

行了十幾年，而後迎來美國對中華人民共和國的承認與建交。而中美大使級會談的進行，不管美國如何辯解，事實上就是對中華人民共和國政權的承認。〔註88〕從這個意義上，中美大使級會談的正式開啟，是中華人民共和國外交勝利的體現。

中美會談是中國外交的勝利，同時也是冷戰背景下中國外交的無奈。中華人民共和國要解放臺灣、解放沿海島嶼，在美國干涉下，只能一邊進行軍事準備，一邊積極開展外交上的鬥爭。中國願意坐下來同美國談判，也不排斥以不包括臺灣當局代表在內的國際會議形式商談，但拒絕與臺灣當局同時出現在聯合國進行談判，因為那樣帶有「兩個中國」的意味。臺海緊張局勢本是中國內政，國共雙方本應直接談判解決。周恩來曾向英國表示，中華人民共和國在任何時候任何情況下都反對臺灣當局參加國際會議，但並不拒絕、事實上還建議與臺灣當局直接對談。〔註89〕然而，美國自認為承擔了臺灣的防務，認為美國應代表臺灣出面談判緩和臺海局勢的問題，竟不以為是干涉他國內政，反而公然作此表示。在美國插手甚至在某些時候包辦臺海事務的狀態下，中國政府只能選擇先與美國對談，在就某些方面達成一定共識之後，再與臺灣當局直接談判。〔註90〕中國內政的「國際化」是美國霸權主義、強權政治在遠東的體現。中國政府欲先進行中美談判再進行兩岸談判來解決臺灣問題，實為實力不足之下最能維護中華民族利益的選擇。由於美國抱定臺灣應為自己控制的立場，中美談判並未能在臺灣問題上取得實質進展，兩岸談判亦沒有進行，此為後話。

「臺灣法律地位未定」本是美國強權操縱下形成的一個並不符合歷史事實與國際法理的概念，是以對日和約結束戰爭狀態時美國有意留下的一個口

〔註88〕有學者認為中國以「文攻」與「武嚇」雙重壓力施加於美國，使其不得不一步步退讓，與中國舉行「含有高度承認意味的大使級談判」。故無論美國如何自圓其說，「終難改變其實力難以施展，隨著中共音樂起舞的事實」。（張淑雅：《文攻武嚇下的退縮：美國決定與中共舉行大使級談判的過程分析，1954～1955》（《中央研究院近代史研究所集刊》第 25 期（1996 年 6 月），第 379 頁。）

〔註89〕Memorandum of the substance of a Conversation, Peking, May 26, 1955, *FRUS, 1955～1957, China*, Vol. II, Washington, D.C.: U.S. Government Printing Office, 1986, p.582.

〔註90〕Memorandum of a Conversation, Department of State, Washington, June 13, 1955, *FRUS, 1955～1957, China*, Vol. II, Washington, D.C.: U.S. Government Printing Office, 1986, p.592.

子，目的就是為行干涉、侵略之便。最初公布中美會談時，美國以談論中美「雙邊關係問題」為辭，但當臺灣方面提出：臺海停火如何成為中美間的問題時，美國指出：臺灣地位未決，臺美有共同防禦條約在，美國理應出面。1940 年代明確規定了臺灣歸還中國的幾個重要文件，雖然都有美國簽字，美國卻都可以無視，反而以美國操縱下、沒有中華人民共和國代表參加的對日和約為根據，來堵臺灣當局之口。臺灣當局曾經為自身安全而苦苦爭取的臺美共同防禦條約，此時看來亦成為美國「代理」臺灣的一個堂而皇之的理由。

　　隨著中美會談的推進，「臺灣法律地位未定」不但成為美國干涉中國內政的藉口，也成為其以模糊政策周旋在兩岸之間的一個幌子。1956 年 1 月，美國聲明對「放棄使用武力」問題的立場，指出不妨礙各自的目標和政策，實際上暗示中華人民共和國對臺灣有提出要求的權利。聲明發出後，美國務院官員又提出臺灣地位「未定」的說法。而此說不但違背二戰結束前後的幾個重要文件，與臺美共同防禦條約也是相悖的。〔註 91〕美國在外交上的翻雲覆雨與其大國地位有不相稱的表現。

　　所謂「事實上的兩個中國」是美國堵臺灣當局之口的另一致命武器。至少在兩蔣時代，臺灣當局是堅決反對「兩個中國」主張的。蔣介石早在 1950年就有退出聯合國的想法，不與中華人民共和國席位同時出現，〔註 92〕以免造成「兩個中國」。此後，這種想法更為明確，並在日記中多次表達。〔註 93〕可以說，雖然 1971 年臺灣當局才正式退出聯合國席位，但在此前 20 多年間蔣介石一直有這樣的心理準備，且從未出現過接受所謂「兩個中國事實」的念頭。1950 年代中期，美國出現過關於「兩個中國」的討論熱潮。在就某些重大問題與臺交涉的過程中，美國要人時常拿出所謂「兩個中國事實」的話製造出無形的威壓與震懾。蔣介石雖有寧可退出席位的心理，但這畢竟是迫不得已時的選擇，具體執行外交事務的顧維鈞等人更不會輕易本著「寧為玉碎」的心理來操作。臺灣擁有亞洲第二強的反共力量，美國對臺自會盡籠絡之意。儘管在具體交涉中，美方人員一般會對臺灣當局代表和顏悅色，然而「事實上的兩個中國」字眼一出體現的卻絕非「友誼」。美國很清楚臺灣當

〔註91〕中國社科院近代史所譯《顧維鈞回憶錄》，第 12 分冊，中華書局，1993，第644 頁。
〔註92〕《蔣介石日記》手稿，1950 年雜記 10 月 14 日。
〔註93〕如《蔣介石日記》手稿，1953 年 5 月 21 日，1954 年雜錄等。

局反對「兩個中國」，也很清楚臺灣當局一直認為臺海停火問題乃是中國內政，[註94] 但仍然要將其解釋為所謂「國際問題」，讓臺灣當局不敢以強硬態度反對的一把利劍就是美國在「兩個中國」問題上不動聲色的威懾。

此時，獲得中共不在臺灣海峽使用武力的保證是美國最重要的目的。雖然美國為顧及反共陣營的馬首形象，有時對中美會談拿出一定姿態，似乎並不是那麼熱衷，但其實在中國人民解放軍炮火逼迫下，美國已別無選擇。1950年杜魯門聲明與 1954 臺美共同防禦條約，已將臺澎的安危與美國捆綁在一起，然而臺灣「外島」並不在其列。若因金馬等島嶼而與地處遠東、地廣人多的中國作戰，美政府斷然無法說服民眾與盟友支持，因此，美國必須設法避免面對此類難題。這是美國政府的決策，並非民主黨給親臺的共和黨製造難題。雖然 4 月底以後，中美會談的預期已經在形成之中，但在中美會談消息正式公布前，臺灣當局並未做好充分心理準備，也沒有形成有力對策。在會談消息公布後，臺灣當局對美國準備怎樣進行會談仍毫無把握，交涉內容主要是探明真相。足見美國在整個決策過程中並未充分顧及臺灣方面的意見，反而有刻意隱瞞的傾向。與此相應，臺灣當局則在中美會談一事上表現出強烈的「無力感」。

1954 年中華人民共和國代表成功出席日內瓦會議，並在會議期間在英方陪同下與美國代表進行談判，此事造成了一定的國際影響，開始影響到一些國家對中國的態度。臺灣當局自始至終反對中美接觸，但這種反對並不能產生足夠效用。第一次臺海危機的爆發一度將美國逼入進退維谷的困境。1955年春，美國借助聯合國干涉解決臺海緊張局勢的試圖落空。4 月初，美國已經決定放下包袱，將金門馬祖等「外島」視為可有可無之地。因此，在 4 月下旬周恩來在萬隆會議上對和平談判表態之時，美國其實已經具備接過橄欖枝的主客觀條件，且已意識到接過橄欖枝為其從臺海危機中脫身的唯一途徑。盡可能地保持與中共的談判狀態，這是美國在會談開始之前就定下的基調。[註95] 臺灣當局試圖終止中美會談，只是徒勞。

[註94] 顧維鈞電「外交部」（1955 年 7 月 28 日），「顧維鈞檔案」，檔號：Koo_0150_B117_0053。

[註95] 在會談開始前，杜勒斯就曾口授約翰遜，盡可能地將會談持續下去。見 Letter From the Secretary of State to Ambassador U. Alexis Johnson, July 29, 1955, 注 1, *FRUS, 1955～1957, China*, Vol. II, Washington, D.C.: U.S. Government Printing Office, 1986, p.685.

　　若不能勸說美國盡早結束會談，臺灣當局能否在議題與美方談判對策上起到實質性作用呢？事實證明，這亦為空想。美國為達到在避免捲入戰爭的同時佔有臺灣的目的，不惜在盟友面前出爾反爾，違背不在盟友缺席情況下談及盟友事務的保證；不惜違背自己簽署過的多個重要國際文件和聲明，將臺灣地位變為「不確定」；不惜持兩面政策，以模糊說辭傷害臺灣當局，而為繼續與中華人民共和國的談判留下退路；不惜以所謂「事實上的兩個中國」作為要挾，使臺灣當局無法繼續向美國爭取權益。若說在其他一般性事務上，臺灣尚可接受美國干涉。然而，在中美會談中的許多問題實屬關涉臺灣當局權益的大事，臺當局不得不再三向美接洽。在會談開始後的半年間，臺灣當局為不致損害其所謂「正統」身份，為不致造成「兩個中國」與美國進行著一場檯面下的「暗戰」。只不過，這場戰鬥因實力懸殊、處境迥然，主客已定，收效甚微，臺灣方面的苦苦勸說並未能阻止或改變美國在若干具體問題上的態度或言論表述。

　　表面上看，臺灣方面無疑是這場「暗戰」的輸家。然而，從更深層次和更長遠的視野看，卻未必如此。

　　中美會談開始後的半年中，圍繞一系列問題，臺灣當局與美國展開外交角逐，其細節與表象繁雜，而實質的核心問題卻很簡單明瞭，那就是「兩個中國」問題。金、馬「外島」緊鄰大陸，是臺灣島與大陸緊密關係的維繫點。在此前美國嘗試勸蔣放棄金、馬以平息臺海局勢時，它們與「兩個中國」問題的關聯便已明瞭。中美會談升為外長級的預期對國際社會而言顯然表明了美國對中華人民共和國政權「事實的承認」，在美國並無否定臺灣當局的情況下，此項承認自是造成「事實上兩個中國」之一步。留學生回國問題看似事小，也是表明「事實上承認」的一個方面。中美大使級會談開始於聯合國大會之前，它對聯合國席位的影響令臺灣當局十分緊張。此時美國尚未有放棄在聯合國支持臺灣當局「代表」中國的想法，在此階段臺灣方面對席位的擔憂並非被「代替」，而是「兩個中國」席位的同列。當然，這同樣是中華人民共和國政府所不能接受的。放棄武力問題上，臺灣當局主要關注的是美國似有不反對中共解放臺灣的暗示，而其背後的憂慮是美國的暗示會嚴重打擊臺灣地位，鼓勵其他國家「兩個中國」主張，因此再次重申「打回大陸」的決心，以鼓舞士氣。

　　在不致造成「兩個中國」的問題上，中華人民共和國也在談判桌上與美

方堅持著鬥爭，始終聲明臺灣問題為中國內政，堅決否認美國在臺灣地區有所謂「自衛權」。這是在臺美外交戰場之外的另一場沒有硝煙的戰爭。自國民黨退至臺灣，美國經過一個短暫的猶疑期後便積極地投入到臺海事務之中。美國對國民黨的支持並非無條件地，它在對臺灣提供援助的同時也將其牢牢地侷限在自己的掌控下。美國不希望共產黨統一中國，也不希望國民黨打回大陸。美國所要的結果只是國共安於現狀，即便金馬「外島」「讓」於中共，似乎也不是多大問題，只要臺澎「安全」、臺海平靜就好。1954 年臺海危機發生後，美國將對「事實上兩個中國」心理上的接受發展成行動，有意推動「兩個中國」變為事實，先是在聯合國炮製臺海停火案，繼而勸臺灣當局撤離金、馬換取和平。可是，以蔣介石為首的臺灣當局堅決抵制住美國的壓力，對公眾嚴正表態，並堅守金、馬。〔註96〕接著，在中美會談一事上，臺灣方面在「暗戰」無果後發表備忘錄，再次申明一個中國立場。繼兩岸一致反對美國所炮製的臺海停火案之後，國共在中美會談事上再次在一個中國問題上互為配合、形成呼應。國共共同反對美國為首的西方國家製造「兩個中國」事實的默契更進了一步。

美國希望中華人民共和國聲明放棄武力解放臺灣，但也明白這一目標基本是空想。若無法達到這一預設目的，最好的辦法就是將中美會談儘量拖延下去。在談判中，臺海緊張局勢自然緩解，以非武力的方式維持兩岸分離現狀，這是符合美國利益的。在會談開始前，杜勒斯就曾口授約翰遜，盡可能地將會談持續下去。〔註97〕為保持會談之門不致關閉，美國常持以曖昧態度，並不在一些重大問題上做出可能觸怒中共的公開聲明。儘管私下裏對盟友臺灣百般安撫，官方言論則往往避重就輕、閃爍其詞。關於會談是否將升級為部長級等事，臺灣當局十分在意，多次與美交涉，美方人員僅以程序問題不在討論之列作答；關於放棄武力聲明，美國確信中華人民共和國不可能放棄解放臺灣，因而對放棄武力之說加上「無礙各自目標和政策」的說明，儘管這種說明損害了臺灣當局的權益；而蔣介石極為盼望的美國對中國「唯一合法政府」的聲明，或對自身「堅定」立場的表明，這自然是望之不得的。美國

〔註96〕參見馮琳《美國「兩個中國」的實踐與主張及臺灣當局的抗爭（1954～1955）》，《社會科學研究》2017 年第 3 期，第 145～154 頁。

〔註97〕Letter From the Secretary of State to Ambassador U. Alexis Johnson, July 29, 1955, 注 1, *FRUS, 1955～1957, China*, Vol. II, Washington, D.C.: U.S. Government Printing Office, 1986, p.685.

遊走於大陸與臺灣之間，其模糊政策、「走著看」的態度僅取於自身利益需要。

終於，在經過了大約半年的交涉後，臺灣當局明白勸說無用、阻止無效，唯有對公眾聲明立場，譴責盟友的背信棄義。1956 年 1 月 25 日，臺灣當局備忘錄的提出是前一階段中美大使級會談背景下臺美交涉的一個小結。此後，前面提到的一些問題，如禁運問題，如放棄武力問題，仍在中美談判中持續進行著，但就臺美交涉而言，中美大使級會談開始後的半年可被視為是一個關鍵的初始階段。在這個階段中，圍繞中美大使級會談的臺美矛盾集中得到展現，雙方對有關問題的立場有了明確的各自表述，而交涉的結果、會談的發展等問題的大勢已顯。對醞釀期及這個關鍵初始期的臺美交涉加以微觀的考察，獲益良多。

第十四章 「五二四事件」後的臺與美
——兼及「反美」之辯

　　1957 年 5 月 24 日發生於臺北的「五二四事件」，是國民黨退臺後第一次大規模群眾性事件。「五二四事件」將臺美關係推至風口浪尖，媒體對其中疑點頗有猜測，進而對臺灣戰略地位、臺美長期關係甚至「兩個中國」問題提出討論。它可能帶來的後果令臺灣當局呈現惶恐與不安之態。相關部門紛紛檢討，「行政院」受到不小衝擊。美國官方採取了慎重態度，但不同個體對事件有不同的理解與反應。蔣氏父子對事件的處理有基於兼顧盟友態度與臺灣民心的考慮。臺灣官方無意以暴力「反美」，但對事件的發生負有一定責任，有宣洩民意及借機規範美軍行為之意，而後來的發展有失控傾向。蔣介石有意將事件引向「中共參與」的議題上，以此化解臺美間隙；民眾心理和輿論導向在事件的化解上起到不可忽視的作用。美政府雖表示不會因此改變對臺政策，但雙方心理被投下陰影。美方通過此事意識到自身問題，是其積極影響。有關事件發生原因、過程及其對臺美關係的影響等方面的研究較為充分〔註1〕，但有些重要問題仍缺乏探討。如臺灣當局內部反應如何？這場暴動被

〔註 1〕栗國成：《1957 年臺北「五二四事件」及 1965 年美軍在華地位協議之簽訂》（《東吳政治學報》2006 年第 24 期）對事件經過和各方反應有詳細描述，並特別論述了由此事引發的臺美關於美軍在臺地位的交涉過程。岡棟俊：《五·二四」事件中的臺美矛盾研究》（《國際政治研究》1998 年第 3 期）從臺美關係方面對該事件進行了解讀。林桶法：《從劉自然案論述 1950 年代美軍顧問團的問題》（黃克武主編：《同舟共濟：蔣中正與 1950 年代的臺灣》，臺北：中正紀念堂管理處 2014 年版）除運用《蔣中正日記》詳述包括蔣介石在內的各方反應外，論述了該事件對美軍顧問團的影響。

許多媒體解讀出「反美」之意，甚至將蔣經國指為幕後主使或是負有責任者，美方所獲情報對蔣經國也多有不利。美方對事件性質判斷如何？面對美方有關人士的疑慮，蔣氏父子如何解釋澄清？「五二四事件」的發生有無官方意圖在內？這一事件曾引世人極大關注，但事件的解決似乎又顯得輕描淡寫，其中有何原委？下文擬探討一二。

一、事件發生與雙方反應

1957 年 3 月 20 日夜，革命實踐研究院少校學員劉自然在美軍眷屬宿舍 B 區一號附近，被駐臺美軍顧問團上士羅伯特‧雷諾（Robert G. Reynolds）連射兩槍擊斃。雷諾供稱，向劉自然開槍射擊，是因其偷窺雷諾妻子洗澡，而開第二槍，是因其欲以木棍襲擊雷諾。陽明山警察所韓警官勘察現場後，並未發現所稱木棍。僅由美憲兵在竹林內找出一長約二英尺、拇指般粗細的櫻樹枯枝，雷諾不能確定是否為劉自然手持之物。在陽明山警察所警察偵查勘驗現場並對雷諾進行詢問時，美軍憲兵軍士長麥克金肯（E. R. Mcjunkins）亦到達現場，該軍士長以雷諾為美軍人員，享有外交豁免權為由，要求自行處理。參照 1943 年 10 月 1 日國民政府公布之《處理在華美軍人員刑事案件條例》第四條第二項「美軍人員經查明確有犯罪行為或嫌疑時，應即將其犯罪事實或嫌疑通知有關之美國軍事當局，並將該人員交該當局辦理」之規定，陽明山警察所將雷諾交該軍士長看管。〔註 2〕

因 1951 年臺灣當局接受美援時雙方有換文，規定美軍援顧問團人員為「大使館」之一部分。3 月 22 日晨，「外交部」向美「大使館」正式表達對該案關切之意。因美軍援顧問團有以自衛行為視之、欲不了了之之說，「外交部政務次長」沈昌煥等人相繼多次向「美使館」表達重視之意，請其飭令顧問團依照軍法審判，不應敷衍了事。

4 月 12 日，「外交部」將臺北「地方法院檢察處」送來的偵查結果連同兇器證物等件送達「美使館」。5 月 20～22 日，在圓山美軍援顧問團教堂內，美軍事法庭對雷諾槍殺劉自然案進行審理。23 日，經陪審員投票，宣判雷諾無罪。

根據臺北「地方法院檢察處」移送美方之意見書及證據，無論依照中國

〔註 2〕《關於五月二十四日臺北市不幸事件檢討報告彙編》，嚴家淦檔案，中國社科院近代史所檔案館藏。

法律或美國法律，雷諾均應負刑事責任。一般揣測，美軍事法庭即便偏頗，不過是處刑較輕，斷無無罪釋放之可能。5 月 23 日，美方的審訊結果令輿論譁然，臺灣當局亦無法接受。24 日晨，「外交部部長」葉公超即約請美「大使館」代辦，要求復判或重審此案。

24 日 10 時，劉自然遺孀奧特華手持中英文標語牌到美「大使館」門口抗議，群眾開始圍觀，並有記者到場採訪。奧特華哭訴冤情，聲淚俱下，記者將實地訪問錄音播出，引來更多群眾。群眾愈聚愈多，呼叫怒罵。13 時，群眾傳收聽廣播，雷諾已於 12 時半飛離臺灣。群情頓時激奮，無法遏止。開始有人衝向使館，投擲石子。14 時 20 分，「大使館」院內院外樓上樓下已被群眾擠滿。有人將美旗撕扯下來，搗毀「大使館」，砸毀館中汽車、家具，燒毀文件。17 時，延平南路美新聞處也遭圍攻。臺糖大樓因駐有美方機關而險遭波及。晚間，臺北市警局亦被包圍，群眾衝入，門窗玻璃盡被搗毀，車庫車輛被縱火燃燒，並有警員被擊傷亡。臺灣當局宣布實行「宵禁」，並調集 3 個師的兵力進入臺北，協助警察、憲兵鎮壓抗議民眾。

美國駐臺「大使」藍欽（Karl L. Rankin）當日不在臺北，18 時左右自香港返回，當即向葉公超提出口頭抗議，要求道歉賠償。「外交部」急電駐美「大使」董顯光，使其向美政府致歉，並說明此事係因雷諾宣判無罪而激起。

25 日，「行政院」召開臨時院會商討處理此事的對策，決定由「國防部」督同主管機關根查事實真相，於文到三日內擬具翔實報告，與「外交部」、「行政院秘書處」、「新聞局」後，公布周知。同時查明肇事份子，依法追究。授權「外交部」因應辦理向美方道歉及賠償事宜。〔註 3〕蔣介石本也不在臺北，但得知有人搗毀美「使館」、撕毀美國旗，意識到事件嚴重性，「感覺此案如不速即合理解決，必將引起嚴重後果」，決定速回臺北處理該案。〔註 4〕

該日下午，藍欽以書面形式「照會」葉公超，重申前晚之口頭聲明，正式提出「最強硬之抗議」，要求「充分道歉」和對所受損失的「全部賠償」。在「照會」中特別指出，「警方遲遲未能採取適當行動，以保護此等建築物及其他美國財產，尤屬難辭其咎」。〔註 5〕並會晤沈昌煥「次長」，指出他們

〔註 3〕《行政院會議議事錄》，第 115 冊，「行政院檔案」，105-1／115：1957／5／25，臺北「國史館」藏。

〔註 4〕《蔣介石日記》手稿，1957 年 5 月 25 日。

〔註 5〕「行政院院長」俞鴻鈞於 1957 年 6 月 14 日在「立法院」第十九會期第二十七次會議關於臺北市不幸事件處理經過的報告，《立法院公報》第十九會期第八期。

判斷「五二四事件」「最初係無組織之群眾，隨後即為有組織有計劃的破壞行動」。〔註6〕

25日晚，「外交部」正式以書面答覆藍欽，同意賠償美國政府及其人員在該事件中所受之財產損失。〔註7〕同時，董顯光訪晤美國國務院東亞事務助理國務卿饒伯森就「五二四事件」表示歉意。

26日，蔣介石召見臺北衛戍司令黃珍吾、臺北市警察局局長劉國憲、臺灣省警務處長樂幹等人面詢事件經過。蔣認為「彼等負地方責任，只顧個人地位與名位，而對於其職責應盡者則不敢執行，幾至束手無策，目睹暴徒衝進美「使館」搗毀一切，且已撕毀美國旗而仍不敢下令使用武器，負責制壓，甚恐傷害群眾受到處分，如此者三小時之久，而劉仍推託卸責，能不痛憤？」決定將其三人免職。之後，蔣介石致電美國總統艾森豪威爾，表示歉意，強調此案乃是因為對劉案判決不公而引起群憤，並無反美因素在內。不料，美國方面對於治安三首長的撤職這一處置結果並不滿意，暗示另有高層需負重責。蔣介石知其所言為蔣經國，但「假作不知其所指，以免當面破裂」。〔註8〕

當時，有人猜測蔣經國是幕後主使，根據是：事件發生時，蔣經國的特務系統未出面干預；美國「大使館」的保險櫃被打開，這不是一般群眾能幹得了的；成功中學學生到美國「大使館」示威，該校校長潘振球是蔣經國的弟子等等。包括藍欽在內的美方人員受此類猜測影響，在與臺灣當局交涉中不乏言下之意的表示。美國方面對蔣經國的懷疑令蔣介石很是憤懣，27日，他曾召見張群、葉公超、沈昌煥表示應由「外交部」面責其狂妄美員無理胡說，並須對此徹底根究事實之意。但怒氣過後，蔣又覺不妥，再召沈昌煥，指示其對藍欽說話要旨，囑咐其不必為此特召藍欽急斥，待另有他事時順帶指斥，「以免此時對暴動案更添一層黑影也，惟有暫忍而已」。〔註9〕

當日，葉公超舉行記者招待會，重申「五二四事件」係民眾抗議判決不公，而非普遍反美情緒之表現。針對幕後操縱者另有其人的傳言，葉公超闢謠，稱經過徹底調查，「發現並無任何政府機關或政治組織在任何方面鼓動或

〔註6〕《五二四事件外國報紙造謠》，「外交部檔案」，425.2／0002，臺北「外交部」藏。

〔註7〕《行政院會議議事錄》，第115冊，「行政院檔案」，105-1／115：1957／6／6，臺北「國史館」藏。

〔註8〕《蔣介石日記》手稿，1957年5月26日。

〔註9〕《蔣介石日記》手稿，1957年5月27日。

指揮這次事件」，而據「大使館」人員瞭解，「那幾個被打開的保險公文櫃可能是用在大使館內拾起的笨重對象所敲破的」。〔註10〕

　　美國輿論本來就有同情中共、對國民黨不滿者，「五二四事件」發生後，對臺當局攻擊之聲再次鵲起。有人重提臺灣地位，主張託管；有人倡言承認中共，原本對臺友好的議員為自身計亦不得不表示不滿。蔣介石認為，「此一趨勢如不設法消弭，則我根本計劃與復國大業必將成為泡影」。〔註11〕

　　6月1日，蔣介石為「五二四事件」專門發表書告，深刻檢討並奉勸民眾做現代國民。蔣稱：「五二四事件」是其「平生一件莫大的遺憾」，「任何現代文明國家的國民，斷不該搗毀外國的使館，撕毀代表他們國家的國旗；因為這種暴行，在自己的國法上是犯罪的行為，在對外的關係上，是把自己的國家民族陷落到最不榮譽的地位。」在反共鬥爭中應「明是非，辨敵友」，「為貫徹反共抗俄的國策，惟有與世界民主集團領導者的美國站在一條陣線。」〔註12〕在對待「五二四事件」上，雖然蔣介石為其子受到美方猜忌而頗受刺激，但最終仍選擇了「極端忍耐、慎重處理」的方式，「凡我所應為和所能為者，無不自動實行，期能消除美國之誤會，以減少不利之影響」。蔣在書告中強調做「現代國民」的同時，強調臺美是在同一戰線上，勸告民眾不能因小事「反友為敵」。兩者相較，其重點似乎更在後者。書告的目的是要打消民眾「憤恨與衝動再發之情緒」，使美國反蔣派不能藉此「毀華扶共」。〔註13〕

　　當時，美方還質疑「五二四事件」是「有計劃」的。他們提出，起初聚集在「大使館」的主要是中學生，他們只想和平示威，後來來了些年齡大些的人，包括一批組織者，混進人群，唆使他們攻擊「大使館」；〔註14〕當警察讓暴民不要放火時，局勢被控制，但他們似乎在意的是不讓美國人受到重傷，據說警察得到指令保護美國人和中國人的生命，而不是美國的財產。〔註15〕

〔註10〕李義虎主編《臺灣十大政治案件》，黑龍江人民出版社，1993，第45頁。
〔註11〕《蔣介石日記》手稿，1957年6月5日上星期反省錄。
〔註12〕《「五二四」不幸事件告全國同胞書》，《總統蔣公思想言論總集》，卷33，書告，第179～183頁。
〔註13〕《蔣介石日記》手稿，1957年5月31日上月反省錄。
〔註14〕Memorandum of a Conversation, Taipei, May 27, 1957, *FRUS, 1955～1957, China*, Vol. III, Washington, D.C.: U.S. Government Printing Office, 1986, p.538.
〔註15〕Telegram from the Ambassador in the Republic of China (Rankin) to the Department of State, May 26, 1957, *FRUS, 1955～1957, China*, Vol. III, Washington, D.C.: U.S. Government Printing Office, 1986, p.537.

　　針對事件是有所預謀的猜測，臺灣當局盡力辯解，強調該事件完全是「自發」的，是「無組織無計劃之群眾盲動」。綜合「國防部」「外交部」等機關截至 6 月 11 日止所呈送的有關報告，「行政院」編具文件，向「立法院」報告並予公布。「行政院」的報告說「截至目前止，尚未發現此次騷動係出自有計劃有組織之策動的跡象，相反的，有甚多事證足以認定此乃一偶發之群眾衝動行為」。該報告認為群眾心理、民族情感形成後，「一經有意或無意的煽動或刺激，便發為失去理智的行動」。從劉妻奧特華在美「大使館」門前抗議的三小時半之後，才有人遙擲石塊，四小時廿分後，才有衝入「大使館」之行動。「如謂有組織有計劃，不致發展如此遲緩」。〔註16〕

　　6 月 3 日，臺北衛戍司令部解除「宵禁」，但仍實施戒嚴。5 日，蔣介石指示將「五二四事件」交軍法審判，並期公布全案內情及審判結果。〔註17〕11 日，「行政院」核定修復「美國大使館」處理辦法七項，由中美各派代表組成委員會處理修復事宜。經審訊，26 日宣判。「五二四事件」似乎就此解決，但實際上這一事件關涉問題甚多，下面擬對其中幾個問題加以討論。

二、「反美」之名下的不安

　　「五二四事件」發生後，引起很大震動，震動的表現不只在臺灣、美國及世界各地的報刊媒體，更在臺灣當局和美國政府高層的心理。在軍事失敗、外交困境、經濟緊張的危局中，美國的各項援助和外交支撐是國民黨在臺灣穩住腳跟並漸圖發展的救命稻草。在此背景下，不難理解 1957 年「五二四事件」的突然發生及其可能引起的臺美關係的變更帶給臺灣當局多大的衝擊效應。臺灣方面除進行一系列外交上的補救外，還進行了內部全面檢討。該事件的一些細節引起美國方面的種種猜疑，臺灣當局的解釋和道歉未能完全消除他們的疑慮。鑒於臺美關係大局，美國沒有在實質上改變對臺政策。但它暴露出的內部問題卻讓臺灣當局有「不攻自亂」之態。「行政院」及「閣魁」俞鴻鈞受到「立法委員」較為激烈地指謫，似為數月後俞鴻鈞被迫辭職的前兆。

〔註16〕「行政院院長」俞鴻鈞於 1957 年 6 月 14 日在「立法院」第十九會期第二十七次會議關於臺北市不幸事件處理經過的報告，《立法院公報》第十九會期第八期。

〔註17〕《雷諾槍殺劉自然案美方審判不妥發生臺北「五二四」不幸事件交理經過》，「行政院檔案」，071／165-2，第 18、75 頁，臺北「國史館」藏。

（一）權責難以追究

事發第二天，「行政院」臨時院會決定徹查議處有關機關對該案之責任。〔註18〕「中央宣傳指導委員會」、「國防部」、「外交部」、「司法行政部」、「憲兵司令部」、「臺灣省保安司令部」、「臺灣省警務處」、「陽明山警察所」等相關單位均就各自責任做了深刻檢討。通過檢討，暴露出許多行政權責和治安權責方面的問題。

在誰該為「五二四事件」負責一事上，出現了責任推諉的情況。「國防部」認為「應對劉奧特華未予安置，致任其向美使館請願而肇成事端」，「類此事件應由警察單位予以適切之安置，並予精神及物質上之安慰」。臺北市警局亦認為「陽明山警察所對其家屬應負監護之責，尤當宣判無罪後，對其家屬行動尤應密切注意，並與有關單位切取聯繫，對該所迄未將此情形通知本局，劉奧特華何時進入臺北市區無從得悉，致失去跟蹤、監護及適時勸導安慰之機會」。但陽明山警察所認為，「渠（劉奧特華）非居住本轄，事後尚有類似事宜，應由上級指定之專責處理涉外案件之單位負責注意」。〔註19〕一些單位將責任推到陽明山警察所這一基層單位，而陽明山警所說「劉自然事件」雖然發生在自己的轄區，但引發「五二四事件」的主角未居住在其轄區，不能將事件歸為陽明山警所之過。並說「劉自然事件」發生後，陽明山警所已會同有關單位勘查現場、初步偵查，呈報省警務處，並搜集有關本案資料供上級參考，已經盡到自己的責任，為改進工作，以後應指定某一機構專責處理此類涉外案件。〔註20〕

頗為滑稽的是，臺北衛戍司令部認為「今後屬於涉外之我國民被害事件，其被害人及其家屬，似應由當地地方政府迅速調查處理」。警務處亦認為「今後對美軍肇事事件，應由當地政府機關提出資料，送請外交部負責處理」。「警察機關對本案可能之發展，只能就保護外僑方面加以注意，涉外案件似應由外交部統籌決定對策」。但自劉案發生以來，陽明山警察所未報告陽明山管理局，臺北市警察局未報告「臺北市長」，警務處未報告有關「政府」，甚至保安

〔註18〕《行政院會議議事錄》，第 115 冊，「行政院檔案」，105-1／115：1957／25，臺北「國史館」藏。

〔註19〕《五二四對美大使館騷動事件綜合檢討重點試擬》，嚴家淦檔案，中國社科院近代史所檔案館藏。

〔註20〕《陽明山警察所對五二四事件檢討報告》，嚴家淦檔案，中國社科院近代史所檔案館藏。

司令部原為「主席」兼任司令，乃亦未向「主席」報告。〔註21〕

此一類事件原屬地方突發事宜，臺北市警察局係屬於「臺北市政府」，臺灣省保安司令部由「主席」兼任司令，臺灣省警務處係屬於「臺灣省政府」，何以「臺北市長」、「臺灣省政府主席」均未及時接獲報告？「臺灣省保安司令部」的解釋是：「事件醞釀之始，本部李副司令即密切注意事態之發展及作必要之處置，迨事件突發後，始終與衛戍部黃司令、憲兵部劉司令及警務處樂處長集會於衛戍部黃司令辦公室，全神貫注事件之處理，故未及時向兼司令嚴主席報告」。〔註22〕歸結為一句話就是：因為忙著辦事，所以忘了報告。這一解釋顯然牽強。學界普遍認為 1950 年代臺灣是蔣氏威權，小蔣勢力滲入軍隊和情治系統，「忘了報告行政長官」之事似乎在某種意義上驗證了這一點。

治安機關之權責方面，據「國防部」所稱，「保安司令部負責肅奸、防諜、緝私、稽查及全有（除衛戍區外）之治安任務」；「衛戍司令部負責衛戍區內作戰、警備及治安任務」；「憲兵司令部負責憲兵勤務之督導執行」。因此，臺北衛戍區的治安全在於臺北衛戍總司令部。但據臺北衛戍總司令部報告，臺北市之治安機關有四：一為保安司令部，二為有警務處，三為憲兵司令部，四為衛戍司令部。警務處受保安司令部指揮，而保安司令部、憲兵司令部、衛戍司令部皆不隸屬該部，此次事件中衛戍司令部，亦未接獲任何單位報告。

就 5 月 24 日當日經過而言，警局報告警務處，警務處先後報告「國家安全局」、「保安司令部」及「外交部」，至 14 時後始報告衛戍司令部。憲兵司令部報告「參謀總長」，「馬副部長」指示「保安司令部」迅採防範措施，「保安司令部」則僅建議憲兵司令部及衛戍司令部，速調憲兵鎮壓。迨參謀總長指令衛戍部統一指揮後，始由警務處、保安司令部、憲兵司令部糾集衛戍部會同處理，但不幸事件則已肇成。〔註23〕

（二）「行政院」受到衝擊

1950 年代美國是臺灣最重要的援助者和國際地位的支撐者，「五二四事件」中群眾砸毀美國駐臺「大使館」，其後果之嚴重令關涉最大的「行政院」

〔註21〕《五二四對美大使館騷動事件綜合檢討重點試擬》，嚴家淦檔案，中國社科院近代史所檔案館藏。

〔註22〕《臺灣省保安司令部對五二四事件檢討報告》，嚴家淦檔案，中國社科院近代史所檔案館藏。

〔註23〕《五二四對美大使館騷動事件綜合檢討重點試擬》，嚴家淦檔案，中國社科院近代史所檔案館藏。

如臨深淵。案發後的次日上午即決定「院長、副院長與全體政務委員」「引咎辭職」。〔註24〕

　　6月14日，「行政院」俞鴻鈞在「立法院」第十九會期第二十七次會議報告臺北市不幸事件處理經過全文。6月18日，「立法院」第十九會期第二十八次會議對俞鴻鈞的報告進行質詢。質詢中，「立法委員」對「行政院」提出多項指責。對「外交豁免權」的指摘以往已有不少論者，此處不贅。而在「外交豁免權」問題之外，仍有許多對「行政院」的責難之聲。

　　「立委」潘廉方提出，「這件事完全是因政府事前事後均疏於防範，有虧職守」，並擺出六點理由，如雷諾殺人案判決無罪以後，各晚報紛紛記載，有不平之感，一般人也都不平，而「行政首長」沒有任何反應等。趙惠謨提出，「事情發生在十二點鐘，美國駐華大使藍欽正在香港，能於五點四十分就趕到了臺北，而我們負責當局在臺北的怎樣卻不能及時處理？弄到事件擴大到如此地步？行政當局應當感到慚愧和不安」。還有人說，假設臺北市上午9時半空襲警報，有中共戰機來襲，臺灣的軍隊於16時40分才趕到臺北市，臺北市還有沒有？王德箴人未到場，則以書面指出，其「閱讀行政院對臺北市不幸事件報告書後甚表失望，尤其是第一章敘述簡略直看不出政府對於劉自然之被雷諾茲槍殺曾向美國有何嚴重交涉」。〔註25〕

　　包華國進而提出，「行政院」不能在答覆質詢後便就此結束，行政上應有必要的改革。主張應將「行政院」報告書交「內政」、「外交」、「國防」、「民刑商法」，「教育」五委員會審查。李公權對於包華國的提議提出，加法制委員會會同審查的意見。經表決，有49人附議，滿足法定人數，無人表示異議，因而其提議成立。後因馬委員濟霖提出不同意見，包華國同意將其提議改為臨時動議，可以進行討論。數人提出，不對「政府報告」進行審查，改為將「報告內有關政府各機關組織權責及今後外交之改進事項交內政外交國防民刑商法教育法制等六委員會研討」。也有人主張不必交付審查。因無法達成統一意見，決定下次會議繼續討論。〔註26〕

〔註24〕《行政院會議議事錄》，第 115 冊，「行政院檔案」，105-1／115：1957／5／25，臺北「國史館」藏。
〔註25〕《第一屆立法院第十九會期第二十八次會議速記錄》，《立法院公報》第十九會期第八期。
〔註26〕《第一屆立法院第十九會期第二十八次會議速記錄》，《立法院公報》第十九會期第八期。

6月21日，「立法院」第十九會期第二十九次會議繼續討論「行政院」關於「五二四事件」處理報告是否要接受審查的問題。該次會議上，楊覺天等20人對包華國的動議提出修正案，改為「因五二四不幸事件所引起之有關內政外交治安教育等應行改進事項交內政外交國防教育民刑商法法制六委員會審查」。但仍無法達成一致。後來，有人提出應先討論「行政院」交付完成立法程序的幾個法案，包華國的臨時提案並不是緊急案件，留待以後再議。該提議獲得多數人同意。〔註27〕

對「行政院」報告審查的提議雖然最終未能在「立法院」立案，但在365人出席的「立法院」會議中附議包華國提議者有49人之多，亦是不小的數字。在包華國提議前後更有為數不少的「立法委員」對「行政院」的各種問題進行攻擊，反對其提議者亦有一部分人是出於審查之事難以操作的考慮。由此看出，「五二四事件」在一定程度上暴露出「行政院」的危機。

有的「立委」對「行政院長」俞鴻鈞的攻擊很是尖銳，說「內閣」請辭只是「奉行故事」，根本不會「倒閣」，「因為行政院長根本沒有打算走，如果有政治家的風度，在民意場合受到無情的指責說他腐敗無能，是已對政府失去信任，失去信任的行政院長是無法再戀棧的，但是他竟充耳不聞」。〔註28〕言辭之直白犀利令人咂舌。

時隔幾個月，臺灣「監察院」以罕見語氣，公布了一份彈劾案公文，羅列俞鴻鈞「六大罪狀」，準備對其彈劾。「監察院」公開彈劾「行政院長」可謂是當時政壇罕有之事，此事令蔣介石傷透了腦筋。〔註29〕這一彈劾案持續約兩個月，1958年2月底，俞鴻鈞被迫辭職。臺灣高層的矛盾與異動在「五二四事件」時即已露端倪。

三、美方對事件的判斷

1950年代，在臺美關係格局裏美國處於優勢地位，在臺美軍與駐臺機構的利益始終處於被保護狀態。「五二四事件」令美國利益受到了損失，美國在臺人員地位受到打擊，這在美國朝野引起不小震動。事後，美國不少人士對劉自然

〔註27〕《第一屆立法院第十九會期第二十九次會議速記錄》，《立法院公報》第十九會期第八期。

〔註28〕《第一屆立法院第十九會期第二十九次會議速記錄》，《立法院公報》第十九會期第八期。

〔註29〕《蔣介石日記》手稿，1957年12月24日，1958年1月至2月相關日記。

家屬及臺灣民眾心理抱有一定同情，但對五二四事件中的某些疑點頗有猜測，騷亂中的部分細節被放大推敲。輿論進而對臺灣戰略地位、臺美長期關係甚至「兩個中國」問題提出了討論。美國官方有人私下裏對臺灣當局要人表達了指責與不解，但在公開場合對事件深層的背景和連帶的影響有所考慮，在臺美長期關係方面不願輕易做出改變。不管在民間討論中還是在相當一部分官方人士心裏，蔣經國不可避免地成為被質疑的焦點。由於對各方情報與信息的接受度不同，美方高官不同個體對五二四又有不同的理解，且在不同時間亦會發生改變。

在事件發生後最初的幾日，受到某些情報的影響，美國駐臺「大使」藍欽等人對臺灣當局表現出頗多質疑。在 25 日下午藍欽致葉公超的「照會」中，特別指出，「警方遲遲未能採取適當行動，以保護此等建築物及其他美國財產，尤屬難辭其咎」。〔註 30〕並會晤沈昌煥「次長」，指出他們判斷「五二四事件」「最初係無組織之群眾，隨後即為有組織有計劃的破壞行動」。〔註 31〕

26 日，中國事務辦公室負責人馬康衛致助理國務卿備忘錄指出：暴動有事先計劃跡象。雖然圍觀民眾很多，但破壞是由小部分人看似有計劃地進行的。他們在「大使館」安置標語，劉自然妻子在「大使館」前抗議，舉著中英文標語牌，而大部分破壞是由少數學生造成的。暴動發生時，「大使館」附近有許多警察，卻不能採取有效行動控制局勢。在當晚最終由軍隊鎮壓之前暴動得以自由發展。出現危險徵兆時，美國「大使館」就尋求更多警力保護，且整個下午都在向外交部尋求保護，但直到晚上臺灣當局才有有效行動。〔註 32〕國務卿杜勒斯接到的情報亦是如此，他因此得到的印象是：臺北暴動是精心策劃的，劉自然之妻有官方背景。臺灣當局在開始階段沒有明白而有效的行動維持秩序。直到晚上 7 點軍隊到來，美國「大使館」一直是處於少數警察疏於保護的狀態。〔註 33〕

〔註 30〕 「行政院院長」俞鴻鈞於 1957 年 6 月 14 日在「立法院」第十九會期第二十七次會議關於臺北市不幸事件處理經過的報告，《立法院公報》第十九會期第八期。

〔註 31〕 《五二四事件外國報紙造謠》，「外交部檔案」，425.2／0002，臺北「外交部」藏。

〔註 32〕 Memorandum From the Director of the Office of Chinese Affairs (McConaughty) to the Assistant Secretary of State for Far Eastern Affairs (Robertson), May 26, 1957, *FRUS, 1955～1957, China*, Vol. III, Washington, D.C.: U.S. Government Printing Office, 1986, pp.534～535.

〔註 33〕 Memorandum of Discussion at the 325th Meeting of the National Security Council, Washington, May 27, 1957, *FRUS, 1955～1957, China*, Vol. III, Washington, D.C.: U.S. Government Printing Office, 1986, p.541.

對於警力方面的質疑，臺灣方面解釋說：因過去多年沒有發生過嚴重騷亂，擔心二二八事件重演，因而猶豫不決。美方認為，這是「合理的但不是充分的理由」來解釋這些情況：起初不使用更多警力（實際暴亂中守護美國「大使館」的警察從未超過 20 個），據說警察被命令不得使用武器，並用了長達幾個小時調集軍隊。〔註34〕

事件發生幾天後，美國報界出現對更深層的臺美關係問題的討論高潮，一般論調均覺臺北事件已使對臺友好之美國政要聲望大減，美國對臺政策當有徹底檢討。《紐約時報》載軍事論家鮑德溫（James Baldwin）專論，認為臺灣雖因心理及戰略關係不能放棄，但並非美國極端重要之基地。且在臺灣之軍隊年齡日增，就地新徵兵員已無必返大陸之志。臺灣地位勢必要提出檢討，美國最終必將考慮承認「兩個中國」。〔註35〕

美國方面也看到，還有一個反美的因素在，那就是：臺灣當局內閣成員大多有西方教育背景，他們被大多至少是許多舊式學校所懷疑。「外交部」「教育部」因支持美國和其他外國利益而受到攻擊。雷諾事件正好提供了拒絕他們，並使內閣向傳統路線轉變，甚或容納舊時代軍方人物的機會。另外，劉自然所在的革命實踐研究院沒有直接從美援項目中受益，雖然還沒有可靠的證據，但美方推測，某些研究院成員可能已事先做好準備利用軍事法庭的裁決來加強不滿情緒。〔註36〕

在種種議論中，蔣經國成為被懷疑的焦點。作為「太子」及臺灣安全的實際負責人和青年的領袖，蔣經國若不能令美方釋疑，實際上也就證明了該事件是臺灣當局有意反美的運作，這一點自然要撼動臺美關係大局。因此事件而彙集於蔣經國身上的疑點，成為最敏感而重要之點。

據杜勒斯言，對蔣經國的指控來自國民黨的一位高官。此前幾年中，臺灣當局與數位黨內高官發生過公開的對立甚至相互指控，蔣經國也曾與一些同僚產生齟齬，國民黨黨內高官首先向美方指控蔣經國倒也不難理解。在事件發生

〔註34〕Telegram from the Ambassador in the Republic of China (Rankin) to the Department of State, May 26, 1957, *FRUS, 1955～1957, China*, Vol. III, Washington, D.C.: U.S. Government Printing Office, 1986, p.537.

〔註35〕張群呈蔣介石（1957 年 5 月 30 日），「對美國外交（十三）」，「蔣中正總統文物」，「國史館」藏，典藏號：002-080106-00035-008。

〔註36〕Telegram from the Ambassador in the Republic of China (Rankin) to the Department of State, May 26, 1957, *FRUS, 1955～1957, China*, Vol. III, Washington, D.C.: U.S. Government Printing Office, 1986, p.536.

之初，藍欽就在蔣介石面前有所暗示。26日，面見蔣氏時，藍欽不滿於治安三首長的撤職這一處置結果，暗示另有高層需負重責。蔣介石知其所言為蔣經國，但「假作不知其所指，以免當面破裂」。〔註37〕對於此項指控的合理性，杜勒斯等美國高層倒也並未完全相信，〔註38〕只是在不同程度上心存疑慮。

因蔣經國在救國團及安全部門所具有的至高權力及其在臺灣的特殊地位，美國報界也顯示出饒有興致的揣測。5月28日，合眾社記者白朗（G. M. Brown）指出：「美國人士推測，暴亂之中一部分蔣經國中將之反共救國團人員介入，但中國方面信息表示美國人因受暴動過度干擾而致敏感。」當日，《芝加哥日報》新聞稿指出：「最能解釋這次反美暴動的臺灣人物是蔣帥長子蔣經國，他是國府政權安全方面最高負責人，也是本島最恐怖反共最激烈，權力伸展至政府每一個部門的唯一人物」。〔註39〕

另一方面，與藍欽、馬康衛等美外交人員態度不同，美國軍方部分人員對臺灣方面表現出更多容忍與諒解，甚至是在某些方面的贊許。美軍協防臺灣司令殷格索（Stuart H. Ingersoll）中將指出：新聞報導過於感情用事，一般民眾缺乏新聞來源，思想往往循新聞報導方向。各國刑事法律基本原則不同，美英刑事法，非經確實證明犯罪有據者，被告即係無罪。法國非經確實證明無罪有據者，即係有罪。臺灣當局如能發表適當說明，亦可使一般民眾較為理智。並表示本案之發生「決不影響美軍對華既定之軍事政策，中美軍事合作之政策，有其深遠之效用，明識之士均應瞭解並予美方駐臺文武首長已下令所屬不作無謂之議論與猜測。」此外，殷格索對彭孟緝表達了稱許之意。在未得正式許可前，彭果斷行動，使臺北市其他美軍機構如臺糖大樓、顧問團團部、協防司令部以及其他地點得以保全。〔註40〕太平洋區美軍總司令兼太平洋艦隊總司令史普敦（Felix B. Stump）上將認為除去為中共增加了宣傳的資料外，五二四對於臺美關係毫無影響。當然，他也表示，一般美國人認為類似騷動如在華盛頓發生必可於1小時內予以解決，對於臺北事件中警察

〔註37〕《蔣介石日記》手稿，1957年5月26日。

〔註38〕Memorandum of Discussion at the 325th Meeting of the National Security Council, Washington, May 27, 1957, *FRUS, 1955〜1957, China*, Vol. III, Washington, D.C.: U.S. Government Printing Office, 1986, p.541.

〔註39〕《槍殺劉自然案》，「外交部檔案」，「國史館」藏，典藏號：020-099909-0003。

〔註40〕蔣介石與殷格索、鮑恩談話紀錄（1957年5月30日），「軍事——蔣中正與美方將領談話紀錄（三）」，「蔣經國總統文物」，「國史館」藏，典藏號：005-010202-00090-008。

過少、部隊到達過遲之事實，彼等無法理解。〔註41〕

　　事件發生後的一兩個月內，各種情報、消息接踵而至，臺美人員又有著不同渠道的交流，美國各方的態度又是有變化的。藍欽、殷格索等人的個別言論僅能反映彼時國務院與國防部部分人的態度。月餘後，臺灣當局也得到國防部一位高官有不利言論的情報，〔註42〕似與先前軍方人員較為諒解的態度有所不同。無論如何，這反映了美方高官不同個體對五二四的不同理解與不同反應。

四、蔣氏父子對美交涉

　　「五二四事件」使媒體熱烈地討論著臺美關係、臺灣地位和蔣經國，國會中的親臺議員聲望受損，這種態勢對臺灣當局特別是蔣氏父子不利。面對質疑，蔣介石提醒自己隱忍處之，並抱著「凡我應為和所能為者，無不自動實行」的心態，〔註43〕一面為自己未能及時阻止和「政府機關」的效率低下表示歉意，一面強調治外法權的歷史記憶已引發民眾足夠情緒，並試圖將美國視線轉移到「有中共攪局」一點上。而蔣經國也親自出面跟美方有關人士和媒體做出解釋，示以誠意。

　　美駐臺「大使」藍欽最初的態度是對臺灣當局頗為不利的，尤其是他對蔣經國的質疑令蔣介石十分氣惱。很快，蔣介石意識到不能「痛憤躁急」，而應「急事緩處」，不能因此給問題的解決再添阻礙，同時決定盡可能採取一切行動消除美方誤會。6月中旬，藍欽態度有所轉變，似有悔悟。〔註44〕

　　5月27日，蔣介石、宋美齡、「外交部政務次長」沈昌煥、英文秘書James Shen 與藍欽在士林官邸進行了談話。蔣表示因自己未能及時阻止事件發生而不安，但他補充說暴動顯然是自發的，希望臺美之間能維持一如既往的友好關係。當藍欽為雷諾案辯解說自己也認為應該被判無罪時，蔣比會談中其他任何時候都要激動，說美國的軍事法庭不該出現在中國的土地上，它讓每個人都想起治外法權。蔣介石請藍欽向艾森豪威爾總統和杜勒斯國務卿傳達深

〔註41〕蔣介石與史普敦會談紀要（1957 年 6 月 27 日），「軍事——蔣中正與美方將領談話紀錄（三）」，「蔣經國總統文物」，「國史館」藏，典藏號：005-010202-00090-010。

〔註42〕《五二四事件中央社參考消息》，「外交部檔案」，館藏號：11-07-02-14-02-001，中研院近史所檔案館藏。

〔註43〕《蔣介石日記》手稿，1957 年 5 月 31 日上月反省錄。

〔註44〕《蔣介石日記》手稿，1957 年 5 月 28 日、5 月 31 日上月反省錄、6 月 15 日上星期反省錄。

切歉意，保證「五二四事件」不是反美事件，只是對軍事法庭審判的憤恨。
〔註45〕30 日，蔣介石在接見殷格索中將與美軍顧問團團長鮑恩（Frank S.
Bowen）少將時，再次表示如過去三周未曾離開臺北休假，或可事先制止事件
發生；並強調，雷諾案在臺設庭審判，實為不當，百餘年來，中國對外國在華
之治外法權有深切痛恨，此案之中美官員忽視此種情緒，實為失策。〔註46〕
此後，美方人員表明美國民眾疑問時，蔣介石也以「部分政府機關效率低落」
進行解釋，提出臺美應加強合作。〔註47〕

可見，蔣介石在對美國表示因「自己不在」和效率低下而致事件發生、
激化的歉意時，強調的重點是美國在臺灣設置軍事法庭，有治外法權之嫌，
此事引起了國人憤怒，美國也有責任。

在當時國共對立背景下，事件之後，臺灣當局即調查有無中共因素在內。
但經初步調查，並無確切證據。於是指出發生初係民眾自動行動，但騷動之
中及事後難保無中共份子混入，希望全臺美軍官員務須保持高度警覺，與當
地駐軍保持密切聯繫。且提醒美國中共會乘機大加宣傳，須密切注意，務使
臺美友誼受到破壞。〔註48〕對於臺灣方面的「提醒」，起初美方並不認同。馬
康衛認為，「在各種可能中，共產黨煽動是最不可能的」。〔註49〕杜勒斯也認
為目前確實沒有共產黨參加的明顯證據。〔註50〕6 月初，臺灣當局在為事件

〔註45〕 Memorandum of a Conversation, Taipei, May 27, 1957, *FRUS, 1955～1957,
China*, Vol. III, Washington, D.C.: U.S. Government Printing Office, 1986, pp.539
～540.

〔註46〕 蔣介石與殷格索、鮑恩談話紀錄（1957 年 5 月 30 日），「軍事——蔣中正與
美方將領談話紀錄（三）」，「蔣經國總統文物」，「國史館」藏，典藏號：005-
010202-00090-008。

〔註47〕 蔣介石與史普敦會談紀要（1957 年 6 月 27 日），「軍事——蔣中正與美方將
領談話紀錄（三）」，「蔣經國總統文物」，「國史館」藏，典藏號：005-010202-
00090-010。

〔註48〕 蔣介石與殷格索、鮑恩談話紀錄（1957 年 5 月 30 日），「軍事——蔣中正與
美方將領談話紀錄（三）」，「蔣經國總統文物」，「國史館」藏，典藏號：005-
010202-00090-008。

〔註49〕 Memorandum From the Director of the Office of Chinese Affairs (McConaughty)
to the Assistant Secretary of State for Far Eastern Affairs (Robertson), May 26,
1957, *FRUS, 1955～1957, China*, Vol. III, Washington, D.C.: U.S. Government
Printing Office, 1986, p.535.

〔註50〕 Memorandum of Discussion at the 325th Meeting of the National Security Council,
Washington, May 27, 1957, *FRUS, 1955～1957, China*, Vol. III, Washington, D.C.:
U.S. Government Printing Office, 1986, p.541.

供詞的宣布做準備工作。6日，蔣介石指示：

> 甲、追問與自由中國傅正等有否關係，乙、宣布共產黨參加之
> 供詞時應與最初無共產黨關係之說法相配合，不可為美方反對者所
> 反駁，丙、宣布以前應與美方協商辦法，丁、定星六以前宣布，戊、
> 審判方式凡有匪諜關係者交軍法，其他人犯交法庭，何如？〔註51〕

為找出事件與中共的關聯，使結果更有利於臺灣當局。6月7日，蔣介石
特意指示要重點審問在場指揮煽動者及帶頭轉向新聞處與協防部者，並詳覓
其與中共關係線索。〔註52〕

「五二四事件」後，一些指控指向蔣經國。美國方面特別是軍方派人調
查，蔣經國先後與數人面談詳情，進行解釋。僅5月27日下午，蔣經國先
與孟波爾將軍面談，接著又接受藍日會（兩人頭銜及英文名不確）的詳細詢
問。蔣經國指出，「本人在後支持此一事件」之謠言實為可笑，稱自己於此
事發生後，「不眠不休者達數日夜，力求平息，豈能支持此事！」表示願意
接受美方會同臺灣方面非外交形式之調查，以示清白。他不斷提醒，「國內
外敵人正多」，即便美方情報工作人員中也會有對臺灣當局素無好感者，此
時正為彼等批評臺灣之大好機會，故若欲獲致公正瞭解，須慎惡意中傷。蔣
經國在對美方關於救國團等多處細節的提問進行解答之外，借機表明自己
對美國以及對父親的忠誠，稱「與美國人合作乃是為了國家，為了我的父
親，為了我對美國的文化有高深的興趣，絕非為了想自美方取得任何個人
的利益。」〔註53〕

在對若干事件過程中可疑之點的澄清之餘，面對各方因自己權力過大而
產生的疑慮，蔣經國再三強調著自己的赤誠之心。當記者詢問渠是否為當今
臺灣最有權力之人時。蔣經國「聞而大笑。但謂渠為一愛國者，亦為一愛父
者。渠從不作超越權責之事」。〔註54〕

體現了種種不公的「五二四事件」激發了臺灣民眾的民族感情，使積累

〔註51〕《蔣介石日記》手稿，1957年6月6日。「共產黨」一詞為筆者所改，原文
　　　　用的是污蔑性詞語。
〔註52〕《蔣介石日記》手稿，1957年6月7日。
〔註53〕「蔣經國演講稿（二十五）」，「蔣經國總統文物」，「國史館」藏，典藏號：005-
　　　　010503-00025-004、005-010503-00025-003。
〔註54〕《大埠西報》1957年6月6日，「蔣經國言行剪輯（二）」，「蔣經國總統文
　　　　物」，「國史館」藏，典藏號005-010401-00012-010。

了數年的對美軍特權地位的不滿情緒得到發酵和爆發。事件後，臺「外交部」收到多封信件，呼籲當局強硬交涉，借機改變劣勢地位。在此情形之下，挽回盟友信任固然至關重要，然而，若過分示弱顯然是有失民心的。蔣介石在適度致歉的同時，強調治外法權對民眾情緒的影響，暗示美方責任，並強調同盟關係的牢固對於「反共」事業的重要性；而蔣經國不厭其煩解釋細節，表明忠誠之心和願意接受調查的坦蕩，這樣的處理有基於兼顧盟友態度與臺灣民心的考慮。

五、「反美」之辯

由臺美軍人個體衝突引發的「五二四事件」中，美國「大使館」、新聞處等機構和人員遭到臺灣民眾攻擊。由此，臺灣有媒體認為該事件是「反美愛國」的活動。〔註55〕香港與大陸不少媒體將其定性為「反美示威」。〔註56〕學界一般亦會強調其「反美」的一面。〔註57〕然而，不論蔣氏父子對外解釋還是各部院報告和內部討論均強調此事件「純係由於雷諾茲殺人判決無罪而引起的一種群眾憤慨」，絕無反美因素在內。〔註58〕究竟是否「反美」？五二四的發生是否有官方意圖在內？

不可否認，在各級官員及民眾意識中，美國確是臺灣最離不開的盟友。臺海緊張局勢下，在臺美軍對於臺灣的安全和軍事建設固然是有益處的，對於民眾起到定心丸的作用。客觀而言，「反美」一詞自然不是主流思想，更不是可以放在檯面上被提倡的字眼。蔣介石曾自記：「此事（雷諾被判無罪）本可為我國交涉處於優勢地位，不幸翌日無端發生……暴動，以致國家反受重大損害與恥辱……」。可見「五二四事件」演化成群眾暴動，應不是臺灣當局有意造成。對於撕毀美國國旗，搗毀「大使館」等行為，蔣介石也是不贊成的，認為是「損毀國際公理者，乃是國家最不榮譽之野蠻行動」。〔註59〕平心而論，造成「反美」印象對於臺灣當局並無好處。若說臺灣當局有意運用劉自然被殺案進行「反美」，缺乏支撐。從蔣介石對撕毀他人國旗等行為的不滿

〔註55〕如臺灣《新生報》，1957年5月26日。
〔註56〕香港《文匯報》，1957年5月25日社論；《人民日報》1957年5月28日。
〔註57〕如李義虎主編《臺灣十大政治案件》，黑龍江人民出版社1993年版，第31頁。
〔註58〕潘廉方發言，「第一屆立法院第十九會期第二十八次會議速記錄」，1957年6月18日，《立法院公報》第十九會期第九期。
〔註59〕《蔣介石日記》手稿，1957年5月反省錄、6月5日上星期反省錄。

來看，五二四的發展確實超出了臺灣當局的預料。

那麼，如果說五二四事件的發生並無任何官方意圖，是否準確？

雷諾槍殺劉自然後的兩周內，一些臺灣報紙已流露出憤懣之情。根據現場勘驗的結果，臺北市一些報紙認為雷諾槍殺劉自然乃有意為之，並駁斥美軍殺人後捏造的諉罪之詞。認為劉自然被槍殺是「一件不可忽視的事」，要求對「外籍兇手」不可「在法律之內有例外」。〔註60〕但在3月底媒體大體是趨於平靜的，美方認為當時媒體也許是得到當局指示。〔註61〕

雖然在審判過程中，媒體或許在「當局指示下」表現出了平靜之態，但事實上，臺灣當局並未對美方的審判聽之任之。臺灣的「司法行政部」派出了觀察員，對美方的歷次審判列席觀察。臺灣民眾對於美方檢察官起訴雷諾的手法在法庭宣判前就有不滿的表示。5月23日美軍事法庭宣判後，「司法行政部」發言人表示，據報告：「其審判經過，關於法律之援用，證據之取捨，則頗多顯失公平之處。」觀察員正整理資料、準備擬具書面報告。該發言人代表「司法行政部」聲明「該軍事法庭之審判，如果有偏袒之處，則現時美軍顧問團人員一律比照外交官待遇不受我國法權管轄一節」，「應有重加考慮之必要」。〔註62〕23日傍晚，劉自然妻奧特華對記者哭訴說美軍事法庭並不對案件三個最大疑點調查。〔註63〕當晚臺北群眾即已上街，在草山怒罵美國人。〔註64〕24日中午以前，臺灣各媒體紛紛對美方無罪釋放雷諾的決定進行報導和評論，民眾情緒悄然醞釀。

美國有報紙評論說臺北輿論界有鼓動的嫌疑。〔註65〕27日，在美國國家安全會議325次會議上，杜勒斯指出，從宣判雷諾無罪開始，臺灣報界就要求懲罰，語調越來越憤怒。軍事法庭的宣告無罪觸動了中國民族感情的痛處——對治外法權的痛恨。很可能是臺灣當局有意讓示威開始，以向美國施以

〔註60〕據《人民日報》1957年4月2日介紹臺灣媒體所報導的情況。

〔註61〕Memorandum From the Director of the Office of Chinese Affairs (McConaughty) to the Assistant Secretary of State for Far Eastern Affairs (Robertson), May 26, 1957, *FRUS, 1955～1957, China*, Vol. III, Washington, D.C.: U.S. Government Printing Office, 1986, p.524.

〔註62〕《中央日報》1957年5月24日，第1版。

〔註63〕《中央日報》1957年5月24日，第3版。

〔註64〕《新晚報》1957年5月24日，「外交部檔案」，館藏號：11-07-02-14-02-003，中研院近史所檔案館藏。

〔註65〕董微發言，「第一屆立法院第十九會期第二十八次會議速記錄」，1957年6月18日，《立法院公報》第十九會期第九期。

少許壓力。後來局面才致失控。〔註66〕美方認為當地報紙煽動性評論此事，反美情緒和示威最終導致 24 日中午對「大使館」的攻擊。〔註67〕事實如何？以臺灣官方媒體為例。24 日早晨的《中央日報》第三版用三分之一的版面對雷諾案的結案、奧特華的哭訴、記者及民眾的不滿與抗議等進行報導，並配上奧特華懷抱嬰兒的照片。從這樣的報導方式至少可以看出，臺灣官方無意於隱瞞事實、疏導民憤。

在「立法院」開會討論五二四事件時，青年黨「立委」董微指出，臺灣的新聞是統制的，並以青年黨所經歷之事作為例證。青年黨為整頓黨務成立整理委員會，但新聞稿送各報後，各報都不肯刊登。董微問報館何以不登，報館說中央黨部第四組不讓登。經與中央黨部第四組交涉，第四組的答覆是要請示國民黨中央委員會秘書長張厲生。輾轉至張厲生，得到的答覆則是：「不能登」。〔註68〕

1949 年 5 月，為應對國共內戰的敗局，國民黨宣布臺灣地區進入戒嚴狀態。27 日，臺灣省警備司令部頒布《戒嚴期間新聞雜誌圖書管理辦法》，媒體消息須經審查，政府有權對有異端言論的報刊停刊處分。當時的國民黨在相當程度上是可以控制輿論的，特別是對作為黨刊的《中央日報》等媒體是有控制權的。那麼，為何不在群眾情緒有一定醞釀時控制一下雷諾案的宣傳呢？在這個角度講，臺灣當局在雷諾案問題上是有某種傾向的。《中央日報》提到應重新考慮美軍顧問團人員一律比照外交官待遇不受臺灣法權管轄一事，但也以「一美軍上士函慰劉夫人」的方式為美國法律「寧可漏判，不能錯判」的原則進行了辯解並提醒了當今臺美「反共抗俄」的共同事業。〔註69〕似可看出，臺灣當局既希望借機規範美軍行為、提升自己的形象，又不希望過激而致破壞臺美關係。此點意圖從蔣介石的日記也有印證。〔註70〕

〔註66〕Memorandum of Discussion at the 325th Meeting of the National Security Council, Washington, May 27, 1957, *FRUS, 1955～1957, China*, Vol. III, Washington, D.C.: U.S. Government Printing Office, 1986, p.541.

〔註67〕Memorandum From the Director of the Office of Chinese Affairs (McConaughty) to the Assistant Secretary of State for Far Eastern Affairs (Robertson), May 26, 1957, *FRUS, 1955～1957, China*, Vol. III, Washington, D.C.: U.S. Government Printing Office, 1986, p.525.

〔註68〕董微發言，「第一屆立法院第十九會期第二十八次會議速記錄」，1957 年 6 月 18 日，《立法院公報》第十九會期第九期。

〔註69〕《中央日報》1957 年 5 月 24 日，第 1、3 版。

〔註70〕《蔣介石日記》手稿，1957 年 5 月反省錄。

　　自美軍顧問團來臺，美軍在臺行為約束的問題日益突出，而美國卻仍一再為美軍爭取特權。1951 年 1 月 30 日，美國供給臺灣若干軍事物資，附帶條款要求美在臺執行援助人員構成美駐臺「大使館」之一部分，受美國駐臺外交首長之指揮與管轄。幾年後，駐臺美軍及其眷屬不斷增加，他們均比照外交人員，不受臺灣當局法律約束。1955 年 8 月，美方提出美國部隊人員「應享美國軍援顧問團人員同樣待遇，並應同樣享受美國軍援顧問團人員 1952 年 10 月 23 日及 11 月 1 日換文所享受之捐稅及關稅之免除」。享有治外法權及免除捐稅、關稅的「美國部隊人員」範圍甚為廣泛。〔註71〕到劉自然案發生，談判已進行 9 次。臺灣當局對於美方所提要求雖有對案，卻沒有正式提出。當時，臺灣當局在臺美關係的格局中處境艱難。1955 年 3、4 月間，美國收回曾經做出的協防「外島」承諾，將「外島」定位為「前哨」而非「要塞」。美國朝野熱議「兩個中國」問題，美政府開始與新中國接近，謀求和談。1957 年英國放寬對中共的戰略禁運，諾蘭曾在國會發言抨擊英國的決定，並未得到熱烈呼應，相反，只有「少數零落溫和的抗議」。〔註72〕美國決策層和政論家有更多的人公開主張「兩個中國」。在此情況下，臺灣當局唯有等待合適時機才能提出約束在臺美軍的對案。劉自然被殺案發生時似乎這樣的時機即將到來。臺灣當局高度關注美方審判進程，對媒體採取了一定的放任與默許，並力圖利用《中央日報》等大報加以引導，以此來看，「五二四事件」的發生有一定的官方意圖在內，這個意圖就是要借機推動臺美雙方就在臺美軍法律管轄問題的交涉。而後來的某些群眾行為有失控傾向。

　　在心理方面，當時臺灣民眾確有「反美」的心理基礎，這種「反美」不是一般意義上的敵視，而更多是不平的怨氣。以蔣介石為首的臺灣當局對美國也有不滿或憤慨之心，對在臺美軍也有一些看法。五二四發生前，臺灣自上而下的情緒都有一定積累。時局艱難之中，這種積累的情緒尤需某種宣洩。

　　一些研究中，普通民眾的反美心理會被刻畫，根據就是在臺美國人的優越的生活與高傲的心理。美軍援顧問團自 1951 年 5 月成立後，在臺美軍日益增多，到 1957 年時，「大約 11000 美國人在臺灣，他們中的大多數開著新車，

〔註71〕栗國成：《1957 年臺北「五二四事件」及 1965 年美軍在華地位協議之簽訂》，《東吳政治學報》2006 年第 24 期，第 32 頁。
〔註72〕中央社參考消息央秘參（46）第 0986 號，「兩個中國問題」，「外交部」，館藏號 11-07-02-04-164，影像編號 11-NAA-01191，中研院近史所檔案館藏。

享受著各種特權，生活水平也比臺灣人高很多。」〔註 73〕在臺期間美軍「自恃其對臺灣協防有功」，處處表現出「美國人的優越」心態，與臺灣軍士和民眾的衝突不斷發生。〔註 74〕這使臺灣人對美國人的看法是複雜的，不平與自卑的心理、帶有怨氣的情緒在暗中滋生。在事後的議論中，「立法委員」們也表達了不平之感，認為應與「平等待我之民族」共同反共抗俄，不然不如「自己做到底」；藍欽應提供外交豁免權的名冊，「不能說來一個算一個」。〔註 75〕他們雖強調不反美，但言語間又透露出不平之憤。

在林桶法的文章中，蔣介石關於五二四事件的 24 條日記被逐一提到，認為蔣積極介入，深怕美方誤會，以致影響臺美關係大局。〔註 76〕這一點沒有錯。面對盟友的信任危機，蔣介石稍顯慌忙的心態自然會流露於日記，但對於蔣氏真實態度的考察應不僅限於日記中提到該事件的 24 條。1950 年美國將臺灣海峽安危捆綁於第七艦隊的艦艇之上，1954 年臺美共同防禦條約更為臺澎安全加了一道條約保障，但臺美之間的盟友關係並非毫無間隙。數年來，在是否防守沿海島嶼、能否攻擊大陸軍事基地等方面，蔣介石與美國政府之間始終無法很好地協調，蔣介石對美國的怨言也屢有表露。1954～1955 年，美國操縱的「劃峽而治」的實踐和討論同樣令蔣介石頗為不滿。〔註 77〕在冷戰與臺海對抗的局勢下，蔣介石確實需要充分顧及美國意願，但臺灣軍民的情緒對他來說也是至關重要的。國民黨所屬公務人員及大量軍隊來臺後，臺灣的困難、士氣的低落是可想而知的。蔣介石希望以「反攻復國」願景鼓舞人心，但在美國壓制下，「反攻時間表」不得不一再擱置。1955 年在中國人民解放軍佔領一江山後，美國做出使臺灣軍隊主動放棄大陳島的決定。此後，

〔註 73〕 Telegram from the Ambassador in the Republic of China (Rankin) to the Department of State, May 26, 1957, *FRUS, 1955～1957, China*, Vol. III, Washington, D.C.: U.S. Government Printing Office, 1986, p.536.

〔註 74〕 林桶法：《從劉自然案論述 1950 年代美軍顧問團的問題》，黃克武主編《同舟共濟：蔣中正與 1950 年代的臺灣》，臺北：中正紀念堂管理處 2014 年版，第 254 頁。

〔註 75〕 趙惠謨、謝仁釗發言，「第一屆立法院第十九會期第二十八次會議速記錄」，1957 年 6 月 18 日，《立法院公報》第十九會期第九期。

〔註 76〕 林桶法：《從劉自然案論述 1950 年代美軍顧問團的問題》，黃克武主編《同舟共濟：蔣中正與 1950 年代的臺灣》，臺北：中正紀念堂管理處，2014，第 229～232 頁。

〔註 77〕 參見馮琳《美國「兩個中國」的實踐與主張及臺灣當局的抗爭（1954～1955）》，《社會科學研究》2017 年第 3 期，第 145～154 頁。

國際上對「兩個中國」的討論一度高漲，臺灣託管說時有提及。在臺灣面臨困難、軍民士氣不振的情況下，美軍給臺灣帶來希望的同時，也帶來了被壓制被輕視的不滿情緒。同時，美軍顧問團對臺灣的影響也是體現在正負兩個方面的，在幫助臺灣進行軍事整頓的同時，也干擾了蔣氏以自己的思路治理軍隊，為此蔣介石等人對於顧問團的怨言頗多。〔註78〕

　　事件發生前，輿論大波的掀起是以臺灣民眾渴望釋放的心理為基礎的。蔣介石等臺灣當局決策者面對輿論，至少沒有採取管制壓制的態度，而是默許了它的發展。事件發生時，美方人士觀察到，臺灣警察沒有有效保護美國「駐臺大使館」建築，而似乎更擔心傷害美國人的身體。〔註79〕或者，可以推測，臺灣當局自上而下沒有在事件醞釀時及時採取有效措施，在行政低效與權責設置不明等問題之外，也有有意宣洩民眾情緒的意味。無法保護自己的人民，這一點對於任何一個政府可能都是失民心的致命傷。雷諾無罪釋放並逃之夭夭，這樣的消息不但對民眾心理造成了傷害，從政者也不例外。在某種意義上，五二四事件正是臺美盟友關係之下隱藏著的諸多矛盾的一個總爆發，是臺灣自上而下對美不滿情緒的一次宣洩。

六、事件的化解及影響

　　6月初，蔣介石為「五二四事件」發表文告，指出這一不幸事件是中共的「心理戰」，呼籲不能為某一法律事件「逞其一朝之憤」，強調「與世界民主集團領導者的美國站在一條陣線」才是唯一選擇。〔註80〕接著，在蔣氏父子繼續對美進行私下裏的解釋澄清工作之外，蔣介石有意將事件引向「中共參與」的議題上，以此化解臺美間隙，使美國為「反共陣營」的強大而不致削弱盟友關係。同時，民眾心理和輿論導向在事件的化解上起到不可忽視的作用。

　　6月7日，臺北暴動案交軍法審判。在蔣介石的授意下，審判的重點之一

〔註78〕如在政工制度、日人教官、軍隊整編辦法等方面，參見《蔣介石日記》手稿，1952年7月12日、26日；「美國協防臺灣（三）」，「蔣中正總統文物」，典藏號：002-080106-00050-010，「國史館」藏。

〔註79〕Memorandum From the Director of the Office of Chinese Affairs (McConaughty) to the Assistant Secretary of State for Far Eastern Affairs (Robertson), May 26, 1957, *FRUS, 1955~1957, China*, Vol. III, Washington, D.C.: U.S. Government Printing Office, 1986, p.534.

〔註80〕《「五二四」不幸事件告全國臺胞書》，《先總統蔣公思想言論總集》，卷33，書告，第179～183頁。

是與中共的關係淵源，其中三人被確定為中共「潛伏分子」。但審閱口供後，蔣覺有多處不通，指示應加修正。因為缺乏有力證據，蔣只好模糊處理。10日，在與美國國務院派來調查該事件的卜雷德（Edwin A. Plitt）談話時，蔣總結為：

> 甲、此案原因必須在中國共產有關之歷史，及其卅年來宣傳與行動所留之影響餘毒。乙、行政人員向來惰性，與不求有功但求無過之惡習。丙、行政效率之遲鈍脫（拖）延，怕負責任之弱點。丁、疏忽大意，期望無事，不願上報報告。戊、自九一八以來對群眾示威，打毀公署，毆打長官認為常事，不許警察開槍彈壓。〔註81〕

雖然第一條原因模糊、籠統，但在蔣的心目中它是首要的，並應放在第一位來提醒美國不能改變對盟友態度而致自己力量受損。蔣介石的說法引起美國輿論的注意，《美國人報》、《美日新聞》等以顯著字體表明「心理作戰」、「共黨挑起」等字眼，一些報紙在呼籲不能破壞反共堡壘的堅固。〔註82〕避免「親痛仇快」的想法對美政府在「五二四事件」的解決上採取克制與諒解態度起到一定作用。

臺灣當局還有意運用了民眾心理以期影響美政府。一方面是在臺灣利用媒體的繼續關注調動民眾對當局的聲援，一方面是力圖爭取美國輿論和世界各國的同情，給美國政府造成一定壓力，使其不改變對臺政策。

當時情形下，民眾情緒激憤，有可疏不可堵之勢。正如一位僑民所言：「美國人對他一個在海外士兵尚且如此愛護左袒，我們……在自己的國土內竟不能庇護一個自己的公務員（人民）？」基於這樣的認識，新聞報導有意調動國民士氣，而不是壓制消息、息事寧人。一位住在嘉義的15歲女青年看了《大華晚報》的報導後給葉公超寫信，表達自己對審判不公氣憤，對臺灣民眾與青年被人看不起的氣憤，希望臺灣當局藉此機會發揮出最大力量，改變世人對臺灣的觀感。信函充分流露出年輕人飽受壓抑、渴望揚眉吐氣的心情。一位僑居香港的僑民也致函葉公超，表達看到新聞後憤憤不平的心情，希望向美國嚴重抗議，要求立即將殺人犯解回臺灣，由我司法機關公開審判，

〔註81〕《蔣介石日記》手稿，1957年6月10日。
〔註82〕《五二四事件中央社參考消息》，「外交部檔案」，館藏號：11-07-02-14-02-001，中研院近史所檔案館藏。

同時立即撤銷美軍的外交豁免權。臺灣民眾對美法庭判決之憤慨，「不但未平息，且有愈趨愈烈之勢」。紐約華僑知識分子聚會討論，建議臺灣當局平抑民情，並將「司法部」觀察報告議成英文公布。〔註83〕

紐約華僑認為臺灣當局沒有同時採取行動以平人心，實際上當局並非沒有意識到民憤激昂，之所以沒有壓制輿論，在難以壓制的客觀因素外，還有欲借助民意影響外交的用意。事實上，雖然美政府鑒於大局對外宣稱對臺政策和態度不會改變，但其實不利言論之多，使臺美關係之下猶如埋了若干炸藥一般。艾森豪威爾答記者問時，雖未言對臺政策改變，但也認為「五二四事件」一方面出乎意料，一方面「亦有很多跡象顯示其有某種組織」。美《新聞週刊》稱國會議員們「互相痛心地提醒對方，勿忘記在暴民搗毀美國大使館，和美國新聞處時，蔣總統的警察和救火員袖手旁觀的事實」。《生活雜誌》刊載臺北事件的多幅照片，包括一幅兩頁寬的附有煽動性說明的美國旗被撕毀照片。蔣經國說臺北事件只是人民對雷諾被判無罪的「感情迸發」一語，被《記者雜誌》加以譏笑。〔註84〕在此情形下，單憑蔣氏父子的解釋工作恐怕難以化解美國方面的疑慮。臺灣當局有意放開輿論，通過輿論調動民意。民情激蕩之下，不少民情通過官方渠道送達「外交部」等部門，有的應民眾之請送達「美國大使館」；更多的則是通過媒體產生出發散效果，進而影響到美國政策。

臺灣各地民眾通過閱報，瞭解到臺北所發生的事件原委，紛紛表達對雷諾案的不滿和對當局的聲援。應臺南廖達夫等多位民眾之請，他們的信件被「外交部」轉送藍欽。〔註85〕運達至金門的各大報紙，被當地民眾在街頭紛紛閱讀、互相議論，盼望臺當局據理交涉。美國《前鋒論壇報》有文指責美國讓臺灣民眾關於「治外法權受人痛恨的記憶，重又復活」。美國一位援外專家發表演說指出「中國人是敏感的民族，由於數千名美國人坐著外貌極奢華的汽車，穿梭於擁擠的臺北街頭，並過著美國生活水準，因而摩擦的發生是無法避免的。」參院外委會委員曼斯菲爾德則發表重要演說，呼籲美國平等對

〔註83〕《五二四事件各方來函》，「外交部檔案」，館藏號：11-07-02-14-02-003，中研院近史所檔案館藏。

〔註84〕《五二四事件中央社參考消息》，「外交部檔案」，館藏號：11-07-02-14-02-001，中研院近史所檔案館藏。

〔註85〕《五二四事件各方來函》，「外交部檔案」，館藏號：11-07-02-14-02-003，中研院近史所檔案館藏。

待亞非國家。幾年前，英國因與新中國建交而被美國大肆非難。五二四發生後，英國各報以頭條新聞刊出，認為美國援臺並未收到好的結果，還有記者認為在臺美軍素質不良。日本等亞洲國家紛紛呼應，表達對臺灣民眾的同情。菲律賓的首都馬尼拉出現幾百把寫著「我們要求完全的主權和重審雷諾」標語的扇子。韓國官方英文日報《韓國共和報》評論說，美國必須對於海外美軍的司法管轄權求得「平等」。泰國的曼僑報勸告美國政府「應平心靜氣想想為什麼整個亞洲都瀰漫反美情緒」；一家有警方背景的日報指責美軍事法庭忽視臺灣民眾心理上的反應，促美反省以免失去臺灣這個「亞洲堡壘」。〔註86〕此種輿論聲潮對美政府化解五二四影響產生了促進作用。

　　因為關涉反共陣營的牢固，關涉亞洲其他國家以及英國等盟友的觀感，關涉具有戰略意義的臺灣島上民眾的人心向背，況且美國政府的對臺政策、在臺美軍的行為方式也有可被指謫之處，儘管包括艾森豪威爾、杜勒斯在內的美方高層心裏或多或少存有狐疑，但在表面上美政府並未認同事件的「反美」性質，亦不承認會因此改變對臺政策。杜勒斯答記者問時，指出美國政府未曾接獲臺灣當局參與鼓勵騷動的證據，大量美軍駐紮臺灣似乎是騷動的基本原因，此次事件不致引起美國遠東政策及對臺政策的任何改變。〔註87〕6月26日，臺北衛戍司令部軍事法庭宣判「五二四事件」被告28人被判處徒刑：2人被判有期徒刑一年；6人被判有期徒刑六至十個月、不得易科罰金；20人被判有期徒刑三至六個月、得易科罰金。〔註88〕據蔣介石所稱，「臺北暴動案審判罪犯從輕處治，如期發表，中外輿論翕服，皆無異詞」。〔註89〕

　　8月27日，美國各情報單位共同提交了一份評估，認為「五二四事件」是對「劉自然案」判決不公的憤恨反應，不代表臺灣現存有強烈的反美情緒。「由於根深蒂固的民族自豪感的受挫和受傷，這種反應更加激烈」，但對「大使館」的攻擊「可能不是有預謀的」。該報告強調任何預示著援助減少的美國政策的改變都將很大程度上影響到臺灣的士氣，臺灣當局的長期存在取決於

〔註86〕《五二四事件中央社參考消息》，「外交部檔案」，館藏號：11-07-02-14-02-001，中研院近史所檔案館藏。

〔註87〕《蔣中正總統檔案》，「特交檔案」，08A-01590，第236～241頁，臺北「國史館」藏。

〔註88〕《雷諾槍殺劉自然案美方審判不妥發生臺北「五二四」不幸事件交理經過》，「行政院檔案」，071／165-2，第133頁，臺北「國史館」藏。

〔註89〕《蔣介石日記》手稿，1957年6月29日上星期反省錄。

美國政策等因素。〔註90〕9 月 12 日至 17 日，美國總統特別助理李查茲（James P. Richards）在臺灣進行了一項特別調查，研究「五二四事件」並評估臺灣一般狀況。回美後，李查茲向總統表示，蔣經國及其青年救國團事先應該知道當日「大使館」前的有組織抗議活動，但他們沒有預期「大使館」會受到攻擊。潛在的反美情緒在臺灣是有的，但不致惡化。在 10 月 2 日，美國第 338 次國家安全會議中，李查茲則極力強調維持美國對臺援助對美國國家利益的重要性。〔註91〕基於臺灣有賴於美國，而美國又需要臺灣這一堅定反共的東亞小夥伴，「五二四事件」終究沒有帶來臺美關係的逆轉或明顯倒退。

　　不過，也應看到，蔣介石所說的「皆無異詞」只是相對的，美方對「五二四事件」的疑惑之心並未完全消除。不可否認，雙方人員心裏的陰影已經投下或者加深。正如 7 月 9 日《紐約時報》所言：「雖然商人對美國人再以笑臉相迎，但是對雷諾案的不愉快仍隱藏在表面下」，儘管雙方政府竭力補救情感，但關係「已遠不如幾個月前的情形」。合眾社記者觀察到臺灣民眾和幾千名在臺美國人之間的關係是「緊張而不確定的」。〔註92〕美太平洋艦隊總司令史普敦來訪後，蔣介石認為：「態度甚覺其不如從前之誠摯，可知此次臺北暴動案對外威望損傷非淺」。〔註93〕

　　另一方面，美國通過此事確實意識到某些問題，認為應該減少在臺人員，並改善與臺灣民眾的關係。從這個意義上說，「五二四事件」也產生了某些積極影響。

　　5 月 29 日，杜勒斯對記者表示：大量美軍駐紮臺灣似乎是臺北事件的基本原因，該事件「不致引起吾人在遠東方面各項基本政策及對國民政府（國民黨當局）各項政策之任何改變」，同時它「也許可能加速業在進行中之一種檢討，即如何減輕由於大量軍隊——尤其外國軍隊——駐紮在外國領土上所造成不可避免之緊張局面。此問題甚為微妙，且具有爆炸性。在過去一短時

〔註90〕The prospects for the Government of the Republic of China, August 27, 1957, *FRUS, 1955～1957, China*, Vol. III, Washington, D.C.: U.S. Government Printing Office, 1986, pp.591～592.

〔註91〕Memorandum of Discussion at the 338th Meeting of the National Security Council, Washington, October 2, 1957, *FRUS, 1955～1957, China*, Vol. III, Washington, D.C.: U.S. Government Printing Office, 1986, p.612.

〔註92〕《五二四事件中央社參考消息》，「外交部檔案」，館藏號：11-07-02-14-02-001，中研院近史所檔案館藏。

〔註93〕《蔣介石日記》手稿，1957 年 6 月 28 日。

期中，我們已就如何方能減少危險一端，從事研究。我認為在這一方面將有若干改變。」〔註 94〕

6月17日，藍欽致總統特別顧問納什，指出美國在臺隨員很多，所有在臺人員享受著外交特權與豁免權。在大多數美員中帕金森定律（Parkinson's Law）〔註 95〕發揮著作用，超過半數的美國在臺人員僅是忙於家務之類。建議美國馬上採取一些措施，比如系統減少在臺公務人員和軍官，不重要的職位應盡可能用本地人。把他們視為朋友，而不是加以疏離，「才是堅定並成功對抗共產主義之道。」〔註 96〕

如前所述，關於美軍在臺地位問題，實際上臺美之間已經在進行交涉。美國方面始終不肯在「法權」問題上妥協，而臺灣當局因對美多有所求，態度也不能強硬。「五二四事件」後，蔣介石等人多次就治外法權一事表達民眾的強烈情緒，且經媒體的充分討論，美國政府瞭解到臺灣民眾意願和美國民眾對此事的同情。1958 年 8 月，在臺美第 10 次會談時，臺灣「外交部」正式提出臺美雙方共同執行法權的相關對案。經「五二四事件」發酵，臺灣方面在探討治外法權的改變問題上多了底氣，而美方多了些諒解的姿態，1965 年終於達成相關協定。1966 年 4 月，《美軍在華地位協定》正式生效，臺灣當局得以對在臺犯罪之美軍執行一定的司法管轄權。

〔註 94〕張群呈蔣介石（1957 年 5 月 30 日），「對美國外交（十三）」，「蔣中正總統文物」，「國史館」藏，典藏號：002-080106-00035-008。

〔註 95〕亦稱「官場病」或「組織麻痺病」。英國史學家帕金森（Cyril Northcote Parkinson）提出，最早出現在 1955 年《經濟學人》中，闡釋了機構人員膨脹的原因及後果。

〔註 96〕Letter From the Ambassador in the Republic of China (Rankin) to the President's Special Consultant (Nash), June 17, 1957, *FRUS, 1955～1957, China*, Vol. III, Washington, D.C.: U.S. Government Printing Office, 1986, p.544.

第十五章　硝煙外的劍拔弩張：
1958 年臺海危機中的臺美交涉

　　1955 年以後美國方面「劃峽而治」、「兩個中國」的論調受到中共中央重視。1957 年 12 月因美方試圖降低中美大使級會談的級別而致會談中斷，且經中國政府幾度催促更換會談代表恢復談判而無效，中美關係僵持。1958年夏，「大躍進」運動在中國方興未艾，國內革命幹勁高漲，而中東局勢出現緊張〔註1〕。在此背景下，毛澤東等中央領導人決定再次炮擊金門。〔註2〕1958 年 8 月 23 日，福建前線 36 個地面炮兵營與 6 個海岸炮兵營向金門開炮，第二次臺海危機爆發。〔註3〕

〔註 1〕1958 年 7 月中旬，伊拉克人民發動革命，美國宣布其遠東地區陸海空軍進入戰備狀態，並出兵入侵黎巴嫩。

〔註 2〕關於中共中央 1958 年決定炮擊金門的原因，分析者甚多，如有文章認為，炮擊金門是對國民黨對中共中央和平倡議缺乏興趣的懲罰，是為刺探美國意圖，「更為重要的是要在中國促進革命熱情的大爆發」。（Chen Jian, Mao's China and the Cold War. Chapel Hill: University of North Carolina Press, 2001, pp. 172 ～175.）牛軍認為，給大躍進鼓勁和支持中東阿拉伯人民的民族解放運動是決定炮擊金門主要目的的觀點雖然具有啟發性，但如果瞭解了解放軍的戰略計劃和 1955 年春季以後持續不斷的軍事準備，最有可能的是，毛澤東決定炮擊金門的主要目的仍然是通過軍事行動，向前推動統一臺灣戰略。（牛軍：《三次臺灣海峽軍事鬥爭決策研究》，《中國社會科學》2004 年第 5 期，第 47 頁。）筆者傾向於後一觀點，但認為中美會談的僵局、革命熱潮的推動亦是共同推動的因素，中東局勢等亦為有利國際背景。

〔註 3〕有關研究有：林正義：《1958 年臺海危機期間美國對華政策》，臺北：商務印書館，1985 年；戴超武：《敵對與危機的年代 1954～1958 的中美關係》，北京：社會科學文獻出版社，2003 年；Shuguang Zhang, Deterrence and Strategic Culture:

一、美方最初反應

　　如同 1954 年 9 月發生的第一次臺海危機時那樣，美國政府的第一反應都是高度警惕，配合強硬聲明以示震懾；嚴陣以待，並準備在緊要關頭動用核武器。

　　1958 年 8 月 23 日，美國國務卿杜勒斯給眾議院外委會主席摩根（Thomas E. Morgan）一封信，指出沿海島嶼和臺灣島的聯繫變得更加緊密，互相依靠的程度有所增加。任何人要是設想中國共產黨人試圖用武力改變此種狀況，並在目前進攻和試圖征服這些島嶼或許是有限的軍事行動的話，那是十分危險的。〔註 4〕25 日，美國總統艾森豪威爾召集有關高層舉行會議討論臺灣海峽局勢問題。艾森豪威爾指出，美國實際上正一步步接近《臺灣決議案》〔註5〕的核心問題。〔註 6〕會後，參謀長聯席會議致電太平洋軍區司令費爾特（Harry Donald Felt），下達從太平洋轄區抽調部隊加強美國對臺防禦力量、在沿海主要島嶼受到嚴重威脅時支持國民黨軍隊等命令，並提醒要做好在戰爭發展到一定階段時使用核武器的準備。〔註7〕

　　杜勒斯給摩根的信並非以秘密形式發出，而是在當日就予以公布。26 日，《人民日報》刊出《斥杜勒斯的叫囂》一文，指出大小金門、馬祖各島，以及臺灣等地是中華人民共和國的神聖領土，與我國其他領土才是真正的「緊密不可分割」的。正是阻撓中華人民共和國解放運動的美帝國主義者才「構成

Chinese-American Confrontations 1949～1958, Ithaca: Cornell University Press, 1992, pp225～267; The Dragon, the Lion and the Eagle: Chinese-British-American Relations, 1949～1958, Kent: The Kent State University Press, 1994, pp178～207. 代表性論文如：趙學功：《第二次臺灣海峽危機與美國核震懾的失敗》（《歷史研究》2014 年第 5 期），何迪《「臺海危機」和美國對金門、馬祖政策的形成》（《美國研究》1988 年第 3 期）等。其中，黃文娟的《沒有硝煙的「戰爭」——1958 年臺海危機期間的臺美關係》（《冷戰國際史研究》2006 年第 1 期）與筆者旨趣較為接近，但該文沒有將臺美互動置於中美會談等更廣闊而需要被考慮的背景之中，亦未涉及兩岸對美國製造「兩個中國」傾向的反應。

〔註 4〕U.S. Department of State Historical office Bureau of Public Affairs, American Foreign Policy: Current Document, 1958, New York: Arno Press, 1971, p.1144.

〔註 5〕1955 年 1 月 24 日，艾森豪威爾向國會遞交「授權總統使用武裝部隊協防臺澎有關地區案」（又稱《臺灣決議案》、《福摩薩提案》），要求授權總統在必要時動用武裝部隊確保臺澎安全。

〔註 6〕Memorandum of Meeting, Washington, Aug.25, 1958, FRUS, 1958～1960, China, Volume XIX, Washington, D.C.: U.S. Government Printing Office, 1996, p.75.

〔註 7〕Telegram From the Joint Chiefs of Staff to the Commander in Chief, Pacific (Felt), Washington, Aug.25, 1958, *FRUS, 1958～1960, China*, Volume XIX, Washington, D.C.: U.S. Government Printing Office, 1996, p.76.

這個地區的和平的威脅」。〔註 8〕28 日，針對北平電臺轉播的福建前線「對金門的登陸已經迫在眉睫」的表示，美國國務院發布聲明，強調事實證明杜勒斯給摩根信件中的看法是正確的。〔註 9〕

　　8 月 29 日，艾森豪威爾再次在白宮召集關於臺灣海峽局勢的會議。國防部副部長克沃爾斯（Donald Aubrey Quarles）首先指出，目前解放軍對金門、馬祖的炮擊是第一階段，是有限的軍事行動，尚未有明確意圖表示他們要佔領金馬。如果中共大規模進攻沿海島嶼，那就是第二階段，就要考慮動用美國部隊加以協防。如果共產黨人將攻擊區域擴展到海峽以外或直接進攻臺澎，那就是第三階段，總統就該就使用核武器問題做出新指示。〔註 10〕

　　此時也有不同於 1954 年之處。1954 年，美國主要關心的是臺灣島和澎湖列島的安危，而 1958 年，美國政府卻不得不關注更多的「外島」。第一次臺海危機中，美國為應對危機，策劃並運作由新西蘭向安理會提出臺灣海峽停火案。並在停火案遭遇困難後，又想謀求與中華人民共和國談判解決臺灣問題，收回不久前關於協防金門、馬祖的承諾。美國國內及國際輿論更是幾度掀起討論「兩個中國」的熱潮。蔣介石認識到自立自強的重要性，下定決心整頓內部、加強實力，「準備獨力應戰以求自立，則國際陰謀無所施其技」。〔註 11〕自 1955 年，臺灣當局不顧美方反對，大力增強「外島」的防禦力量。臺灣方面將防禦重心之相當部分移至「外島」的行動，使這些島嶼就有了過去不曾有的重要性，成功牽制了美國的注意力。到第二次臺海危機時，由於臺灣當局將三分之一的軍事力量用在了澎湖以西的沿海島嶼，杜勒斯、艾森豪威爾等人只得放棄 1955 年 4 月時對於「外島」應為「前哨」而非「要塞」的定位，〔註 12〕均認為「外島」已成為臺灣民眾謀求生存之地，它們與臺澎的聯繫已較以前更為密切。〔註 13〕

〔註 8〕《斥杜勒斯的叫囂》，《人民日報》，1958 年 8 月 26 日，第 8 版。

〔註 9〕《美國國務院聲明》，陶文釗主編《美國對華政策文件集（1949～1972）》第二卷（下），世界知識出版社，2004，第 592 頁。

〔註 10〕Memorandum of Meeting, Washington, Aug.29, 1958, *FRUS, 1958～1960, China*, Volume XIX, Washington, D.C.: U.S. Government Printing Office, 1996, p.96.

〔註 11〕《蔣介石日記》手稿，1955 年 6 月 12 日。

〔註 12〕Memorandum of a Conversation Between the President and the Secretary of State, Washington, April 4, 1955, *FRUS, 1955～1957. China*, Volume II, Washington, D.C.: U.S. Government Printing Office, 1986, pp.444～445.

〔註 13〕The President's News Conference of Aug.27, 1958, *Public Papers of the President*

在 1958 年 8 月 25 日的會議上，代理國務卿赫脫（Christian Archibald Herter）指出，會議應首先搞清楚哪些島嶼應被包括在內。他認為金門的兩個主要島嶼及馬祖地區大些的島嶼，也就是那些臺灣當局投入了很大防守力量的主要島嶼，應被包含。這一意見獲得眾人贊同。同日，美國國務院在致臺北「使館」的 138 號電報中通報了這一決定，但指示說不要和臺灣當局討論這一問題。9 月 2 日，在致臺北的 172 號電報中，這些島嶼被明確為：金門、小金門和馬祖地區的高登、北竿塘、馬祖山、西犬島和東犬島。〔註 14〕

二、美國的猶疑與中美會談

二戰後，隨著冷戰拉開序幕，美國為擁有更多的戰略點和勢力範圍，在許多地方都有干涉別國內政的表現。國民黨集團退臺後，美國在臺灣海峽干涉中國統一的活動本不具有正當性，歷來為國際輿論特別是中蘇輿論所詬病。為減少國際上的反對之聲，美國不得不在擴張霸權的同時盡可能保持低調，盡可能不觸犯眾怒，並盡可能地表現出克制與「正義」。另一方面，為保持與蘇聯抗衡的能力，美國也需要將盟國的意見放在相當重要的位置。力圖避免明顯的侵略姿態與兼顧盟友態度是美國在較長時間內在「外島」問題上政策模糊、無法決斷的重要原因。

在此情形下，核武器在為美國提供了強大的後盾與保障的同時，也束縛著美國的行動。美國是最先成功研製並使用核武器的國家，也是 1950 年代世界上擁有核武器的三個國家〔註 15〕之一。核武的強大威力使美能夠在危機一經發生的時刻即向中國大陸發出核威懾，但又不得不再三考慮倘若使用核武的後果。若美國直接插手臺海軍事行動，戰爭勢必擴大，核武將會成為最終的手段。然而，大多數美國民眾只是把沿海島嶼看作兩個「遙不可及的小島」，「根本不值得打一場核戰爭」。美國民眾不願意支持自己的政府在這一情況下採取任何有戰爭傾向的行為。〔註 16〕並且，如果使用核武，臨近的國家和地區便會受到影響，日本、菲律賓及亞洲其他國家均會有所波及。雖然決策層

of the United States, U.S. Government Printing Office, 1959, p.641.

〔註 14〕 Memorandum of Meeting, Washington, Aug.25, 1958, *FRUS, 1958～1960, China*, Volume XIX, Washington, D.C.: U.S. Government Printing Office, 1996, p.73.

〔註 15〕 美國、俄羅斯、英國。

〔註 16〕 Telegram From the Department of State to the Embassy in the Republic of China, Washington, Sept. 21, 1958, *FRUS, 1958 ～ 1960, China*, Volume XIX, Washington, D.C.: U.S. Government Printing Office, 1996, p.253.

中的部分人，如海軍上將勃克（Admiral Burke），仍然堅持核武器是最後的不能一意迴避的打擊手段，否則，一系列的連鎖反應可能會使美國在十年內喪失整個自由世界（資本主義陣營）。〔註 17〕但，核武器可能會帶來的嚴重後果也被反覆強調著。負責政策計劃的助理國務卿 H.A.史密斯認為，如果使用核武器，美國的干涉行動可能迫使亞洲的日本、菲律賓等國進一步走向中立，並最終向北京妥協。〔註 18〕杜勒斯則轉達駐日大使道格拉斯・麥克阿瑟二世（Douglas MacArthur II）的意見，指出若美國用核武保衛「外島」，日本政府或許會被迫要求美軍撤出日本，最低限度也會要求美國停止從日本的基地獲取任何形式對沿海島嶼的補給。勃克上將亦認為，中斷日本方面的補給將是個嚴重的問題。〔註 19〕總統艾森豪威爾的意見則在 8 月 29 日在白宮為臺灣海峽局勢而召開的會議上已有表示，他贊同克沃爾斯提出的在中共大規模進攻金馬情況下仍要避免使用核武器的看法，並指出，最好在緊急情況下也能不使用核武器。畢竟美國是冷戰中的主要攻擊目標，應避免給共產黨以侵略口實，起碼在目前階段應由臺灣方面發動攻擊。〔註 20〕

　　同時，艾森豪威爾還在為作戰可能面臨的困境擔憂。中國大陸幅員遼闊，軍事基地分布廣泛；而美軍在臺灣海峽的作戰只有有限的基地可用。他的腦中盤旋著一個問題：如果中華人民共和國使用遠離海岸的陣地對臺灣進行夜間轟炸，美軍的處境會很艱難。〔註 21〕

　　9 月初，根據國務院準備的備忘錄，美國政府分析，如果中共相信美國會積極干預，並可能使用核武的話，他們或許不會試圖用軍事進攻的方法奪取

〔註 17〕Memorandum of Conversation, Washington, Sept. 2, 1958, *FRUS, 1958～1960, China*, Volume XIX, Washington, D.C.: U.S. Government Printing Office, 1996, p.120.

〔註 18〕Memorandum From the Assistant Secretary of State for Policy Planning (Smith) to Secretary of State Dulles, Washington, Sept. 3, 1958, *FRUS, 1958～1960, China*, Volume XIX, Washington, D.C.: U.S. Government Printing Office, 1996, p.123.

〔註 19〕Memorandum of Conversation, Washington, Sept. 2, 1958, *FRUS, 1958～1960, China*, Volume XIX, Washington, D.C.: U.S. Government Printing Office, 1996, p.120.

〔註 20〕Memorandum of Meeting, Washington, Aug.29, 1958, *FRUS, 1958～1960, China*, Volume XIX, Washington, D.C.: U.S. Government Printing Office, 1996, pp.96～99.

〔註 21〕Memorandum of Conversation with President Eisenhower, Newport, Rhode island, Sept. 4, 1958, *FRUS, 1958～1960, China*, Volume XIX, Washington, D.C.: U.S. Government Printing Office, 1996, p.130.

金門，形勢會像 1955 年那樣平息下來；但如果中共認為美國只會在出現重大進攻情況下干預，那麼他們會用轟炸和封鎖讓進攻保持為一種逼近的危險，這種狀態的持續，當地的防禦力量也會因士氣衰落和補給不足而崩潰。〔註 22〕總之，參謀長聯席會議已得出結論，這些島嶼不能防禦，並且可能對防禦臺灣和澎湖列島沒有用處。艾森豪威爾也做好了放棄金門的心理準備，雖然他認為目前階段還不能公開這麼說。〔註 23〕

　　為遏制中國大陸的進攻，9 月 4 日杜勒斯在羅得島新港發表了一份聲明。這份聲明原本準備由艾森豪威爾發表，並由總統本人修改和批准過，但為謹慎起見，決定由杜勒斯發表。這樣，艾森豪威爾可以觀察其引起的各方反應，進行進一步說明和補充。聲明表示，美國已意識到「確保金、馬的安全越來越與保衛臺灣緊密相關」。提到國會曾授權總統根據保衛臺灣及東太平洋地區利益需要而調遣美國軍隊，指出，目前總統「尚未發現有必要或應該根據決議案規定調遣美國武裝部隊來保衛臺灣」，但一旦總統認為有必要，他會毫不猶豫地行動起來。〔註 24〕

　　就在聲明發表之前，中國政府發表關於領海寬度為十二海里的聲明，並指出：「這項規定適用於我國的一切領土，臺灣和澎湖地區仍被美國武力侵佔，這是侵犯我國領土完整和主權的非法行為。我國政府有權採取一切適當的方法，在適當的時候收復這些地區，這是我國的內政，不容外國干涉。」〔註 25〕杜勒斯等人認為，中共確定的地域範圍不能接受。〔註 26〕但還是在隨後的聲明中表示出對於和平方式解決臺海爭端的期望。在「有克制地」威懾之後，聲明的結尾指出美方一直努力爭取在臺灣地區達成「除自衛以外雙方互相放

〔註 22〕Memorandum Prepared by Secretary of State Dulles, Newport, Rhode island, Sept. 4, 1958, *FRUS, 1958～1960, China*, Volume XIX, Washington, D.C.: U.S. Government Printing Office, 1996, p.132.

〔註 23〕Memorandum of Conversation between President Eisenhower and Secretary of State Dulles, Washington, Sept. 11, 1958, *FRUS, 1958～1960, China*, Volume XIX, Washington, D.C.: U.S. Government Printing Office, 1996, p.162.

〔註 24〕White House Press Release, Newport, Rhode island, Sept. 4, 1958, *FRUS, 1958～1960, China*, Volume XIX, Washington, D.C.: U.S. Government Printing Office, 1996, p.135.

〔註 25〕《中華人民共和國政府關於領海的聲明》，《人民日報》1958 年 9 月 5 日，第 1 版。

〔註 26〕Memorandum of Conversation with President Eisenhower, Newport, Rhode island, Sept. 4, 1958, *FRUS, 1958～1960, China*, Volume XIX, Washington, D.C.: U.S. Government Printing Office, 1996, p.131.

棄武力的宣言」，到目前為止仍有此希望，「除非中國共產黨人的行動令我們別無選擇」。〔註27〕

　　新港聲明的最後一段的出現是有歷史背景的，那就是第一次臺海危機後不久開始的中美會談。中美大使級會談自1955年8月開始，中方代表是駐波蘭大使王炳南（後由續任駐波蘭大使王國權擔任），美方代表是駐捷克斯洛伐克大使約翰遜。1957年12月，美國以大使調任為由，指派不具大使身份的參贊馬丁（Edwin W. Martin）為代表，企圖降低會談級別，致使1955年開始的中美會談中斷。中國方面在1958年1月14日和3月26日一再催促美國政府派遣適當級別代表，以恢復會談。但遭到冷漠回應甚至是無回應。原因在於杜勒斯等人認為會談對美國來說並無多大好處，因而約翰遜調職恰恰是不再談判的好機會。〔註28〕1958年的金門炮擊再次將美國推至兩難境地。核武是美國的殺手鐧，但這劑猛藥將會帶來巨大的副作用，不到危急關頭美國不想輕易嘗試，而臺灣海峽的「外島」並不能帶給美國足夠的危機感。同時，美國民意和輿論的主流也在反對為「外島」而承擔義務和風險。〔註29〕第一次臺海危機時美國為擺脫兩難選擇亦曾精心策劃新西蘭停火案，但未能達到預期效果，最終只得不了了之。這一次，似乎只有重新回到談判桌才是化解困局之道。於是在新港聲明中美國向中共伸出了橄欖枝。儘管在聲明的前面大部分內容中，美國有許多看似強硬的表態，但最終給人的感覺，與其說是示威，不如說是借示威之機釋放善意。

　　9月6日，中華人民共和國國務院總理周恩來發表《關於臺灣海峽地區局勢的聲明》，表明「中國人民解放自己的領土臺灣和澎湖列島的決心是不可動搖的」立場，並回應美國願意恢復會談的表示，聲明「為了再一次進行維護和平的努力，中國政府準備恢復兩國大使級會談。」〔註30〕

　　周恩來的聲明引起美國高層的關注。艾森豪威爾立即召集國務卿、財政部

〔註27〕White House Press Release, September 4, 1958, *FRUS, 1958〜1960, China*, Volume XIX, Washington, D.C.: U.S. Government Printing Office, 1996, *FRUS, 1958〜1960. China*, Volume XIX, p.136.

〔註28〕李春玲：《華沙會談與中美對第二次臺灣海峽危機的處理》，《史學月刊》2005年第7期，第98頁。

〔註29〕袁小紅：《美國對臺政策中的公眾輿論因素分析：以1958年臺海危機為例》，《湖南大學學報（社會科學版）》2007年第4期，第115頁。

〔註30〕《周總理關於臺灣海峽地區局勢的聲明》，《人民日報》1958年9月7日，第1版。

長、國防部長等人開會。杜勒斯向與會者出示一份草擬的總統對上述聲明的評價，請眾人提出意見。艾森豪威爾特別提出，應加入具體而明確地接受周恩來談判提議之語，從而使美國在此問題上處於主動地位。〔註31〕8 日，國務卿召集各相關的助理國務卿和法律顧問探討恢復中美會談問題。杜勒斯提出，雖然中共不該運用武力奪取從未在他們治下的島嶼，但國民黨也落下了把柄，確實利用這些島嶼封鎖了廈門和福州港口並騷擾了大陸。如果美國重回談判而只是重提過去的主張，要求中共放棄武力，不會使世界輿論滿意。他提議，如果讓雙方指出哪些行為在對方看來是挑釁行為，從而儘量避免，這樣的做法或許有用。而這樣的目的其實是為試探中方的真實意圖，以便利用。〔註32〕

11 日，艾森豪威爾發表長篇的電視廣播演說，向公眾說明遠東臺灣海峽的局勢和美國準備採取的行動方針。開篇即指出「我們絕不使用武力解決分歧，除非為抵抗侵略和保護我們的切身利益而被迫如此」。繼而在闡述形勢後，提出「外交手段能夠且應該找到一個出路」，美國「迫切需要做出安排以實現停火，且為和平解決鋪平道路。」〔註33〕15 日，中美大使級會談在華沙復會。

三、臺美矛盾的暗中發酵

第二次臺海危機是在中東變亂情勢下發生。二戰後，美國積極向伊拉克滲透，將其變為遏制蘇聯的基地。1958 年 7 月 14 日，伊拉克發生軍事政變，伊共也參與了政變，反共親美的費薩爾王朝被推翻。變局發生後，臺灣當局趁亂反攻的想法萌動。蔣介石對媒體聲稱，俄共顛覆伊拉克成功，意味著美蘇陣營在中東均勢全破，「自由世界必須以間接報復與主動滲透」為對策。〔註34〕8 月 3 日，中蘇發表公報，認為美英帝國主義者還把侵略軍盤踞在中東，

〔註31〕Memorandum of Conversation with President Eisenhower, Washington, Sept. 6, 1958, *FRUS, 1958 ～ 1960, China*, Volume XIX, Washington, D.C.: U.S. Government Printing Office, 1996, p.143.

〔註32〕Memorandum of Conversation, Washington,Sept.8, 1958, *FRUS, 1958 ～1960, China*, Volume XIX, Washington, D.C.: U.S. Government Printing Office, 1996, pp.158～159.

〔註33〕Radio and Television Report to the American People Regarding the Situation in the Formosa Straits, *Public Papers of the President of the United States*, U.S. Government Printing Office, 1959, p.694, pp.699～100.

〔註34〕呂芳上主編《蔣中正先生年譜長編》第十一冊，「國史館」、中正紀念堂、中正文教基金會，2015，第 86 頁。

加劇國際緊張局勢，要求「製造戰爭的美英侵略軍隊立即從黎巴嫩、約旦滾出去」。〔註35〕公報一經發表，蔣經國立即前往面見蔣介石，告其解放軍攻臺在即，「如能有效立策，則為我反攻復國唯一之良機亦即來臨矣」。〔註36〕蔣氏父子有借機造勢、趁亂反攻之意，但因美國有自己的分析和對策，未全信臺灣方面的誇大陳詞與宣傳，故令臺灣當局心願未能遂意。

蔣介石有「反攻大陸」之心，希望拖美下水，這一點美國方面始終暸解並小心地提防著。第二次臺海危機發生前夕和初期，當臺灣方面向美國介紹臺海情況時，美方的傾向是謹慎分析、強調克制。因感臺海危機漸顯，國際形勢不利，蔣召開「行政院」談話會，討論如何應對中東變局，並要求為配合軍事行動做政治上之準備。〔註37〕指示參謀總長王叔銘，令三軍進入戰爭狀態，並向駐臺美軍協防司令竇亦樂（A. K. Doyle）〔註37〕表示，臺灣當局將與美方採取一致行動。同時，蔣令「外交部長」葉公超草擬對艾森豪威爾電文，以便引起美國對臺灣局勢的充分關注。〔註38〕但美方認為國民黨已經做出強烈反應，並「為自己的目的過分誇大局勢發展」。〔註39〕蔣介石給艾森豪威爾的信同樣給人誇大其詞的印象。蔣介石在信中建議：臺美共同展示軍事實力；美國授權臺灣軍隊對大陸炮兵陣地和海空軍基地實施報復性轟炸。但主管遠東事務的助理國務卿帕森斯（James G. Parsons）告訴杜勒斯，看過信後的第一印象是蔣的誇張詞彙，建議美國不應一衝動就答應蔣的建議，而該仔細審視擺在美國面前的各種可能性。〔註40〕艾森豪威爾向杜勒斯明確指出，儘管這可能對臺灣的士氣很重要，但蔣介石想用金、馬作跳板返回大陸的想法是不現實的。〔註41〕

〔註35〕《對人民是巨大鼓舞　對敵人是嚴重打擊　全國各省市人民熱烈歡呼和擁護中蘇會談公報》，《人民日報》1958 年 8 月 5 日，第 4 版。

〔註36〕呂芳上主編《蔣中正先生年譜長編》第十一冊，「國史館」、中正紀念堂、中正文教基金會，2015，第 86 頁。

〔註37〕林秋敏等編輯校訂《陳誠先生日記》（二），「國史館」，2015，第 910 頁。

〔註37〕7 月底退休，由史慕德（Roland N. Smoot）繼任。

〔註38〕呂芳上主編《蔣中正先生年譜長編》第十一冊，「國史館」、中正紀念堂、中正文教基金會，2015，第 78 頁。

〔註39〕Editorial Note, 1958, *FRUS, 1958～1960, China*, Volume XIX, Washington, D.C.: U.S. Government Printing Office, 1996, pp.42～43.

〔註40〕Memorandum for the Files, Washington, Aug.27, 1958, *FRUS, 1958～1960, China*, Volume XIX, Washington, D.C.: U.S. Government Printing Office, 1996, pp.87～88.

〔註41〕Memorandum of Conversation between President Eisenhower and Secretary of

　　第一次臺海危機後，蔣介石不顧美方反對，向「外島」增加兵力、加強防禦力量，這使 1958 年金門被擊後，美國不得不向沿海島嶼賦予更重的意義。雖然蔣介石的目的達到了，但這也使其在第二次臺海危機發生時成為美國方面私下裏的指責對象。在討論在沿海島嶼對策時，美國高層認為沿海島嶼今非昔比，重要性已經增大，而改變的原因卻有「不慎入甕」之感。他們認為蔣介石不聽美國勸阻，在「外島」布置重兵，是有意為之，有「請君入甕」之意，此舉是想以島上重兵的安危牽制美國。艾森豪威爾的評價是，蔣介石實際上是把島上的士兵變成了「人質」。〔註42〕為塑造一致對共的盟邦形象，美國政府對外自然沒有公開的指責或是抱怨，但在內部討論的場合，美國對蔣介石有意加重「外島」砝碼之舉是頗有怨言的。

　　因此，雖然在解放軍對臺灣海峽的封鎖之下，美國向國民黨軍隊提供了空中掩護與海上運輸和補給，但美國始終不同意國民黨軍隊對大陸進行報復性打擊。解放軍炮擊金門次日，蔣介石接見美國駐臺「大使」莊萊德，莊轉陳 22 日美國務院會議討論結果，表示美政府不否認臺灣當局採取自衛行動之權利，但美之立場是：除非敵攻擊規模或時機迫使臺灣當局「不得不立刻對大陸采取自衛性報復行動外」，美政府希望在採取是項行動前，盡可能與美協商。蔣介石指出此種理由無法向民眾解釋，若不斷被炮擊而不作報復行動，民心士氣會受到重大影響。目前至少希望美方發表對「外島」協防之簡短聲明，以為嚇阻。〔註43〕莊萊德不斷地提醒臺灣當局，說共產黨人想讓美國採取過激行動，以便於擁有指責美國侵略行為的更有利的理由；共產黨人也想以同樣方式刺激臺灣當局，若國民黨人在沿海島嶼有了挑釁行為，則更便於共產黨人進攻沿海島嶼的行動。為避免侵略惡名，臺灣方面和美國方面都要備加小心，以維持在輿論中的地位。作為回應，只需讓中共瞭解到臺美有守衛沿海島嶼的決心與實力，他們自會知難而退。而在實力就位之前，應保持耐心，「在任何情況下都不能進行報復」。〔註44〕

State Dulles, Washington, Sept. 11, 1958, *FRUS, 1958～1960, China*, Volume XIX, Washington, D.C.: U.S. Government Printing Office, 1996, p.162.

〔註42〕Memorandum of Meeting, Washington, Aug.29, 1958, *FRUS, 1958～1960, China*, Volume XIX, Washington, D.C.: U.S. Government Printing Office, 1996, p.98.

〔註43〕「蔣中正接見莊萊德談話摘要」，「蔣中正總統文物」，「國史館」藏，典藏號：002-080200-00628-087。

〔註44〕Telegram From the Embassy in the Republic of China to the Department of State,

　　蔣介石未能通過渲染臺海危局而使美國採取直接的軍事行動，等來的卻是美國加強沿海地區基本軍事力量的一些具體措施，不禁感到失望。26 日，莊萊德與美軍協防司令史慕德（Ronald N. Smoot）「只報告其美國防部對我軍品補充之決議而不及其他」，蔣介石婉告「此為緩不濟急之決議，不能解決當前金門與海峽危機之實際問題」。〔註45〕此時，蔣最希望的是美國不再約束臺灣軍隊軍事行動的表示，然而，他未能如願。儘管臺海危機已經發生，但美國不認為解放軍有攻取之意。既然沒到生死存亡關頭，就不能放任臺灣報復，以免衝突擴大而使美國被迫捲入。當日與會的「參謀總長」王叔銘同樣對美方不滿，認為「協防金、馬事一字未提，頗使我方失望」，若不協防金馬，則金馬在不斷炮擊之下形成孤島，「士氣必日形低落，而後方補運亦將被迫中斷」。〔註46〕

　　8 月 31 日，蔣介石接到美國防部覆電，美方表示炮擊不能攻佔金馬，因而迴避臺灣方面要求單獨行動、轟炸中共海空軍基地與炮位的建議，僅言中共空軍進攻時國民黨軍可以追擊至其基地予以打擊。蔣聞之，「憤痛無已」。〔註47〕當日，史慕德在莊萊德陪同下，根據參謀長聯席會議的授權與蔣面談，通知其關於防衛沿海島嶼的附加措施，告知美國將於距岸三英哩外的公海上，給予船隊掩護及護航，「其程度至協防司令認為軍事上所需要者，以及國軍本身未能圓滿達成者為止」。〔註48〕會談中，蔣對美國不對臺灣方面對共報復性空中打擊進行積極表態表達了深深的失望與不滿，認為美對島上士兵「不人道」、「不公正」，不是一個盟國該有的政策。並請轉告美政府重新考慮這一問題，威脅說，若三天內未獲答覆，他就不能維持軍民士氣了。蔣的反應給莊萊德留下深刻印象，認為這是自己見到過的蔣介石在公開場合表現最激烈的一次。〔註49〕該日談話情景在王叔銘日記中也有記載。蔣介石「大表不滿，

　　　Taipei, Sept.1, 1958, *FRUS, 1958～1960, China*, Volume XIX, Washington, D.C.: U.S. Government Printing Office, 1996, p.110.
〔註45〕《蔣介石日記》，1958 年 8 月 26 日。
〔註46〕《王叔銘日記》（1958 年 8 月 26 日），「王叔銘檔案」，中研院近史所檔案館藏，館藏號：063-01-01-017。
〔註47〕《蔣介石日記》，1958 年 8 月 31 日。
〔註48〕「蔣中正接見莊萊德談話摘要」，「蔣經國總統文物」，「國史館」藏，典藏號：005-010205-00074-008。
〔註49〕Telegram From the Embassy in the Republic of China to the Department of State, Taipei, Aug.31, 1958, *FRUS, 1958～1960, China*, Volume XIX, Washington, D.C.: U.S. Government Printing Office, 1996, p.107.

且講話失常，大發牢騷」，以致史慕德未參加午宴就匆匆回其司令部，致電美國防部，表達蔣介石的意見，令王叔銘「深以為不忍」。〔註50〕

次日，蔣介石又與美陸軍部長布魯克（Wilbur M. Brucker）進行了三次談話，除反駁美國參謀長聯席會議有關「外島不會因敵人炮擊行動而陷落」的觀點外，蔣要表達的核心內容就是強調他對進攻沿海島嶼的解放軍有實施報復性行動的權利。對大陸軍事基地交通線的攻擊行動是臺灣軍隊「正當自衛」所需步驟，而臺灣軍隊卻無權自行決定，此點對民心士氣影響極大，蔣介石希望布魯克即日便將此點電告華盛頓，請其改變態度。〔註51〕因沒有單獨行動的自由而致面對金門被炮擊時的無能為力，長此下去，他將如同傀儡一樣，受到軍隊、民眾、華僑和世界輿論的指責。蔣介石警告說，若真出現一種他無法控制的公眾心理反應，對美國的負面影響不會亞於對自己和對臺灣當局的影響。〔註52〕

然而，不論蔣介石的激憤還是坦誠，仍然未能使美國轉變態度。在美國有關人士看來，蔣介石還是「太過了」。局勢並沒有如同他說的那樣，產生嚴重後果的影響也並沒有出現。曠日持久的封鎖無疑會對民心士氣造成打擊，但這其中也有國民黨軍隊的原因。美軍協防臺灣司令部與陸軍部長布魯克都在敦促蔣介石，要求臺灣當局利用海軍採取有力行動，打破共產黨人對金門的封鎖。〔註53〕美軍駐臺協防司令史慕德也指出，在炮擊發生後與臺灣軍隊的合作中，最失望的是國民黨的海軍表現不積極。凡美方所作建議，他們總是有種種困難而無法辦到。〔註54〕

美國不斷要求臺灣當局克制的重要背景是華沙中美會談的重啟與進行。根據杜勒斯在會談恢復之前定下的基調，恢復後的會談不能只強調中共放棄

〔註50〕《王叔銘日記》（1958 年 8 月 31 日），「王叔銘檔案」，中研院近史所檔案館藏，館藏號：063-01-01-017。

〔註51〕「蔣中正接見布魯克談話摘要」，「蔣經國總統文物」，典藏號：005-010205-00084-017.

〔註52〕Telegram From the Embassy in the Republic of China to the Department of State, Taipei, Sept.1, 1958, *FRUS, 1958～1960, China*, Volume XIX, Washington, D.C.: U.S. Government Printing Office, 1996, pp.109～110.

〔註53〕Telegram From the Embassy in the Republic of China to the Department of State, Taipei, Sept.1, 1958, *FRUS, 1958～1960, China*, Volume XIX, Washington, D.C.: U.S. Government Printing Office, 1996, p.109.

〔註54〕「蔣中正與斯姆特談話摘要」，「蔣經國總統文物」，典藏號：005-010205-00074-005.

武力，這樣不會取得任何效果，也不會讓國際輿論滿意。由於解放軍對臺灣海峽的封鎖，即使在美艦公海護航的情況下金門也無法得到充足的供應。若華沙會談不能盡快取得停火協議，一個月的時間金門可能就會失守。在此情勢下，美國急於向中共表態：美國停止被認為是挑釁性的行為，並要求臺灣方面的合作，以此換取解放軍軍事行動的停止。美國考慮作出的讓步包括：取消一切護航行動；美國船和飛機不在中國沿海 20 海里內活動；試圖說服臺灣方面的補給活動不攜帶軍事設備，只運載食品、醫療用品及其他必需品。倘若如此提議仍被拒絕，美國還可同臺灣當局一道宣布，暫停一切射擊及其他軍事行動，直到得到回應。若上述兩種措施都不能阻止炮擊，就應將此問題提交聯合國大會，使其通過決議，要求立即停止衝突。〔註 55〕同時，蘇聯的壓力也是一個重要因素。9 月 7 日，美國第一次與臺灣當局合作運補金門。次日，赫魯曉夫照會美國稱任何攻擊中共的行動等於攻擊蘇聯，並要求美國撤出臺灣。〔註 56〕

　　為配合華沙中美會談，並避免刺激蘇聯，美國只有不斷約束臺灣軍隊將領在金馬前線「不太克制」的表現，以免給美國帶來麻煩。9 月 8 日，美國務院致電莊萊德，指示他和史慕德向蔣強調「在一切行動之前繼續密切的臺美協調對我們堅定友好的同盟關係」的重要性。蔣介石已對美方不斷要求其遵守條約、保持克制的態度不耐煩，通知莊萊德等人，自己將在鄉村別墅思考局勢問題，一兩天內不會露面。在臺海局勢緊張之際，此前 9 年多擔任「外交部長」的葉公超被委派為「駐美大使」，此時正準備赴美。行前葉告訴莊萊德，蔣介石感到自己的信譽受到懷疑，其聲望正在下屬與民眾中降低，請美方在要求其克制的問題上小心對待。〔註 57〕

　　蔣介石的心理似乎到了一個臨界點，為求得充分理解與完全的合作，美國方面不斷向臺灣方面強調自己不會在華沙「做出任何有損國民政府（國民黨當局）權益」的立場。但承諾之後，仍然是請臺灣當局理解美國所面對的

〔註 55〕Memorandum by the Regional Planning Adviser in the Bureau of Far Eastern Affairs (Green), Washington, Sept.18, 1958, *FRUS, 1958～1960, China*, Volume XIX, Washington, D.C.: U.S. Government Printing Office, 1996, p.223.

〔註 56〕《王叔銘日記》（1958 年 9 月 7 日、8 日），「王叔銘檔案」，中研院近史所檔案館藏，館藏號：063-01-01-017。

〔註 57〕Telegram From the Embassy in the Republic of China to the Department of State, Taipei, Sept.10, 1958, *FRUS, 1958～1960, China*, Volume XIX, Washington, D.C.: U.S. Government Printing Office, 1996, pp.159～160.

艱難的公共關係問題，要求其配合美國行動，共同塑造一個「為和平委曲求全」的形象，以求得民眾與輿論的同情。20 日，美國助理國務卿饒伯森與葉公超談話，貌似婉言相勸的話語中帶著強勢威壓，稱如果臺灣當局失去美國支持，「要保住自己的地位會難上十倍」。並明白相告，臺北有些人認為臺灣方面的強勢有助於美國在華沙地位，這個想法是不對的。目前的關鍵是要讓蘇聯和中共表現出好戰，而臺灣方面需要克制，絕不能有「輕率或幼稚」的行為，那樣會失去輿論支持。〔註 58〕此種「撫慰」顯然不能有助於蔣介石控制情緒。隨著金門戰事發展，蔣以忍耐克制配合美國要求。美蔣矛盾轉為公開化。

四、美蔣矛盾激化與杜勒斯訪臺

在美國壓制臺灣方面軍事行動的同時，金門面臨著越來越嚴重的危機。自 8 月 23 日至 9 月 7 日，金門沒有獲得任何補給。此後到 18 日，在美國護航之下，有八艘船到達了金門。第一艘未受攻擊，卸下 300 噸補給；第二、三艘未能卸下補給；後五艘每趟卸下 25～75 噸補給。而金門每日需要 700 噸的物資供應，9 月 18 日之前的 20 多天送到的補給，還不足它一天的消耗。金門炮戰不到一個月的時間，島上儲備已消耗掉 1.7 萬噸，剩下的食品、彈藥及其他必須品僅夠維持不足一月。〔註 59〕

9 月 11 日，往金門運送物資的三艘船艦搶灘不成，蔣介石焦慮不已，決定次日前往澎湖巡視前線。此時金門已被封鎖三周，油料至 20 日即告用盡。蔣介石巡視前線後警告美國，如下周再不能打破封鎖，即將面臨生死關頭，臺灣軍隊將採取固有之自衛權，以空軍破壞大陸後方交通線，以資報復。〔註 60〕

金門與大擔島、二擔島的情形艱危，美方態度消極，不支持臺灣方面提出的對金門空投的建議，也不同意用美船參加搶灘運補。史慕德及其下屬強調大二擔情況嚴重、士氣低落，令臺灣方面高級將領感到美方似有壓迫臺灣撤守大二擔之意。〔註 61〕

〔註 58〕Telegram From the Department of State to the Embassy in the Republic of China, Washington, Sept. 21, 1958, *FRUS, 1958 ～ 1960, China*, Volume XIX, Washington, D.C.: U.S. Government Printing Office, 1996, pp.253～254.

〔註 59〕Memorandum by the Regional Planning Adviser in the Bureau of Far Eastern Affairs (Green), Washington, Sept.18, 1958, *FRUS, 1958～1960, China*, Volume XIX, Washington, D.C.: U.S. Government Printing Office, 1996, p.221.

〔註 60〕《蔣介石日記》手稿，1958 年 9 月 12 日。

〔註 61〕《王叔銘日記》（1958 年 9 月 23 日、9 月 26 日），「王叔銘檔案」，中研院近

　　蔣介石開始對媒體發聲，公開發表自己與美國不同的見解，此舉給美國造成了一定困境，也將臺美之間的矛盾曝於公眾面前。16 日，蔣介石接見美報記者阿索浦，稱美國不能妨礙臺灣當局行使自衛權轟炸中共基地。〔註 62〕23 日，蔣兩度接見太平洋區美軍總司令費爾特，提出只有美立即參加空運任務才能挽救局勢。費爾特表示要請示政府，而蔣認為其並無誠意。〔註 63〕29日，蔣介石會見中外記者，到會記者 80 餘人，這也是三年半以來他舉辦的第一次記者招待會。針對艾森豪威爾在 11 日關於臺海局勢廣播中提出的「使這外圍島嶼不會成為困擾和平的根據」〔註 64〕一語，蔣介石提出「金、馬諸島並不構成所謂和平的障礙」，且反誣擾亂臺海和平的，乃是大陸海岸及沿海島嶼上共產黨的基地，「而不是我們的金、馬」。關於金門島，蔣介石宣傳「對於當前國際政客們所謂『中立化』，以及減少或撤退其駐軍的各種主張，決不理會」，「戰至最後一個人，流至最後一滴血，亦決不放棄金門群島的寸土尺地」。在蔣看來，自己已經為配合美國政府而進行了克制，當被提及「是否以金馬諸島為反攻大陸的基地」時，蔣以臺灣方面反攻大陸共產黨的基地，「是全在大陸之上」作答。〔註 65〕據蔣自記，自己「自動的不以金馬為反攻之基地，免其為難，並暗示予其合作之意」。〔註 66〕不可否認，死守金馬確實是蔣介石的肺腑之言，但在此關頭對中外記者的宣誓顯然有違美政府心意，陷美於被動之中。

　　30 日，杜勒斯會見各媒體記者。當被問到美國是否希望國民黨當局回到大陸時，杜勒斯明言：「這是一個假設成分很大的問題」，「完全取決於大陸上發生什麼事情」，並進一步解釋說，自己認為若非大陸發生某種動亂或叛亂，「只靠他們（國民黨）自己的力量，他們是不會回到那裡去的」。進而，杜勒斯強調美國沒有保衛沿海島嶼的任何法律義務，如果臺灣海峽有了比較可靠的停火，在沿海島嶼保持這批為數不少的軍隊就是「愚蠢的」。這種停火不一定要形成書面材料，如果只是事實上的停火也是可以的。若停火時不撤退而

　　　　史所檔案館藏，館藏號：063-01-01-017。
〔註 62〕《蔣介石日記》手稿，1958 年 9 月 15 日。
〔註 63〕《蔣介石日記》手稿，1958 年 9 月 24 日。
〔註 64〕呂芳上主編：《蔣中正先生年譜長編》第十一冊，「國史館」、中正紀念堂、中正文教基金會，2015，第 109 頁。
〔註 65〕《金門保衛戰的勝利》，秦孝儀：《先總統蔣公思想言論總集》，卷 39，臺北：中國國民黨中央委員會黨史委員會，1984，第 125、129 頁。
〔註 66〕《蔣介石日記》手稿，1958 年 9 月反省錄。

等到被攻擊時退卻，「不是一個明智的步驟」。杜勒斯表示不想暗示臺灣方面同意美國政府的意見，但已同他們進行了友好溝通。接下來就是實際執行的問題，美國會設法就撤出金、馬大部分軍隊的問題與臺灣當局達成協議，至少自己希望如此。〔註67〕

與杜勒斯的新聞發布相隔不久，蔣介石正好與美聯社記者有約。得知此事後，當即表示批評之意，宣稱反對削減國民黨在沿海島嶼的武裝部隊或使沿海島嶼地位有任何改變。蔣介石認為，杜勒斯急圖促成停火，認為如獲可靠停火，則不宜再置重兵於「外島」，此點令人難以置信。這與臺灣方面的立場完全背道而馳，且與他本人早些時候的態度自相矛盾，聽起來不像是他的話。並表示，假定杜勒斯說過那些話，這也只是單方面聲明，臺灣當局「沒有任何義務來遵守它」。蔣介石力圖將金門與美國自身利益聯繫起來，向記者強調防守金門的國民黨軍隊，也就是防守美國在東方的防線。〔註68〕

對於臺灣當局的不滿情緒，杜勒斯致函莊萊德，表明對臺灣海峽當前危機所持立場並無變更。〔註69〕對此，蔣介石很是警覺。他對「國防會議」秘書長張群表示：「所謂對華政策不變者乃指其最近金門減少軍隊與中立之政策而言乎？應加注意，仍應予以駁斥。」〔註70〕果如蔣介石所擔心，沒幾日，杜勒斯提議要親自赴檯面商金馬問題及應對之策。

在此之前，美國針對國防部長彭德懷於10月6日關於停止炮擊7天的廣播做出回應，令停止護航。饒伯森致電莊萊德，提出既然解放軍停止襲擊島嶼和補給行動，其邏輯結果就是停止護航，因此無需向臺灣方面解釋。「不懂回報會使美國在本國和世界輿論面前處於極其不利的地位」。〔註71〕饒伯森的來電自然是有感而發。彭德懷停止炮擊的命令發出後，蔣介石竭力勸說美國不要「上當」，不要被「離間」。他對美記者做如是表示，也對美軍駐臺協防司

〔註67〕《杜勒斯記者招待會談話摘錄》，陶文釗主編《美國對華政策文件集（1949～1972）》第二卷（下），世界知識出版社，2004，第656～665頁。

〔註68〕《蔣介石對美聯社記者的談話》，陶文釗主編《美國對華政策文件集（1949～1972）》第二卷（下），世界知識出版社，2004，第666頁；《中央日報》，1958年10月2日，第1版。

〔註69〕《中央日報》，1958年10月4日，第1版。

〔註70〕《蔣介石日記》手稿，1958年10月3日。

〔註71〕Telegram From the Department of State to the Embassy in the Republic of China, Washington, Oct.6, 1958, *FRUS, 1958～1960, China*, Volume XIX, Washington, D.C.: U.S. Government Printing Office, 1996, p.337.

令史慕德如是說，〔註72〕並囑美國海軍不可退出護航。〔註73〕

10 月 21 日至 23 日，杜勒斯訪問臺灣。訪臺前杜氏準備了與蔣談話的文件，文件指出臺灣當局不能再以「好戰的」「內戰幸存者」的姿態出現，而應該嘗試扮演新角色。為此，臺灣當局需要做到五點：要表現出願意實現停戰；要強調國民黨當局「不會試圖使用武力重返大陸，除非那裡的中國人請他回去，而且這部分中國人有相當數量和可靠的質量」；會避免突襲轟炸、挑釁性舉動和飛機飛越上空；不準備利用沿海島嶼發動內戰或作為返回大陸的跳板；在停火狀態中嘗試壓縮軍隊規模而實現更高的機動性。〔註74〕

在杜氏抵達之前，蔣介石也想好對策，準備：一、重申臺灣當局有「緊急自衛與報復權」，美國不應妨礙「主權之行使」；二、重申金馬為臺澎及西太平洋屏障，美國須在必要時協防；三、使美國認同長期防衛金馬力量之充實；四、力圖克制中共長期炮擊與打破對交通補給的阻絕；五、調整金馬兵力部署，增強其火力；六、在不引起世界大戰與不使美國捲入漩渦的情況下，予臺灣更多活動空間和行動自由；七、若中共不放棄武力，則臺美應共同確保西太平洋安全。蔣介石認為杜勒斯的王牌有：聯合國席位和國際社會對美國變更對臺政策的要求；而自己的王牌有：隨時對大陸進行轟炸報復的威脅，及民眾在中共宣傳下產生的反美心理。對於預期中的杜氏來訪的主要用意，蔣介石原本頗不情願，但 18 日子夜醒後，忽覺金門駐軍過多，如俄共使用原子飛彈可以剎那間全部毀滅。為避免此種風險，決定對減少「外島」部隊之建議，作有條件之同意。〔註75〕

至此，雖然二人各懷心事，但其實蔣已在關鍵的兩點上準備做出讓步：一是以不引起世界大戰為限；一是可有條件接受裁減「外島」駐軍。此二點也是美國最為關注之點。美國方面在借助「外島」重返大陸等問題上的猜疑，令蔣介石感到美國對他存有誤解，並缺乏信心。為獲得美國更多的信任和支持，蔣不得不表態，說明自己不希望「出現一場為解放大陸的中國人而爆發

〔註72〕「蔣中正接見史慕德談話摘要」，「蔣經國總統文物」，典藏號：005-010205-00084-023。

〔註73〕《蔣介石日記》手稿，1958 年 10 月 6 日。

〔註74〕Talking Paper Prepared by Secretary of State Dulles, Taipei, Oct.21, 1958, *FRUS, 1958～1960, China*, Volume XIX, Washington, D.C.: U.S. Government Printing Office, 1996, p.416.

〔註75〕《蔣介石日記》手稿，1958 年 10 月 18～21 日。

的世界大戰」。蔣介石說自己是個革命者，如果單憑武力，就是「侵略」，不是革命，所以在武力之外，還要贏得民眾支持。為表明自己不會引起大戰、讓美國處於險境，蔣介石不得不接受美方對於不從空中進攻大陸的要求，儘管這一原則對臺灣當局十分不利。〔註76〕而減少「外島」駐軍一點，因擔心駐軍密度過大有風險，蔣也準備提出以原子砲或其他有效武器增防金馬為條件，適當做出妥協。〔註77〕

　　即便在兩大問題上準備做出讓步，杜勒斯的會談還是給蔣介石帶來頗大打擊。在金馬軍事形勢緊張、中美會談重啟而美方對其有猜疑的壓力之下，蔣介石在與杜勒斯的會談中盡力保持克制，如於臺灣方面「無重大妨礙或損害，則不予為難」，盡可能「以和善意態不與爭執為主之方針出之」。〔註78〕第一日的會談杜勒斯僅試探性詢問是否發表一份聯合聲明，蔣介石表示不妥，認為會談應是私下的。該日沒有談臺灣當局為「改變形象」而需做到的五點具體要求，因而氣氛還算平和。但22日杜勒斯帶來預擬之說帖，內有上文提到的杜氏赴臺前準備提出的幾點具體事項，蔣介石聞之，認為其重點要「在無形中成為『兩個中國』之張本，並要我主動聲明頗為可靠停火之安排，無異求和投降也」，「心中痛憤，忍之又忍」。蔣克制未發，未當面斥責嚴拒，僅表保留態度。但退出後，蔣介石即令「外交部長」黃少谷作擬答大意，表示「寧捨國際與聯合國之席次」，也不放棄重返大陸。〔註79〕

　　23日，臺美聯合公報發出。公報指出：

　　　　「……在目前情況下，金門連同馬祖的防務，是同臺灣和澎湖的防務密切相關的。」

　　　　「兩國政府重申，它們忠於《聯合國憲章》的原則。它們憶及，它們據以採取行動的條約是防禦性質的……（臺灣當局）認為，恢復它在大陸人民的自由是它的神聖使命。」

　　　　「它認為，這個使命的基礎就是中國人民的人心，而勝利地實

〔註76〕Memorandum of Conversation, Taipei, Oct.21, 1958, *FRUS, 1958〜1960, China*, Volume XIX, Washington, D.C.: U.S. Government Printing Office, 1996, pp.418 〜419.

〔註77〕《蔣介石日記》手稿，1958 年 10 月 18 日。

〔註78〕《蔣介石日記》手稿，1958 年 10 月反省錄、10 月 21 日。

〔註79〕《蔣介石日記》手稿，1958 年 10 月 22 日。

現這個使命的主要手段是實行孫逸仙博士的三民主義（民族、民權、
民生），而非憑藉武力。」〔註80〕

　　聯合公報雖然強調臺美在面對金門炮擊時並未分裂，而是更加緊密團結，
並聲明臺灣當局認為，「恢復它在大陸人民的自由是它的神聖使命」，但同時
又聲明「這個使命的基礎就是中國人民的人心」。蔣介石公開表示將不依靠武
力回到大陸，這是與此前主張截然不同的重大轉變，這對蔣來說是極不容易
做到的，是迫於形勢的無奈變通。杜勒斯在會談中強調，「自由世界」的公眾
輿論擔心蔣介石在事實上採取的政策會引來衝突，可能會將美國捲入其中，
最終引致世界大戰。〔註81〕要想讓臺灣當局繼續存在並「充當自由世界支持
的中國的象徵」，就必須擺出不會挑起世界大戰的姿態，否則，迫在眉睫的形
勢是許多「自由世界的盟國」很快會放棄臺灣當局而站到中華人民共和國一
邊。〔註82〕當時，臺灣當局並不具備以武力反攻大陸的能力，美國不但不支
持其反攻，反而小心提防，蔣介石認為與其「拘束於『武力反攻』而無法實踐
之口號」，不如做更現實的選擇，以此聲明暫使美國安心，從而放寬援助，並
使英國、加拿大、新西蘭等美國盟友放鬆對臺灣當局的緊張情緒。因此，蔣
介石接受此點聲明，以一時民眾的失望換取對外阻力與美方疑忌的祛除，並
認為自己未來的行動不會受限於放棄武力的聲明，將來仍會以事實加以挽救。
「不憑藉武力」一點在譯為英文稿時，被葉公超譯成「不使用武力」，兩詞意
義並不相同。蔣介石得知後，「甚表不懌」，但英文稿已經發出，來不及修改。
蔣對自己未作最後面核的失誤進行了反省，但又以為此一失誤或許令美國更
為安心，於臺美情感更為有益，未始不可。〔註83〕關於減少沿海島嶼駐軍的
問題，蔣介石同意在非戰爭狀態下適當減少金門駐軍，這一點獲得了美方的
諒解。〔註84〕

〔註80〕Joint Communiqué, Taipei, Oct.23, 1958, *FRUS, 1958～1960, China*, Volume
　　　　XIX, Washington, D.C.: U.S. Government Printing Office, 1996, pp.442～444.

〔註81〕Memorandum by Secretary of State Dulles, Washington, Oct.29, 1958, *FRUS, 1958
　　　　～1960, China*, Volume XIX, Washington, D.C.: U.S. Government Printing Office,
　　　　1996, p.468.

〔註82〕Memorandum of Conversation, Taipei, Oct.22, 1958, *FRUS, 1958～1960, China*,
　　　　Volume XIX, Washington, D.C.: U.S. Government Printing Office, 1996, p.423.

〔註83〕《蔣介石日記》手稿，1958 年 10 月反省錄。

〔註84〕Telegram From Secretary of State Dulles to the Department of State, Taipei, Oct.23,
　　　　1958, *FRUS, 1958 ～ 1960, China*, Volume XIX, Washington, D.C.: U.S.

　　聯合公報的發表，對蔣來說，最大的益處有兩點：一是使美國安心，以便爭取更多實際的援助；二是使公報明確指出，雙方認識到，在目前情況下，金馬防務「是同臺灣和澎湖防務密切相關的」。〔註85〕美方原稿並無隻字提及金馬「外島」問題，蔣介石抱定「外島」地位不能讓步決心，終使美方同意在公報中加以體現。兩次臺海危機以來，金馬時顯命懸一線之態，臺灣軍民士氣低落，這一體現無疑產生了一定的鼓舞振奮之效。對於臺灣當局的五點具體約束和放棄武力的聲明自然是其最大的不利，但蔣其實並不想在未來嚴守這些約束。他在日記中寫道：「五項」消極之建議說帖的經驗，「無論任何國家對我外交均無道德與信義可言，只有自立自主，如有力量準備完成，則任何公報亦難約束我所應有之主權與革命矣」。〔註86〕

五、危機落幕與美國「兩個中國」設想的落空

　　9月15日，中美大使級會談在華沙復會後，由於第一次會談中，中美雙方即過早露出底牌：美國知道中華人民共和國不會將戰事擴大到臺灣；共產黨人知道美國不願捲入金馬戰爭。毛澤東原先爭取主動並使美國陷入被動的設想無法實施，因而改變策略，將大使級會談作為揭露美國「反動」和「侵略」政策的講壇，放棄以會談結束臺灣危機的可能性。通過在會談中的觀察，中共中央判斷臺海局勢及臺美關係已有變化。美國想趁機製造「兩個中國」，要求中華人民共和國不以武力解放臺灣，並可能要求臺灣當局放棄所謂的「反攻計劃」，從金馬撤退，以金馬換臺澎。10月3日至4日的中共中央政治局常委會上，毛澤東等人提出讓金馬作為「絞索」留在蔣介石手中，通過它們與國民黨保持接觸，對付美國。〔註87〕隨後，毛澤東令中國人民解放軍暫停炮擊兩日。中央軍委做出「打而不登，封而不死」的新決策。10月6日，毛澤東起草《告臺灣同胞書》，以國防部長彭德懷名義發表，將暫停炮擊的時間延長為7天。13日，國防部再次宣布對金門的炮擊再停兩周。20日，因杜勒斯訪臺，為增加蔣介石與美國討價還價的籌碼，打消美國凍結臺灣局勢的企圖，

Government Printing Office, 1996, p.444.
〔註85〕Joint Communiqué, Taipei, Oct.23, 1958, *FRUS, 1958～1960, China*, Volume XIX, Washington, D.C.: U.S. Government Printing Office, 1996, pp.442～443.
〔註86〕《蔣介石日記》手稿，1958年10月反省錄。
〔註87〕李春玲：《華沙會談與中美對第二次臺灣海峽危機的處理》，《史學月刊》2005年第7期，第97～105頁。

解放軍對金門恢復炮擊。

　　臺美聯合公報發表後，美國政府迫不及待地在國際上爭取對「兩個中國」的共識、製造「兩個中國」的印象，希望通過國際社會對新中國造成停戰壓力，使其接受「兩個中國」的安排。25 日美國務院致蘇聯及同一陣營的塞爾維亞、波蘭、匈牙利、羅馬尼亞和捷克外交使團通電，促使各國使團團長利用合適機會與各駐在國領導人討論杜、蔣會談之事。通電中，美國務院特別解讀了臺灣當局不靠武力而靠三民主義回到大陸之公開表示的意義，指出它標誌著臺灣當局思維模式的重大轉變，「從指望以武力早日返回大陸」轉為等待共產黨政權「垮臺」後再回到大陸的「長遠路線」。並歪曲臺灣當局的想法，指出他們採取的姿態與韓國、南越及德國的阿登納類似。美國政府指出，如果中國共產黨人也能採取類似政策，就會在臺灣地區出現「和其他被分裂國家一樣的事實上穩定的局面」，要求各國政府向北平施加「一切可能的壓力」來阻止其軍事活動。〔註88〕

　　杜勒斯希望通過蔣介石公開表態造成事實上「兩個中國」的意圖，在會談之後就在世界各大報上有所披露。23 日，法新社消息指出，臺北「非常可靠的美國人士」在杜、蔣會談結束時透露，美國當局打算讓臺灣當局打出「放棄使用武力」招牌後，成為「同朝鮮、越南及德國等分裂的國家」類似的情況。〔註89〕《人民日報》等媒體對美國「兩個中國」的陰謀進行了密集而公開的批判。25 日，中華人民共和國國防部部長彭德懷發表再告臺灣同胞書，指出「蔣杜會談文告不過是個公報，沒有法律效力，要擺脫是容易的，就看你們有無決心。世界上只有一個中國，沒有兩個中國。這一點我們是一致的。美國人強迫製造兩個中國的伎倆，全中國人民，包括你們和海外僑胞在內，是絕對不容許其實現的。」〔註90〕面對國際上關於美國製造「兩個中國」意圖的評價和指責，杜勒斯辯解道，讓臺灣當局自我克制的決定是根據其他有類似情況的幾個國家的經驗做出的，既然它們不叫「兩個朝鮮」、

〔註88〕Circular Telegram From the Department of State to All Diplomatic Missions, Washington, Oct.25, 1958, *FRUS, 1958～1960, China*, Volume XIX, Washington, D.C.: U.S. Government Printing Office, 1996, pp.451～452.

〔註89〕《利用杜蔣會談 散佈「自制」煙幕 美國製造「兩個中國」陰謀欲蓋彌彰》，《人民日報》1958 年 10 月 25 日，第 5 版。

〔註90〕《國防部彭德懷部長再告臺灣同胞》，《人民日報》1958 年 10 月 26 日，第 1 版。

「兩個越南」政策，這個也不叫「兩個中國」政策。美國與「自由世界」大多數國家都只承認「自由政府」（非共產黨人建立的政府）為唯一合法政府，只在有限的事實基礎上與共產黨人的政權打交道。〔註91〕杜勒斯的說法顯為狡辯，掩蓋不了美國干涉他國內政的霸權主義和侵略政策，也掩蓋不了它試圖在事實上隔離兩岸、使臺澎長期成為其東方防務鏈條中一環的陰謀與野心。

　　與此同時，為避免沿海島嶼因駐軍過多而使美國陷入被動的情形再次發生，美國壓迫臺灣減少「外島」兵力。11月中旬，美國軍方與臺灣方面進行會談，以增加沿海島嶼火力為條件，要求臺灣當局減少在這些島嶼的駐軍，並於17日達成一份協議。臺灣方面「參謀總長」王叔銘在協議上簽字後，美方援助的重型裝備始由比利時起運。〔註92〕

　　面對此種形勢，中共中央做出新的戰略決策，使解放臺灣的戰略轉入一個新的複雜階段。25日，國防部命令福建前線，逢雙日不打金門的飛機場、料羅灣的碼頭、海灘和船隻，使大金門、小金門、大擔、二擔島上的軍民同胞得到充分供應。逢單日則可能會有炮擊。以打打停停，半打半停的間歇性炮擊方式維持兩岸的聯繫，證明中國的內戰狀態沒有結束，從而抵制美國製造「兩個中國」的企圖。不打飛機場、碼頭、海灘、船隻，仍以不引進美國人護航為條件，若有護航，則不受此限。〔註93〕此後，大規模密集炮擊不再發生，僅在單日有小規模射擊，1958年臺海危機落下帷幕。此後，兩岸在一個中國的共識上達成某種默契，兩岸關係進入相對平和穩定的時期。1960年代，蔣介石想趁大陸「大躍進」失敗之機，進行反攻，但因美國反對，僅以幾次小的衝突告終。

六、餘論

　　1958年炮擊金門是有意義的。首先，它促使美國重新回到談判桌，並留在談判桌，使臺海問題保持為中國內政而非國際問題。其次，它使臺美矛盾

〔註91〕 Memorandum by Secretary of State Dulles, Washington, Oct.29, 1958, *FRUS, 1958 ～1960, China*, Volume XIX, Washington, D.C.: U.S. Government Printing Office, 1996, p.469.

〔註92〕《王叔銘日記》（1958年11月13日、17日），「王叔銘檔案」，中研院近史所檔案館藏，館藏號：063-01-01-017。

〔註93〕《國防部彭德懷部長再告臺灣同胞》，《人民日報》1958年10月26日，第1版。

以公開的形式激化，使蔣介石更清楚地意識到與美國的分歧，促使兩岸在抵制「兩個中國」問題上達成共識和默契，使美國分裂中國的企圖被迫擱淺。兩次臺海危機相隔不久，且在許多問題上具有連帶性和關聯性，在一些方面共同達成了上述效果。

回顧中美接觸並走向會談的歷史：1954 年 12 月，在第一次臺海危機帶來的軍事緊張情勢下，藉美諜問題，美國以聯合國秘書長哈馬舍爾德為中間人與北平進行了首次接觸。1955 年復因借助聯合國干預臺海局勢的停火案難以推動，美國與中華人民共和國嘗試接觸，並走向大使級會談。1957 年因美方欲降低代表級別而致會談中斷後，中方兩度敦促重派代表均未收到積極回應。6 月 30 日，中國外交部發表聲明，要求美方自該日起十五天內派出大使級代表，否則，即表明美方決心使會談破裂。〔註 94〕即便如此，美國仍又拖延了近一個月。7 月中下旬，因伊拉克政變局勢惡化，美國有應接不暇之感，遂通知中方會談代表王炳南，表示願恢復中美會談。並於 7 月 28 日，指派駐波蘭大使比姆（Jacob D. Beam）為美方代表。1958 年 8 月下旬解放軍炮擊金門，繼 1954 年之後再次將美國推入兩難境地。在迅速地審視形勢後，美政府又一次得出若中共有心取得，則美國不同大陸直接對抗就無法使臺灣當局保住沿海島嶼的結論。9 月初，國務院情報與政策研究室 7794 號文件強調，「如果沿海島嶼地位的改變是由於敵人取得軍事勝利，而不是談判的結果的話，亞洲的反應會更糟」。〔註 95〕9 月 15 日，中美大使級會談在華沙復會。

因中共中央審時度勢、改變解放臺灣的策略，第二次臺海危機落幕，但中美會談仍在斷斷續續地進行。中共中央認為華沙談判仍有繼續之必要，「與其為美國所出賣不如直接談判」。〔註 96〕通過維持大使級會談，藉以阻止聯合國對臺海局勢的其他考慮，並且將美國留在談判桌，也有利於使臺灣當局對美保持一份警覺與清醒。而美國政府因為臺灣問題和沿海島嶼問題受到國內

〔註 94〕《我國政府認為中美會談不應該繼續中斷下去》，《人民日報》1958 年 7 月 1 日，第 1 版。

〔註 95〕Memorandum by the Regional Planning Adviser in the Bureau of Far Eastern Affairs (Green), Washington, Sept.18, 1958, *FRUS, 1958～1960, China*, Volume XIX, Washington, D.C.: U.S. Government Printing Office, 1996, p.222.

〔註 96〕美國對臺灣海峽危機發展判斷第二號，張世瑛、蕭李居編《臺海危機》（二），「國史館」，2014，第 454 頁。

外輿論和政治勢力指責，需要通過中美談判釋放和緩解此種壓力。因此，儘管中美雙方談判的出發點存在巨大差異和衝突，無法使會談取得實質性成果，這一接觸方式還是被維持到 1970 年 2 月 20 日。

此次臺海危機中的臺美矛盾較 1954 年的第一次危機中的臺美分歧更甚。一個原因就是中共中央將蘇聯引入衝突之中。先是在炮擊之前，將赫魯曉夫請至北京並發表聯合公報；繼而在臺海局勢越來越緊張的狀態下，蘇聯不得不出面為中國提供核保護。〔註 97〕蘇聯的公開露面讓美國感到核戰爭似乎更為靠近。以核武保衛沿海島嶼對美國來說困難重重，美國政府的結論是盡力避免將自己引入不得不使用核武的境地。因而更為謹慎地不讓華沙會談破裂，也更為急切地想表明自己以及臺灣當局並沒有挑釁之意。因只能被動應付，即便在美國護航情況下，也無法為金門提供必要的補給。這樣的困境使臺灣軍民陷入巨大的消沉與苦悶之中。美國的輿論已有將蔣介石描述為傀儡，蔣自己也感到在下屬與民眾中的威望與信任正在喪失，因而難遏激憤之情。然而，美國有自己的考慮，蔣介石不得不痛苦地接受。屢次表示不滿，甚至憤怒而無效之後，蔣又被迫同杜勒斯共同聲明，「恢復大陸人民的自由」不能「憑藉武力」。蔣之痛苦足證作為大國附庸之害，而這樣的經歷更加深其對臺美矛盾的清楚認識和深切體會。

1955 年蔣介石頑固拒絕削減沿海島嶼軍隊，此後三年，美國認為沒有理由指望蔣介石改變主意，只能默然同意其做法。但到第二次臺海危機時，美國嘗到苦頭。為避免在被攻擊情勢下的被動撤退，美國千方百計穩定局勢，壓制臺灣當局採取任何報復性行動，阻止其打擊大陸軍事基地，將與中共謀求停火作為第一要務。而在此過程中，美政府與國會及盟友的關係都承受了相當的壓力。〔註 98〕因此，美國很努力地與中國共產黨人謀求停火諒解，在臺灣當局的強烈反對下暫停了護航，隨即著力使臺灣當局接受削減「外島」兵力的建議。蔣介石雖然迫於形勢並鑒於核武器下小島駐軍多則風險愈大的考慮，原則上同意削減沿海島嶼駐軍，但絲毫沒有要降低「外島」地位的想法。在與杜勒斯會談時，蔣介石表示，削減沿海島嶼駐軍首先應是在停火狀

〔註 97〕參見沈志華《炮擊金門：蘇聯的應對與中蘇分歧》，《歷史教學問題》2010 年第 1 期，第 4 頁。

〔註 98〕Record of Meeting, Washington, Oct.8, 1958, *FRUS, 1958～1960, China*, Volume XIX, Washington, D.C.: U.S. Government Printing Office, 1996, p.351.

態之下。同時，蔣介石提出一系列加強沿海島嶼防務的建議和要求，包括要求從速運來二四〇榴砲與八吋加農砲以加強金門炮火戰力等。並指示「參謀總長」王叔銘，金門減員最多以一個步兵師為限，且須在金門其他步兵部隊戰力充實之後，方能實施，在此之前應保持機密。〔註99〕蔣在發表公報時即立意曲意迎合，無心真正實施，其想法暗合了彭德懷之再告臺灣同胞書中「要擺脫是容易的」提法。其後，蔣介石確實沒有真正放棄反攻，不斷地在此問題上與美國較勁；在聯合國代表權之事上亦秉承「不兩立」立場。兩岸在一個中國問題上的一致與默契，使美國事實上或法理上「兩個中國」的想法始終無機可施。

〔註99〕蔣介石致王叔銘函電（1958.10.28），「蔣中正總統文物」，典藏號：002-010400-00030-003，臺北「國史館」藏。

結　語

一、特寫下的臺美關係

　　1949 年國民黨敗退臺灣後，對美多有所求。在臺灣當局看來，美國對自己似乎「恩惠」甚多，而實際上，因兩岸分離、美國干預，中華民族利益多有損失。美國對臺海事務的決斷始終以自身利益為原則，若臺灣方面的立場不妨礙自身利益，則可被適當兼顧；否則美國會以無形壓力迫使臺灣接受其主張，而不會過多考慮臺灣方面的感受。正因為如此，蔣介石才會多次在日記中以自力更生自勉。以蔣為首的臺灣當局在他們看重的一些問題上也曾頑強地與美抗爭，但因事實上並不具備獨立自主的地位，在諸多方面對美多有依賴，抗爭取得效果有限。大體而言，臺美較量的結局有以下幾種情況：一種是美國在臺人員雖對具體事務多有干涉或指責，但美政府並無明確態度和固定認識，僅是心存疑慮，如政治部問題和五二四事件。這種情況下，臺灣方面通過低調謹慎、解釋說明，尚可應付過關。一種是美國有自己的全盤規劃，如對日和約和停火案問題。此種情況下，臺灣方面的申訴不能起到什麼作用。對日和約問題上，臺灣當局只得將自己的要求降至最低，只要在多邊和約生效之前簽訂日臺和約即可。為在配合美國的同時達成自己的最低目標，唯有犧牲自身利益。停火案問題上，儘管臺灣當局一而再再而三向美表示反對，局勢需要時，美國仍然會聯絡有關方面向安理會提出，不會因蔣介石的態度而遲疑。一種是蔣介石所認為「挾外自重，而且密告內部之事」的代表：毛邦初、吳國楨、孫立人。因鞭長莫及，蔣消耗了大量人力財力，而未能成功將毛邦初引渡回臺或是在美勝訴。但在處理吳、孫兩人的問題上，蔣耗費心力小

心應對終能成為贏家。一種是關於臺灣的處置問題，美國要避免臺灣落入中共之手，因而考慮託管。國民黨退臺後，美國看重臺灣島和澎湖列島，將二者納入太平洋鏈條之中，但對沿海島嶼並不看重。美先是建議放棄大陳，又考慮以金馬換取中共對武力的放棄，實現「劃峽而治」或「兩個中國」。美國不但付諸行動迫使臺灣從大陳島撤退，還曾明確提議或暗示臺灣當局放棄馬祖、大二擔等沿海島嶼。〔註1〕臺灣當局始終就此問題與美抗爭，反對有「兩個中國」寓意的稱謂或行動，拒絕撤出沿海小島。當然，臺灣當局的力量遠不足以對抗大陸，倘若美國堅決要求撤離，臺灣方面也無可奈何，撤守大陳即為一證。1958 年，中共中央審時度勢，調整對臺戰略，讓金、馬留在蔣介石手中，以此杜絕美國分裂中國的陰謀。

本書所論 1949 年至 1958 年，正是國共對峙狀態表現得強硬激烈的時間。若看當時兩岸的宣傳品很容易感受到其中的水火不容之態。然而，事情並非全如表面所看到的那樣。在與美國攜手對抗中共的過程中，臺灣與美國之間發生過許多次的意見不一，常有為一個分歧點多次交涉、相持不下的狀態。這些分歧的背後通常有一個核心的分歧，就是一個中國還是「兩個中國」的問題。1950 年 6 月，美國提出「臺灣地位未定論」，遭到兩岸的共同聲討。臺灣當局雖迫於形勢原則上接受美國艦隊巡遊臺灣海峽並停止向大陸的海空軍事進攻的建議，但強調「臺灣屬於中國領土之一部分……美國政府之建議不改變開羅宣言中預期的臺灣地位，亦不應在任何方面影響中國對臺灣擁有之權力」。〔註2〕1955 年初美國策劃由第三方向安理會提出臺海停火，中華人民共和國與臺灣當局均表示不能接受「兩個中國」的安排。中美大使級會談過程中，中共代表在談判桌上譴責美方干涉中國內政行徑，臺灣方面代表在會場之外就若干有礙「一個中國」的問題同美交涉、力爭。在每一次西方試圖炮製「兩個中國」事實的節點，中國共產黨與中國國民黨無一例外地紛紛發聲，表達堅定立場，反對西方陰謀。第二次臺海危機中關於「外島」防守問題臺美衝突公開化，蔣介石對媒體表達誓死不撤決心。經過對兩次臺海危機中美國表現以及談判桌上美國意圖的觀察，經過兩岸共同反對「兩個中國」陰

〔註1〕金門馬祖外島防禦問題，「外交部」，館藏號 11-10-08-01-016，影像編號 11-LAW-01020，中研院近史所檔案館藏；《王叔銘日記》（1958 年 9 月 26 日），「王叔銘檔案」，中研院近史所檔案館藏，館藏號：063-01-01-017。

〔註2〕中國社科院近代史所譯《顧維鈞回憶錄》，第 8 分冊，中華書局，1989，第 10～11 頁。

謀的經驗，中共中央調整對美對臺策略，使解放臺灣的任務進入一個新的複雜階段，兩岸以共同反對「兩個中國」圖謀的默契保持半打半歇的內戰狀態。

　　國民黨退臺後，經過改造與重組中央，蔣介石個人威權得到強化，個人意志在很大程度上等同或近似於臺灣當局的意志，特別是在大政外交方面。臺灣與美國的分歧，在較大程度上也是蔣介石與美國看法的分歧。1949 年美國國務院曾以對華白皮書向世人宣告準備「棄蔣」的態度。1950 年駐美官員曾有密函提到美國對蔣的輿論情況，指出：「歷年左派惡意宣傳，印象甚深，其荒謬之程度，不可思議」。〔註3〕然而在臺灣對美國頗為依賴的年代裏，蔣介石竟擔任臺灣最高領導人直到去世。這是個耐人尋味的問題。相當程度上，蔣得益於東亞冷戰態勢的發展。1950 年是個關鍵的年份，在此之前，美國的全球戰略只是以在歐洲遏制蘇聯為主。1950 年中蘇締約結為同盟，而美國國家安全委員會於 1 月 31 日提出報告，認為蘇聯有研製裂變炸彈和熱核武器可能，應重新審查美國戰略計劃和目標。隨後至 4 月 NSC68 號文件開始被討論，到朝鮮戰爭爆發後以「全面遏制」為原則的 NSC68 號文件最後定型。美國將在歐洲的對蘇遏制擴大到歐亞大陸，遠東態勢的劇變使中國不再是美蘇冷戰的中間地帶。在此局勢下，原本屬於中國內政的國共鬥爭在外力介入下變成了兩大陣營對抗的一部分。在二戰後某一時期內，國民黨當局試圖以「美蘇橋樑為己任」，而此時，他們旗幟鮮明地站到美國陣營，推行「反共抗俄」。〔註4〕作為「反共抗俄」的民族主義領袖，蔣介石被美國接受成為合作者。

　　儘管朝鮮戰爭的發生並不是觸發東亞局勢劇變的唯一因素，儘管 1950 年美國對臺政策的大調整是多個縱向及橫向歷史事件交互影響、連帶反應的結果，並且這個調整從 1950 年 1 月即已醞釀，4 月即已趨向明朗，但朝鮮戰爭仍可被視為一個轉折點。這個轉折點的意義更多是從臺灣當局對朝鮮戰爭的應對及其為臺美關係帶來的影響而言。坦白地說，蔣介石對朝鮮戰爭後美國政策趨勢的判斷並不準確，其應對措施亦有不少失誤之處，並不十分契合美國心意，如對於蘇聯挑起朝鮮半島戰火的公開指控，既要討好美國又將許多條件附加於派兵提議之上等等。雖然在出兵援韓之事上臺灣當局似是吃了閉

〔註3〕毛邦初、俞國華等致周宏濤轉蔣介石函（1950 年 6 月 30 日），「國防情報及宣傳（四）」，「蔣中正總統文物」，「國史館」藏，典藏號：002-080106-00011-008。

〔註4〕「當前國是意見與國際情勢」（1950 年 8 月），「對美國外交（九）」，「蔣中正總統文物」，「國史館」藏，典藏號：002-080106-00031-004。

門羹，美國未能領情，但另一方面看，蔣介石也有收穫。在緊張時局中，蔣介石反蘇反共態度的鮮明表達以及對美國政策大面上的配合，使美國決策層中相當一部分人認可了他對臺灣當局的領導，並且認為能夠高舉反共反蘇旗幟、配合美國政策的臺灣領導人唯有蔣合適。臺灣固然有種種困難，需要美國耗費軍力財力予以防守和援助，然而，臺灣自有其重要價值，太平洋上戰略位置重要，大陸上還留有游擊隊可資利用。朝鮮戰爭期間，駐美官員彙報美國輿情，認為「美既在遠東與共黨正面鬥爭，鈞長（蔣介石）實為最自然的領袖」。〔註5〕當時對共和黨頗有影響力的參議員領袖之一塔夫脫亦頗為認同蔣對臺灣當局的領導力。〔註6〕因此，可以看到，朝鮮戰爭後，蔣介石所為使美國更多人默認了他的合作夥伴角色。國民黨在大陸失敗前後美國部分人準備「棄蔣」或為臺灣謀求新的領導人的議論漸趨平靜。

朝鮮戰爭前臺灣當局面臨著異常困難的境地，美援對於保有臺灣乃至未來的一切都是至關重要的。長期負責對美外交的顧維鈞認為，在這種特殊的情況下，應該把「聲譽和自豪的問題放在一邊，謀求建立一種堅定、實際和可靠的」合作基礎，這是第一要務。〔註7〕此話較能反映退臺後國民黨決策集團相當部分人包括蔣介石的認識。為求維持較為良好的臺美關係，臺灣當局將「聲譽和自豪的問題放在一邊」的表現不勝枚舉。從「臺灣地位未定論」的提出到對日媾和過程中對中國利益的損害，從奄美群島行政權予日到美國策劃由第三國提出停火案……在「謀求建立一種堅定、實際和可靠」關係的思想基礎之下，臺灣當局往往在重大利益面前無法盡全力抗爭，最後只好屈就或默許。儘管臺灣當局一直拒絕承認任何有關臺灣地位「未定」或「兩個中國」的說法，儘管他們一直在做各種聲明和表態，強調臺灣屬於中國領土，強調臺灣方面擁有「反攻」的權力，然而，由於在若干問題上不敢以臺美關係的破裂為代價進行抗爭，致使抗爭缺乏足夠力度，從而造成中華民族利益事實上的損害。

〔註5〕毛邦初、俞國華等致周宏濤轉蔣介石函（1950年6月30日），「國防情報及宣傳（四）」，「蔣中正總統文物」，「國史館」藏，典藏號：002-080106-00011-008。

〔註6〕俞國華等致周宏濤轉蔣介石函（1950年7月28日發），「對美關係（六）」，「蔣中正總統文物」，「國史館」藏，典藏號：002-090103-00007-036。

〔註7〕中國社科院近代史所譯《顧維鈞回憶錄》第8分冊，中華書局，1989，第85頁。

　　事實上，在美國構築遠東防線圍堵蘇聯陣營情況下，臺灣對美國而言絕
非只是一個需要巨額美援的巨大負擔。臺灣對美國是有意義的，相當多的美
國人認為「不友好的力量統治臺灣，對美國來說將是一場至關重要的災難」。
〔註8〕正如臺灣不希望失去美國一樣，美國亦不願失去臺灣。正因如此，在若
干問題上，美國也給予臺灣當局足夠的容忍與理解。撤換吳國楨、軟禁孫立
人，「五二四事件」輕描淡寫的解決方式，均證明了此點。在認為至關重要、
不能讓步的事情上，蔣介石往往能以某種方式轉移視線、瞞天過海、化解危
機。軍中政治工作的進行，在為美國反對情況下，蔣氏父子耐心解釋，並儘
量秘密、低調進行，得以繼續下去；經美國多次勸說不必力保、甚至明言放
棄，蔣氏仍秘密增強「外島」防禦力量，並得以在1958年聯合公報中獲得美
國對「外島」與臺澎連帶關係的認可；經三番五次地虛與委蛇、搪塞推脫，李
彌率領的游擊隊在緬甸滯留數年……能夠在這些事件上「堅持」，出發點是臺
灣當局認為它們對增強自身力量有利。上段提到的未能「堅持」者，亦多出
於實在利益的取捨。反對朝鮮戰爭後美國對臺灣地位的解釋，但如此解釋有
利於美國在臺海的軍事介入、有利於防守臺灣；對日媾和中的讓步一方面固
然由於美國施壓，一方面與蔣介石希望獲得日本支持的私心不無關係；奄美
群島行政權予日，臺灣當局未採取足夠有力的抗議，亦與蔣不願開罪美、日
過甚的心態有關；美國策動新西蘭在安理會提出臺海停火案一事，臺灣當局
雖始終反對，卻又趁機提出早日締約要求，使反對力度大減……兩岸分裂對
峙之下，為得外力支持以壯大自身，若干利害取捨及其遺害令人唏噓。

　　國民黨退臺後，美援對其站穩腳跟並再謀發展，作用至巨，此點已在以
往研究中有充分論述。在有足夠數據證明的美援對臺灣有關事業發展的助益
之外，1949～1958年美援特別是軍援對國民黨當局的生存至關重要，這種重
要性有相當一部分來自心理層面。士氣低迷、人心惶惶的歲月裏，美援在振
奮精神穩定民心方面有著無可替代的作用。這種作用在普通民眾身上有體現，
在蔣介石等當政者身上同樣有體現。然而，美援對臺灣並非只有裨益。美援
的負面影響一般觀點看到美國對臺各項事務的干涉，此點無疑是其弊端的具
體表現。在更廣泛意義而言，美援是美國對臺外交的一個致勝法寶，一個可

〔註8〕The Acting Political Adviser in Japan (Sebald) to the Secretary of State, June 22,
　　　1950, *FRUS, 1950, East Asia and the Pacific*, Volume VI, Washington, D.C.: U.S.
　　　Government Printing Office, 1976, p.366.

以施以無形巨大壓力的籌碼。臺灣當局常常為得美援而被迫讓步妥協，美援案受阻產生的威壓足以令臺當局涉險犯難。毛邦初事件背後藏著若干國民黨軍政重大腐敗的秘密，這一點國民黨當局不是不知道。然而，在軍援案擱淺的壓力下，蔣介石不得不將事件付諸法律程序。美方介入調查，家醜外揚，國民黨空軍聲譽掃地，蔣介石威信受損。舉出毛邦初案一例，不是說僅在此事中鑒於美援壓力臺灣當局做出犧牲，恰恰相反，在各個臺灣當局以犧牲自身利益來換取美方同情與支持的事件當中，都離不開背後無形的美援因素的影響。

就外力而言，1950 年代美國政策受英國影響較大，在許多問題上都會與盟友商談對策。雖然在重大問題和原則上最後的抉擇仍取決於自身利益，但與英為首的盟友會商是少不了的。若不能讓步，至少需要嘗試影響和改變對方決策。蔣介石本人在美英政策趨同一事上常常有憤慨之詞。原因是英國已經承認中華人民共和國，因而在立場上常要騎牆，這使蔣介石頗有不滿。但臺灣外交部門在美英接近問題上是持理解並支持的態度的。外交部門認為，美英協力對付蘇聯，以增強反蘇陣營實力，是首要的，因此應儘量避免「類似離間英美之活動」。〔註9〕基於此點考慮，臺灣當局對美外交過程中很少看到對美英關係的分化。當然，英國雖然在中華人民共和國入會的問題上時有支持主張，雖然會不介意「外島」歸中共，卻也不能認為在這些方面英國政策是對中國完全有利的。在「託管臺灣」、「兩個中國」等問題的議論中，英國時常走在美國前面。而在這些問題上，國民黨與共產黨的態度卻是一致反對的。從這個意義講，英國是加重臺美若干分歧的因素。

二、長鏡頭下的觀察與思考

該書的寫作是基於大量原始資料對 1949～1958 年的臺美間若干主要問題進行考察，以特寫的方式將各問題下臺灣當局與美國政府的交涉進行了細緻的爬梳。特寫方式之下，問題容易放大，或許會導致一葉障目，忽略了大局。為避免此種傾向，筆者擬將鏡頭推出，在長鏡頭下對臺美關係加以觀察。

幾個問題的提出

強調「中美友誼」是否有用？在臺美交涉過程中，常常看到臺灣方面強

〔註9〕「當前國是意見與國際情勢」（1950 年 8 月），「對美國外交（九）」，「蔣中正總統文物」，「國史館」藏，典藏號：002-080106-00031-004。

調「中美友誼」的傳統。不可否認，近代以來特別是共同對日作戰的幾年，中美友誼確實存在。太平洋戰爭後，中國大國地位的確立離不開美國之力。然而，我們要問的是，1949 年以後的臺灣當局在美國人心目中是否就能等同於「中國」？在一段時間內，美國確實在聯合國支持臺灣當局代表作為中國席位的唯一代表，但在美國決策層制定政策時，他們很清楚此一時彼一時，並不會把此時的臺灣當局等同於往日的「中國」來看待。抗戰時期的大中國可以以廣闊的土地、充足的人力將日本軍隊牢牢纏住，使其深陷其中。而此時的臺灣只是逃到海島上去的國民黨集團努力維持的一塊反共基地，不可否認的是，在新問題解決之前，舊問題並未因痛定思痛的改造而得以克服，〔註10〕逃往臺灣的國民黨軍政人員仍然不同程度地帶著昔日的病灶。相當多的美國人基於對情勢轉變後的新認識，基於對國民黨腐敗低效的舊印象，對臺灣當局難以避免地懷有懷疑與輕視的心理。這種心理不會在每一次的言談中都以具體的方式體現，卻會在每一次的決策過程中作為一個因素被考慮進去。當然，這種懷疑與輕視的心理背景也是相對的，國民黨畢竟還有幾十萬軍隊，這是美國在遠東重要的資源，不可完全無視。因此，美國的決策過程往往有爭論，若干問題的討論往往不能很快得出結論。爭論的出發點是美國利益，不是「中美傳統友誼」。為盡可能減輕美國的負擔同時最大限度發揮太平洋鏈條之一環的作用，美國認為應維持臺灣政治、經濟、軍事力量的穩步增長。〔註 11〕在不致使美國捲入戰爭的限度內鼓勵臺灣當局維持現有地盤、維持政治上的穩定、維持以蔣介石為中心的凝聚力。因此美國在一定限度內體現了對臺灣當局的包容與讓步，蔣介石及其外交人員在美方人員面前還是有一些發言權的。有時外交人員的據理力爭可以收到成效，美國會施以某些妥協和諒解。這主要是由美國遠東政策決定，亦非基於歷史上的「中美友誼」。

若不是國民黨執政是否臺灣當局就不會被動？本文所表述的時期正是國民黨執政時期，基於行文需要有時以「國民黨當局」代稱「臺灣當局」，此類表述並不具有某些政治性傾向。歷史具有延續性，存在於歷史中的個人及群

〔註10〕參見馮琳《中國國民黨在臺改造研究（1950～1952）》，鳳凰出版社，2013 年10 月。

〔註 11〕Draft Statement of Policy, Prepared by the NSC Planning Board, November 19, 1954, *FRUS*, 1952～1954. China and Japan (in two parts), Volume XIV, Part 1, Washington, D.C.: U.S. Government Printing Office, 1985, pp.912.

體的狀態亦具有延續性，國民黨在大陸執政時期，其軍政經各部門確存在腐敗現象。丟失大陸敗退臺灣，輾轉經歷不但關涉自身，還牽涉親眷，個中滋味每一個體都有親身感受，全黨上下確有一股反思與改造的決心。然而，風氣養成不是一日半載之事。況且，若干腐敗案件尚在進行之中，其牽連者卻為過去大量的陳年舊案。在一些關聯事件的表述中，筆者或以「國民黨當局」相稱，整篇書稿呈現若干處「國民黨當局」與「臺灣當局」的雜糅。在這裡，我們要問的是，國民黨執政下的臺灣當局與後來若干年份中非國民黨執政下的臺灣當局是否有本質區別？民進黨執政是否會使臺灣當局在美國政府面前地位上升？答案自然是否定的。美國部分人士固然在一段時間內糾結於對國民黨的不良印象，然而，決定政策的根本因素不在於這些主觀的印象，而在於客觀的條件。深挖細節，我們看到在 1949 年到 1958 年間，美國無視臺灣請求、反對或呼籲的種種，這並不是因為國民黨執政造成的，而是因臺灣當局實力不濟、對美國多有所求。這種無視不能只看美國人士與臺灣方面言談神態與話語，因外交場合或私人場合言談舉止、客氣寒暄表現出的有時是假象，更重要的是要看具體做了什麼。臺灣某高官曾感歎：「美國我行我素，不按規定，不理抗議，此乃弱國無外交之足證，正義何在？理又安存？思之感焉恨焉！」〔註12〕這種無視在 1958 年以後不會消失，在民進黨執政時期也不會減少。毋庸諱言，臺灣當局實力不濟、對美國多有所求的一個重要原因正是中國的分裂造成。因為兩岸分裂對峙而導致實力減弱，因為兩岸分裂對峙而離不開美國的協防和軍援，因為中國分裂而使美國有藉口將臺灣地位問題化，有藉口炮製出沒有中國代表參與的所謂對日和約。從某個角度講，國民黨當局面對美國還是表現出了一定的氣節。1950 年代國民黨面臨著各種困難，有人口大量湧入之後經濟上的困難，有中國人民解放軍統一中國的軍事壓力等等，很多困難是經濟有了相當發展之後和平時期執政的民進黨所沒有的。在對美國的依賴程度相當高的情況之下，國民黨當局對美國的外交並未表現出搖尾乞憐或是言聽計從。有時甚至會為體現平等原則而向美國大膽質疑，提出看似不可思議的要求。1954 年臺美訂約時，顧維鈞向美方提出「為了建立真正的互惠，雙方應有共同義務就在整個條約界定的地區使用部隊進行協商」，因此，原則上沖繩美軍的行動臺灣亦有理由關注，就像美國可以關注臺

〔註12〕《王叔銘日記》（1953 年 12 月 5 日），「王叔銘檔案」，中研院近史所檔案館藏，館藏號：063-01-01-010。

灣當局軍事行動一樣。〔註13〕顧維鈞、葉公超等職業外交家往往鍥而不捨地
與美方周旋，有時會唇槍舌戰，有時會針鋒相對。蔣介石本人亦是經常以自
強自勉，在自己堅持的問題上拒不退讓，在一個中國等原則性問題上表現出
「寧為玉碎」的骨氣。從這個方面看，國民黨當局亦有令人尊敬之處，這些
地方或許是讓民進黨當局所汗顏的。

　　美國對臺政策是否因共和黨人或民主黨人執政的不同而有明顯分期？一
般而言，確有部分美國民主黨人對退臺後的國民黨當局不表積極援助之意，
且對美國因臺灣而捲入戰爭的可能性更為憂慮與謹慎。但若全以美國政黨輪
替作為判斷臺美關係的一項關鍵性指標則過於武斷和草率。在臺灣問題上，
1950 年代兩黨的分歧並不像以往觀點所認為的那樣大，有時甚至可以說「無
甚分歧」。南方一部分民主黨參議員除對數個特殊問題外，基本與共和黨採一
致態度。〔註14〕在 1952 年 7 月民主黨所制定的該黨外交政策綱領中，明確肯
定臺灣對美國全球戰略的重要性及對臺援助的必要，稱美國對臺灣之軍事經
濟援助已加強，「此有關自由世界生命線之崗位並將繼續予以援助」。〔註15〕
以往研究常常在美國對臺政策上給出明顯的分期，譬如認為共和黨上臺，臺
美關係進入「蜜月期」。事實上，美國外交政策是有連續性的，兩黨無論誰執
政都不會完全拋棄前面的政策。大體上來說，民主黨與共和黨對待臺灣態度
會有各自傾向，共和黨更傾向於反共，從而對援助臺灣顯得更為積極，此點
固然是事實，但制定政策更多根據的是彼時情勢，核心目標是美國利益最大
化。兩黨候選人或許在競選時會提出某些較為激進的觀點，此類主張多帶有
拉票宣傳之意，不足為信，當選後的執政者多會採取更為謹慎態度，選擇折
衷路線。艾森豪威爾當政後，對內政策多採中庸之道，為共和黨左派與民主
黨右派所共同贊成，故內政上「並無顯然之黨界鴻溝」。〔註16〕杜勒斯任國務

〔註13〕Memorandum of Conversation, by the Director of the Office of Chinese Affairs (McConaughy), November 12, 1954, *FRUS*, 1952～1954. China and Japan (in two parts), Volume XIV, Part 1, Washington, D.C.: U.S. Government Printing Office, 1985, p.888.

〔註14〕葉公超電沈昌煥轉呈蔣介石俞鴻鈞（1954 年 11 月 24 日發），「顧維鈞檔案」，檔號：Koo_0152_B212b_0118。

〔註15〕顧維鈞電葉公超（1952 年 7 月 24 日發），「顧維鈞檔案」，檔號：Koo_0162_I1_0110。

〔註16〕顧維鈞函蔣介石（1955 年 3 月 29 日發），「顧維鈞檔案」，檔號：Koo_0167_L8_2_0004。

卿數年，遇事多會先與議會領袖磋商，最終採行雙方都能接受的方案。從諸多歷史事實看，對臺政策是否友好與何黨執政並無必然關係。在國民黨丟失大陸前夕，民主黨確實想要與「沉船」拉開距離，但很快又在根據時局調整著這個政策，後來第七艦隊開進臺灣海峽也是在民主黨執政時期。在朝鮮半島戰火不斷情況下，為防止事態擴大，第七艦隊在協防臺灣的同時也在控制臺灣，使其不得妄動。在 1951 年初時，國家安全會議就已在討論，取消對臺灣軍隊行動的限制，並為這些部隊提供後勤支持；向臺灣派遣軍事訓練團，並增加其主要國防採辦計劃（Major Defense Acquisition Program）。會議要求參謀長聯席會議詳細研究中國國民黨在臺灣對中國大陸可能使用的軍事效力，包括考慮對臺灣防禦的影響，要求國務院研究中國和其他亞洲國家對美國繼續支持蔣介石的影響。〔註 17〕1951 年 12 月，美國中情局局長應對時局提出「在軍事，經濟，政治和心理上加強臺灣作為反共基地」的政策建議。〔註 18〕這一建議在 1952 年 3 月得到參謀長聯席會議的認可和肯定。同時，參謀長聯席會議還認為，美國應該承諾改善國民黨當局在臺灣的聲望，美國應派出官員推動國民黨當局進行軍事和行政的改革，但他們的行動應該是盡可能加強而不是削弱國民黨當局的聲望和領導。〔註 19〕1953 年 1 月共和黨上臺執政，執行的政策仍是此前的延續。共和黨採取的所謂「解除臺灣中立化」、「放蔣出籠」，「放出來」的只是游擊隊的突擊與情報偵察，並未放鬆對大規模軍事行動的控制，不是真正意義上的「解除」限制。無論哪個黨執政，經過調和各方意見拿出的政策大多體現的是溫和路線，並非該黨派激進者的思想。事實上，共和黨執政後對蔣介石執行的第一項重要政策，就是壓迫蔣撤回留

〔註 17〕Memorandum by the Executive Secretary of the National Security Council (Lay) to theNational Security Council, January 15, 1951, *FRUS, 1951, Korea and China (in two parts)*, Volume VII, Part 1, Washington, D.C.: U.S. Government Printing Office, 1983, pp.81～82.

〔註 18〕Letter From Director of Central Intelligence Smith to Secretary of Defense Lovett, December 11, 1951, *FOREIGN RELATIONS OF THE UNITED STATES, 1950～1955, THE INTELLIGENCE COMMUNITY*, 1950～1955，pp230～232. 參見 https://history.state.gov/historicaldocuments/frus1950-55Intel/d98。該文件並未在已出版的 FRUS 中收錄。

〔註 19〕Memorandum by the Joint Chiefs of Staff to the Secretary of Defense (Lovett), March 4, 1952, *FRUS, 1952～1954. East Asia and the Pacific (in two parts)*, Volume XII, Part 2, Washington, D.C.: U.S. Government Printing Office, 1987, pp.15～18.

緬部隊。李彌部隊是蔣介石在西南邊境布置的一支孤軍,雖人數不多,卻將當地的散兵遊勇都組織了起來,並與地方叛軍結盟,在當地生根。蔣介石對其寄予期望,強烈反對將其撤回,在新政府的工作下,蔣不得不讓步。這也是蔣很快就從共和黨競選成功的歡欣變為失望、不滿的一個原因。因此,研究臺美分歧,並沒有明顯的所謂「蜜月期」與「非蜜月期」的分別。美國與臺灣之間的利益衝突、認同差異不但在民主黨執政時期有,在共和黨執政時期同樣也有,並且在程度上往往還會有與基於所謂「共和黨反共親臺」這一認識所做判斷截然相反的表現。

並不牢靠的同盟

近幾十年來臺美之間是同盟的關係,這個同盟的稱謂與國際政治學所討論的「同盟」的定義不同。西方國際政治學的主流理論都只是在「國家」(State)之間界定「同盟」的含義與類型。而臺灣當局是特殊的,不但中華人民共和國始終不承認它是個國家,而且近幾十年的一個趨勢是:越來越多的國家不承認它是一個國家。然而,似乎也沒有更合適的詞來形容美國與臺灣之間的關係。本文仍然採用「同盟」一詞,但需鄭重強調的是,這個同盟是個特殊類型的同盟,它是一個國家與一個並不具有國際法中國家地位的地區之間的聯合關係。西方政治學理論沒有提出這種特殊情況的同盟關係,不能不說是個缺憾,同時也證明史學研究不能完全套用西方理論。

有文章曾討論冷戰時期的美韓同盟,認為比照「同盟困境」理論,〔註20〕可以發現美韓兩國並沒有像斯奈德(Glenn H. Snyder)設想的那樣在「被拋棄」和「受牽連」間權衡,二者的擔憂基本上是單向的。美國總是擔心受到韓國魯莽行為或有意挑釁的「牽連」而捲入一場與自身利益關係不大甚至完全相悖的戰爭;但美國很少擔心被韓國「拋棄」。相反,韓國常常因美國表現而產生「被拋棄」的憂慮;但韓國幾乎從不害怕受到美國不當行動的「牽連」。〔註21〕這種情況與冷戰時期臺美關係是相似的。而文章所指出的西方國際政治學理論不能解釋美韓關係的「困境」,在反觀同一時期臺美同盟關係時也有

〔註20〕1984年,美國新現實主義同盟理論家格倫‧斯奈德在《世界政治》發表《同盟政治中的安全困境》一文,提出「同盟困境」理論。Glenn H. Snyder, "The Security Dilemma in Alliance Politics", *World Politics*, Vol.34, No.3, July 1984, pp.461～495.

〔註21〕梁志:《「同盟困境」理論的「困境」》,《中國社會科學報》2012年8月5日,A05版。

類似的借鑒意義。此點也同樣證明西方理論並不能指導所有史學研究。歷史是多樣的，我們通常所講的歷史的借鑒意義是大方向上的，歷史不論橫向還是縱向無法複製，不能為理論之靴而削史學之足。

從大的視角來看，臺美同盟的建立不應從 1954 年臺美「共同防禦條約」的簽訂為起點。從 1950 年第七艦隊開進臺灣海峽似亦不準確。1949 年國民黨敗退臺灣，在這個過程中始終在盡力爭取美國好感，始終在通過官方和私人關係努力地爭取美援。美國雖然經歷了幾個月的猶豫期，但在這個猶豫期中「親臺派」也在表達著對臺灣和國民黨的聲援和同情。所謂的猶豫期只是說這些聲援和同情的聲音一時未能在國務院等決策機構中占到上風。美國沒有選擇承認新中國政權，沒有在聯合國中放棄對臺灣當局的支持，從這個意義上將，從國民黨當局敗退臺灣之日起，臺美同盟就已經在形成之中。這個形成過程的完成在儀式上以臺美「共同防禦條約」的簽訂作為終點。從實在的意義上講，這個過程的完成應在 1958 年臺美發表聯合公報之後。自國民黨退臺，在大變動的局勢中，臺美關係的許多問題並不能在較短時間內找到定位。到 1958 年，臺美同盟關係的主要內容被充分討論而得到較為清晰的答案。後來，美國轉為支持中華人民共和國在聯合國的席位、臺灣當局退出聯合國，臺美同盟轉而以一種更為特殊的形式存在。時至今日，美國並未放棄對臺灣的「保護」和對中國統一的阻礙。

縱觀大半世紀以來臺美關係，1949～1958 年可被視為這個同盟關係的奠基期。這個階段的劃分不僅以臺美同盟的確立作為標準。臺美關係的實質在一定意義上是美國與中國大陸與臺灣地區的關係，也是三方在互動之下形成的一種互為影響、相互牽制的狀態。1949～1958 年，美國從觀望到積極介入臺海事務，逐漸明確對「外島」、「反攻」等若干問題的態度；中國大陸與臺灣地區雖互相對峙，卻一次次在「一個中國」問題上產生共識、形成默契；三方經過兩次臺海危機的試探，找到自身對策和定位，臺美關係及中臺美三方關係進入一個較為穩定和明朗的階段。

在這個臺美關係的奠基期，臺美之間建立起的同盟並不牢靠。美國以維護自己所需要的秩序為出發點，忽略臺灣自身利益和中華民族的利益。

戰後，美國為適應冷戰需要在遠東建立防禦鏈條，與菲律賓、韓國、日本、臺灣都建立了條約關係。這些共同防禦條約或是安保協定，名義上是共同防禦，實則是不對等的。對這些遠東國家和地區而言，好處是獲得美國的

庇護，壞處是受控於美國。美國要對抗蘇聯陣營，但並不想以直接的大規模戰爭甚至核戰爭形式來實現對抗。在對抗的同時，美國會迎合蘇聯釋放的和平意願，自身也會採取一些措施在若干局部衝突方面謀求政治性解決；在對抗的同時，美國也會尋找蘇聯陣營的裂縫，將其擴大或是為己所用。美國與臺灣當局簽訂共同防禦條約，防止中華人民共和國解放臺灣，也防止臺灣當局「反攻大陸」。「反攻大陸」、回到家鄉在很長一段時間，對相當多背井離鄉的國民黨人來說，是個支撐自己的意念。在美國壓制下，這個意念日益消散，轉為消沉，繼而麻木。在美國主導之下，諸多原本屬於中國內政的問題變成「國際問題」，諸多涉及中國的國際事務在中國代表缺席的情況下得到不公正的解決。在臺灣自上而下不滿情緒的積累之下，1957 年終於爆發了反美的「五二四事件」。礙於大局，這一事件得到輕描淡寫的解決，但臺美關係的創傷留下烙印。

臺灣對美國來講，是有意義的，它滿足了美國在太平洋鏈條的戰略需要。可是，美國為此也付出了代價，這個代價不僅僅是可以以數字表示的美援。美國一份內部報告曾指出：「它（臺灣當局）堅決反共，但卻是非共產主義世界重要分歧的來源」。〔註22〕長期以來，為與臺灣相關的若干問題，美國不得不花費大量力氣在盟友間反覆討論，謀求共識。然而這個共識常常難以謀得，最終美國只能放棄某些提議或者做出讓步。1951 年前後，因對「託管」臺灣的後果和效用有疑慮，且難以在盟友間取得最大一致，美國放棄在聯合國「託管臺灣」的實際操作。1955 年 2 月杜勒斯本欲策動英國、新西蘭再提臺灣海峽停火案，但因英國拒絕繼續討論而陷入僵局，美國只得將其束之高閣，被迫調整對金、馬等島嶼的定位。美國要維持全球霸權，無法離開盟友支持，而臺灣問題是加大美國同盟友分歧的一個癥結。起初美國還能嘗試說服盟友支持自己，並也成功地實現過自己的想法，如策劃美、英、新三國的「神喻行動」。隨著中國大陸實力的強大和國際地位的提高，美國在彌合盟友分歧的問題上所能發揮的餘地越來越小，所需要做出的讓步越來越大。1950 年代初，美國還曾想說服英國放棄對中華人民共和國的承認，但後來非但未能讓英國放棄，自己也不得不順應國際局勢，承認中國大陸。在臺灣問題的意見方面，

〔註22〕National Intelligence Estimate, Septmber 14, 1954, *FRUS, 1952～1954. China and Japan (in two parts)*, Volume XIV, Part 1, Washington, D.C.: U.S. Government Printing Office, 1985, p.630.

美國越來越受制於盟友，也是臺美同盟並不牢靠的一個體現，此種體現始於臺美關係的奠基期。

　　1954 年時，美國形成一份情報評估分析臺灣當局的現狀和未來。正如評估所稱，在許多方面，臺灣當局的存在「是一個反常現象。它繼續存在只是因為有美國的支持。」評估指出，即便美援計劃的範圍和性質保持不變，臺灣當局面臨的不利趨勢也不會逆轉，它的國際地位會繼續下降和惡化，經濟的弱點可能更加嚴重。特別是從長期來看，臺灣當局不會擺脫這個不利趨勢。〔註 23〕這份評估報告的主要出發點是政治軍事和外交，對經濟的評估側重於現存的侷限，特別是指出了臺灣基本經濟的弱點。1960 年代後，臺灣推行出口導向型經濟戰略，開展勞動密集型加工工業，實現了經濟的騰飛。這個騰飛是 1950 年代中期時美國對臺灣的綜合評估所未預測到的。然而，美國所預測到的臺灣面臨的不利趨勢仍然存在。1970 年代後，臺灣在國際上更加孤立，其最大的盟友美國也轉而承認中國大陸，與中華人民共和國建交。此後僅以《臺灣關係法》作為對臺關係的依據，以美國在臺協會同臺灣維持著非常態的同盟關係。臺灣面臨的不利趨勢包括經濟方面，臺灣經濟經歷了短暫的繁榮後便陷入低迷。在民主化的進程中，臺灣內部的問題也日益凸顯。臺灣當局在這個不利的趨勢當中「反常」地存在了大半個世紀，成為美國全球戰略的犧牲品。並且，隨著這個不利趨勢的加強，臺灣當局在臺美同盟關係當中越來越失去發言權，越來越沒有抗爭的餘地。

　　1949～1958 年臺美之間的分歧不止有本文所議種種，未來還有討論餘地。1958 年之後，臺美之間的矛盾仍在繼續發展，並在新的局勢下產生新的特徵和面相。若說臺灣當局不得不受制於人根源於美援與某種保護，那麼倘若兩岸分裂狀態改變，一切該將如何？

〔註 23〕National Intelligence Estimate, Septmber 14, 1954, *FRUS, 1952～1954. China and Japan (in two parts)*, Volume XIV, Part 1, Washington, D.C.: U.S. Government Printing Office, 1985, pp.628～630、645.

附錄：將蔣介石日記作為史料利用的體會

2005 年，蔣介石日記首度在美國斯坦福大學胡佛檔案館以分段逐步開放的方式公開。到 2008 年，1950 年代日記始得開放給研究者使用。研究 1950 年代的臺美關係，蔣介石日記是不可或缺的關鍵性史料。本人在 2013～2014 年訪問胡佛研究所，以一年的時間，認真翻閱、抄錄了蔣日記。在一定程度上，近年來本人關於臺美分歧的研究得益於蔣日記。在研讀利用過程中，本人產生出一些對日記的看法，及如何運用蔣日記進行研究的心得，在此作為附錄奉上。這些心得體會或許有助於加深對 1950 年代蔣日記的認識，或許有助於幫助初學者掌握運用史料，或許有助於避免利用蔣日記解讀歷史的某些誤區。

一、蔣日記的真實性與可信度還是相當高的。如 1953 年蔣介石面對吳國楨在美國的輿論攻勢，決心反擊，一面令「保密局」調查吳國楨拋售黃金弊案，一面令「立法院」從民間搜羅吳國楨貪污瀆職證據。雖然最終並沒有搜羅到吳國楨的有力證據，但蔣介石日記記錄了這一過程，包括有人願意作偽證的事。任顯群曾為吳國楨任內的「財政廳廳長」。1953 年吳國楨赴美後，任顯群也卸下公職。但因吳國楨事件牽連，遭情治單位跟監。「保密局局長」毛人鳳與任顯群談話，任表示願「製造」（日記所用之詞）吳國楨貪污案，將功贖罪。〔註1〕又如對於領土問題，當政者應該寸土必爭，這一點通常來說是沒有問題的。如果有意寫日記以示人，塑造自己的高大形象，那對於任何領土紛爭應該是絕不讓步的，但蔣介石日記裏並沒有這樣。奄美群島原為琉球王國的一部分，1953 年被美國當做聖誕禮物送給日本，蔣介石曾在日記中明確

〔註1〕《蔣介石日記》，1954 年 3 月 11 日。

表示：「對奄美交日不加反對」。﹝註2﹞歷史上琉球王國雖然僅是中國藩屬國，並非屬地，但，既然在歷史上、地理上與中國關係密切，中國自然有權發聲阻止將其「交還」日本的國際陰謀。應該說，臺灣「外交部」未就奄美群島「歸還」日本一事與美進行頑強抗爭，與蔣介石態度有關。

二、蔣介石日記為許多問題提供了線索。如，1955年大陳撤退，這對蔣介石而言實際上是個十分重大的決定，是很不容易的。不惜成本地保留遠離臺灣島的大陸附近「外島」，蔣介石的意圖是明顯的，就是要進而為其「反攻大陸」計劃做準備，退而為臺澎的安全保留一道屏障，並有證明「法統傳承」、安撫人心之效。「在以『反共復國』為基本政策的蔣介石當局的軍事政治棋局中，『外島』的地位和價值遠遠高於美國政府對它的認識和估量」。﹝註3﹞在所有這些國民黨所據島嶼中，大陳的地位是相當重要的。從蔣介石在這些沿海島嶼的軍隊和游擊隊部署來看，大陳的重要性僅次於金門。﹝註4﹞既然如此重要，1955年蔣介石如何接受美國建議，主動從大陳撤軍？翻閱蔣日記，我們可以得到許多線索。1月19日，蔣介石記道：「美又提出臺灣海峽停火問題之試探，是否會牽涉中美互助條約而加以擱置，只要能通過此一條約，則不必反對其提議乎。」「愛克完全陷於和平共處之妥協政策，雷德福且主張我放棄大陳，其怯懦與幼稚愚拙極矣。但我行我事，死守大陳，力求自力更生也。」20日晚，大陳附近的一江山島被解放軍佔領。21日，蔣記道，接電得知：「美願以協防金門換取大陳之撤退建議，此乃合於情理者，不能不加以考慮。最後決以有條件，即中美互助協定生效之後，乃允其開始撤退，方能稍挽軍民絕望之心情也。」此時，臺美共同防禦條約、臺灣海峽停火案與大陳撤退是交織在一起的三個問題。由新西蘭向聯合國提出臺灣海峽停火案，是美國解決第一次臺海危機的主要策略，想通過由第三方向安理會提出停火提案，達到干涉目的，從而解決自己對「外島」防衛管還是不管的難題。對於停火案，蔣介石是反對的，但這時的重中之重是要訂立臺美共同防禦條約，因此若能通過條約，則可不反對停火提案。美國策劃停火案時的想法並沒有想把「外

﹝註2﹞《蔣介石日記》，1953年11月25日。

﹝註3﹞余子道：《第一次臺海危機與臺美關係中的「外島」問題》（《軍事歷史研究》2006年第3期，第68頁。

﹝註4﹞Special National Intelligence Estimate, Sept. 4, 1954, *FRUS, 1952～1954, China and Japan (in two parts)*, Vol.XIV, Part 1, Washington, D.C.: U.S. Government Printing Office, 1985, p.564.

島」「讓出」，而是希望仍留在臺灣手中，相對於大陳撤退一事還算比較容易接受。19日時，雷德福等人甚至艾森豪威爾也傾向於放棄大陳，蔣仍主張死守。美國為說服臺灣放棄大陳，承諾協防金門，在軍事危機情形之下，蔣介石認為可以考慮。但仍欲以臺美條約的生效為條件，進行撤退。22日的上星期反省錄，蔣又記道：「愛克建議我撤防大陳而彼願以海空軍掩護且允協防金門、馬祖，此事在軍事上甚合情理，惟其後果與事實不勝痛苦，乃只可允其善意建議。否則中美協定其國會將擱置不理矣，故決定接受其意見。」〔註5〕可知，鑒於國會是否批准臺美條約一點，蔣介石最後答應放棄大陳。作為安慰與補償，艾森豪威爾口頭應允協防金馬。當然，這一口頭承諾並不算數，美國很快就自食其言了。幾日日記、廖廖數語，揭示了撤退大陳背後的重大背景，並可使我們感知同一時間幾件大事在蔣心目中的份量排序。

　　三、蔣日記的利用仍需配合其他史料。一方面，日記中經常會有比較極端的情緒和強烈的字眼，因此需要配合史料分析佐證。蔣介石對人的看法經常偏激，日記中罵過許多人，譬如說陳誠「器狹量小，更無見益」，「無能無術」，「偏狹短淺」〔註6〕等等，但實際上正如大家所瞭解的，陳誠始終被蔣介石委以重任，直到1963年陳誠自己辭職。另一方面，日記經常只提簡要內容，且以心理感受和看法為主，需要借助其他史料瞭解細節和全貌。如1954年10月13日，美國助理國務卿饒伯森突然訪臺，與蔣進行三次談話。蔣介石在日記中只簡要提到此事，並說若為臺美互助協定計，可尋出相當辦法協商。從這樣簡單的描述中雖可瞭解大貌，卻無法瞭解細節。查找檔案則可讀到還有這樣的細節，就是蔣為壓迫美方立即開始雙邊條約談判，也放出了狠話，說「如余之忠告，不為人所重視，美國不給吾人一條出路，必要強迫我選最後道路之時，余必將選擇其正義公理之一路」。饒伯森追問：「是否紐案提出以後而雙邊條約不簽，則中國將自行其是？易言之，閣下所謂給一條路走，是否即指雙邊條約而言？」蔣答：「自亦為可作如此看」。〔註7〕可見美國為運作停火案，欲使臺灣當局對議案暫取保留態度，在對臺交涉中曾運用臺美條約加以利誘。而臺灣當局為盡快達成雙邊條約，則對美方籌碼進行了反利用。這使1954年12月2

〔註5〕《蔣介石日記》，1955年1月19日、21日、22日上星期反省錄。

〔註6〕《蔣介石日記》，1952年9月9日，1953年4月24日，1954年2月15日。

〔註7〕蔣介石與饒伯森談話紀錄（1954年10月13日），「外交——蔣中正接見美方代表談話紀錄（十）」，「蔣經國總統文物」，「國史館」藏，典藏號：005-010205-00072-004。

日，臺美共同防禦條約終獲簽訂。再如，剛才提到為使國會批准臺美條約，蔣介石最後答應放棄大陳。並欲以臺美條約的生效為條件，進行撤退。而艾森豪威爾口頭應允協防金馬。實際上是否如願呢？僅從蔣日記就無法瞭解詳情。為撤軍之舉不造成恐慌，臺灣當局起草了一份聲明，表明要重新部署駐紮於大陳等地的軍隊，棄守大陳。但為盡可能減少對臺灣民眾和官兵的心理影響，並挽回一些面子，臺灣方面有意公布臺美即將結成軍事同盟之事，並欲透露美方對金馬的協防之意。當然，對此事的公布應徵求美方同意。1月27日，葉公超、顧維鈞將臺灣當局關於重行部署大陳駐軍之聲明大意面告饒伯森。28日葉、顧面見杜勒斯，杜勒斯提出：1. 中美共同防禦條約尚未通過，聲明中提及該約之處不宜予人以該約業已成為事實之印象；2. 「提及為保衛臺澎所必守之外島時不宜指出金門、馬祖等具體名稱」。〔註8〕美國不主張為大陳牽動太多的力量或是為其承擔風險，也不贊成臺灣方面提前透露中美共同防禦條約即將到來的成功，即便這一消息會大大減輕臺灣軍民面對大陳撤退時產生的惶恐不安。而關於協防金馬之事，美國僅以秘密談話形式出之，並非備忘錄或「照會」，並強調是片面自主行動，不受雙方約束。最終，雖然美國國會批准了臺美條約，但如前所講，它的代價也是很高昂的。

四、應注意全面瞭解背景，避免就事論事。政治外交研究要全面瞭解事件發生的大環境，這個大環境的勾勒要從日記中找線索，這是比較低的要求；比較高的要求就是要多讀檔案史料，多方位構築背景認識。例如，蔣介石在處理孫立人案時，幾度有「惟有在我」的類似表述，考慮「如何轉移國人無外援不能反攻之心理」。〔註9〕當時，美國放棄此前對「外島」的模糊態度，確定「外島」不是必爭之「要塞」，只是「前哨」，同時，輿論界形成議論「劃峽而治」、「兩個中國」可能性的熱潮。美國政府準備與中共謀求和平談判。因此，在1955年6月時，蔣分析國際局勢，認為在俄共和平攻勢之下，美英必欲使蔣放棄金門以達彼等「苟安求和之期望」。「惟有在我者，才是可靠」。〔註10〕這種心理的形成是當時一連串事件綜合導致，它作為蔣介石處理孫立人案時的一個心理因素，需要對這個背景有所瞭解。再如1957

〔註8〕葉公超等電蔣介石（1955年1月28日），「對美關係（七）」，「蔣中正總統文物」，「國史館」藏，典藏號：002-090103-00008-016。
〔註9〕《蔣介石日記》，1955年9月8日，11，1953年4月18日上星期反省錄。
〔註10〕《蔣介石日記》，1955年6月12日。

年因槍殺臺籍人士的美軍被判無罪之事引發的五二四事件。蔣有 24 條日記是關於這個事件的，其中寫道：「此事（雷諾被判無罪）本可為我國交涉處於優勢地位，不幸翌日無端發生……暴動，以致國家反受重大損害與恥辱……」、並認為撕毀美國國旗，搗毀「大使館」等行為是「損毀國際公理者，乃是國家最不榮譽之野蠻行動」。〔註11〕可知蔣介石並不想借助這樣的暴力事件進行「反美」。但學界及當時媒體又都說它是「反美」事件。美國國家安全會議上，杜勒斯也指出，很可能是臺灣當局有意讓示威開始，以向美國施以少許壓力。後來局面才致失控。〔註12〕關於事件的發生應如何理解呢？臺灣當局到底有沒有意圖在內？這就要借助其他史料，全面瞭解背景。自美軍顧問團來臺，美軍在臺行為約束的問題日益突出，而美國卻仍一再為美軍爭取特權。1951 年 1 月 30 日，美國供給臺灣若干軍事物資，附帶條款要求美在臺執行援助人員構成美駐臺「大使館」之一部分，受美國駐臺外交首長之管轄。幾年後，駐臺美軍及眷屬不斷增加，他們均比照外交人員，不受臺灣當局法律約束。1955 年 8 月，美方提出美國部隊人員享有治外法權及免除捐稅、關稅，且這部分人範圍甚廣。〔註13〕到劉自然案發生，談判已進行 9 次。臺灣當局對於美方所提要求雖有對案，卻沒有正式提出。當時，臺灣當局在臺美關係的格局中處境艱難，唯有等待合適時機才能提出約束在臺美軍的對案。劉自然被殺案發生時似乎這樣的時機即將到來。臺灣當局高度關注美方審判進程，對媒體採取了一定的放任與默許，並力圖利用《中央日報》等大報加以引導，以此來看，「五二四事件」的發生有一定的官方意圖在內，這個意圖就是要借機推動臺美雙方就在臺美軍法律管轄問題的交涉。而後來的某些群眾行為有失控傾向。

　　五、避免單純從字面上得到結論或單以某日、某幾日日記為據得到結論。例如在 1957 年五二四事件後，蔣介石日記多處記載，蔣跟美方的解釋是：必與共黨有關。不能僅根據這個就斷定，此事與中共有關。這一事件發生後，蔣介石最為緊張的就是美方認為它是「反美」事件。6 月初，蔣介石為「五

〔註11〕《蔣介石日記》，1957 年 5 月反省錄、6 月 5 日上星期反省錄。
〔註12〕Memorandum of Discussion at the 325th Meeting of the National Security Council, Washington, May 27, 1957, *FRUS, 1955~1957. China*, Volume III, Washington, D.C.: U.S. Government Printing Office, 1986, p.541.
〔註13〕栗國成：《1957 年臺北「五二四事件」及 1965 年美軍在華地位協議之簽訂》，《東吳政治學報》2006 年第 24 期，第 32 頁。

二四事件」發表文告，指出這一不幸事件是中共的「心理戰」，強調「與世界民主集團領導者的美國站在一條陣線」才是唯一選擇。〔註14〕接著，在蔣氏父子繼續對美進行私下裏的解釋澄清工作之外，蔣介石有意將事件引向「中共參與」的議題上，以此化解臺美間隙，使美國為「反共陣營」的強大而繼續強化盟友關係。在蔣介石的授意下，審判的重點之一是與中共的關係淵源，其中三人被確定為中共「潛伏分子」。但審閱口供後，蔣覺有多處不通，指示應加修正。因為缺乏有力證據，蔣只好模糊處理，說必與中共有關，並將其放在第一條因素來提醒美國不能改變對盟友態度而致自己力量受損。又如1954～1955年，蔣介石對於停火案的態度。1954年10月16日，提到囑咐顧維鈞葉公超「對紐案嚴加拒絕與正式反對」；1955年1月21日，蔣寫道「反對其停火案及說明其後果不堪設想，加以嚴重警告」。如果僅從這兩日日記看，可能會得出蔣介石反對停火案的簡單結論。實際上這種反對都只是有限的、可退讓的反對。儘管退讓的條件並沒有在所有的地方都有所體現。美國欲求阻力最小，想使停火案簡單化，不涉及任何政治問題，不界定衝突的性質，不判定誰為正義誰為非正義，將提案限定於停止「危害國際和平的衝突」這一目的。臺灣當局擔心停火案只簡單要求停火，會給士氣民心帶來致命傷害。蔣介石認為「如聯合國一經討論停火問題，則我士氣民心認為外島與臺灣皆已等於失去一般，則外島即使能保存一時究有何益？」〔註15〕同時蔣認為若停火案文字以雙方並稱「將成為兩個中國邪說之根據」〔註16〕因此，饒伯森專程赴臺游說蔣介石接受停火案時，蔣介石一再表達反對之意。這個反對的意味雖然曾在日記中以頗為強烈的方式出現。但，其實臺灣的反對與拒絕是缺乏力度的，因蔣往往在反對的表示後，附加以條件，這個條件就是臺美條約。丟失大陸後，鑒於現實情況，蔣介石急求美國庇護，而美國對臺政策常不能使其得到安全感。蔣時常抱怨美國對臺「無政策」，「隨時可變」。〔註17〕因而，在1953～1954年間，促成臺美締約可謂是臺灣

〔註14〕《「五二四」不幸事件告全國臺胞書》，《先總統蔣公思想言論總集》，卷33，書告，第179～183頁。

〔註15〕「外交——蔣中正接見美方代表談話紀錄（十）」，「蔣經國總統文物」，典藏號005-010205-00072-004。

〔註16〕《蔣介石日記》手稿，1954年10月16日。

〔註17〕《蔣介石日記》手稿，1950年9月11日，1953年11月5日，1953年總反省錄。「外交——蔣中正接見美方代表談話紀錄（十）」，「蔣經國總統文物」，典藏號005-010205-00072-002。

當局最重要的外交目標之一。1953 年 3 月，顧維鈞向杜勒斯正式提出關於締結一項軍事安全條約的建議。〔註18〕因美國擔心被拖入戰爭，簽約談判遲遲得不到推動。1954 年 5 月以後，解放軍再次對沿海島嶼頻頻採取行動，佔領了大陳 20 公里以內的一些島嶼。6 月下旬，蔣介石主動做出讓步，承諾在任何重大軍事行動之前徵求美國同意。〔註19〕即便這樣，也並未能立即開啟臺美條約的談判。10 月中旬，美國開始為新西蘭停火案之事與臺交涉，其間，臺美條約成為美國手中的籌碼。而臺灣方面則「將計就計」、為開始條約談判事向美施壓。有關停火案的交涉往往與臺美條約之事交織，臺灣當局常有反對停火案，但若臺美訂約，還可接受之意。12 月，臺美共同防禦條約終獲簽訂，等待國會通過。此後月餘，聯合國秘書長哈馬舍爾德為美國事訪問北平，美國決定勸說臺灣放棄大陳，這兩件事特別是撤退大陳事令蔣介石頗為不快，他對停火案的反對變得更為強烈，並仍然在強調：如果停火建議在國會批准臺美條約之前，其影響會更糟。〔註20〕1950 年代，由於同盟關係並不對等，美國對臺灣當局的感受並不會十分看重。美政府只是會在考慮自身利益和通盤態勢的同時對臺灣加以籠絡與安撫。若臺灣當局利益與美國利益發生衝突，最終委曲求全的往往是臺灣方面。何況在停火案一事上，臺灣當局每每將其與臺美條約進行掛鉤，這樣的態度更不會成為美政府的阻力。1 月下旬，美國認為情勢已足夠嚴峻，迅速與英國、新西蘭重啟關於該案的討論，並在 28 日由新西蘭向安理會提出此案。1950 年代，蔣介石日記一個主要關注點就是臺美交涉、冷戰局勢，而這部分內容往往牽涉因素繁多而錯綜複雜的。經常會有這種情況出現：就是僅以單日、甚至數日日記都無法反映出蔣介石對某一問題的真實想法或某一事件的真實面相。因此，對於蔣日記的利用，並沒有許多人預想得那麼容易，需要參考其他檔案史料綜合考察。

　　上述幾點是我近幾年在研究中利用蔣日記的一些心得體會，有些是我發現了問題但還不能完全身體力行、付諸實踐的地方，藉此機會提出，以期共勉。

〔註18〕中國社會科學院近代史研究所譯《顧維鈞回憶錄》第 11 冊，中華書局 1990 年版，第 181 頁。

〔註19〕*FRUS, 1952～1954, China and Japan (in two parts)*, Volume XIV, Part 1, Washington, D.C.: U.S. Government Printing Office, 1985, p.660。

〔註20〕*FRUS, 1955～1957. China*, Volume II, Washington, D.C.: U.S. Government Printing Office, 1986, p.112.

後　記

　　2010 年《中國國民黨在臺改造 1950～1952》定稿之後，我就在思考下一步要研究什麼。通過一些史料，我發現即便在臺美關係最為密切的年代，兩者的分歧與矛盾還是存在的。在萌生了興趣點之後，我選擇美國斯坦福大學胡佛研究所作為訪學之地。胡佛研究所檔案館藏有大量東亞近代史資料，特別是開放不久的蔣介石日記。我想日記裏一定有大量對美國不滿的內容，那將是我開啟新研究的一把鑰匙。2013 年 3 月到 2014 年 3 月，在國家留學基金資助下我在胡佛研究所呆了一年。果然，蔣日記為我提供了許多線索。且看且思索，尚未回國，我就在東亞圖書館開始了關於吳國楨案與孫立人案前後蔣介石心路歷程的寫作。後來，該文發表在《近代史研究》中。

　　在陸續進行了幾個重大事件的初步研究後，我的思路日益開闊，興趣也越來越濃。2017 年，我試著以「關鍵期臺美分歧研究 1949～1958」這一題目申請國家社科基金項目。沒想到結果竟出乎意料的好，我的申請被升級為重點。這樣的結果證明自己前期的積累是有益的，證明國家對臺灣史研究是重視的，我自將更加努力。

　　當然，寫作的過程是艱辛的。雖然有關臺美關係的論述並不少見，但要有將研究在前人基礎上有所推進，自不能依賴現有研究。況且臺灣史是特殊的學科，目前許多重要的研究都來自臺灣地區或海外，而那些論述往往是有一定政治傾向甚至充斥著錯誤的解讀和導向。依靠浩如煙海的資料來搞清楚每件事的原委，著實不易。何況，我們更大的責任不僅僅是要還原細節，更在於去偽存真、駁斥荒謬。為達此目的，思考、思辨的過程更是個苦差。每一章節的寫作都在考驗著大腦。回頭來看，此書可謂得來不易。

　　為盡可能做到以較為超然的立場評述歷史人物和事件，筆者儘量不戴有色眼鏡去看待前人前事。但在「一個中國」問題上，筆者是立場分明的，對於美國分裂中國的一些史實給予了揭露和鞭撻。書寫不應掩蓋的歷史只是為提供今天的借鑒，並無任何政治外交上的用意。當前中美關係仍然存在很多變數，臺灣問題仍然是中美關係的一個癥結，作為渴望祖國統一與世界和平的普通百姓，我期待美國做出正確選擇，期待中美建立更和諧的關係。

　　臺灣史是複雜難辨的，臺美關係牽涉的問題更是千頭萬緒，筆者深知，要想寫出一部厚重的作品不但需要大量史料，還需要深厚的背景知識和足夠的思維高度。筆者才能有限，雖對自己有種種高標準的要求，卻不一定都能做到。若有不盡人意之處，還望諒解、指正。

　　在此，我也想倡議，在史學研究轉向更加多元化領域的過程中，政治外交史研究仍不應被忽略或放棄。上世紀四五十年代臺美關係的研究其實還有相當大的空間。本書所涉儘管列了十幾個專題，也並未囊括所有，將來若有可能，期望再進行增訂。本書對所列問題的探討，亦只是側重於某些方面，並未求面面俱到。故，讓我們將此書視為通向更廣闊空間的引玉之磚，呼喚更多人加入研究的隊伍！

　　本書的成形要感謝張海鵬、李細珠、陳紅民、王奇生、金以林、徐思彥等老師的無私幫助，感謝本所提供的良好的學術環境，感謝大陸及臺灣地區的學界友人提出中肯意見，感謝多次為我辦理入臺手續的中央大學和本所科研處，感謝斯坦福大學胡佛檔案館、東亞圖書館以及中研院近史所檔案館、中國社科院近史所檔案館等等機構工作人員為我查找資料提供便利。當然，我還要感謝我的家人。沒有家人在背後默默支持和付出，要完成這樣一部著作是不可能的。謹以此書獻給幫助與支持我的你們！